コミュニティ・アーカイブをつくろう！

せんだいメディアテーク
「3がつ11にちをわすれないためにセンター」奮闘記

佐藤知久／甲斐賢治／北野央

晶文社

装丁：佐藤直樹＋菊地昌隆（アジール）
カバー・扉イラスト：homesickdesign

目次

この本について

［書き方］

本書は主に、佐藤知久・甲斐賢治・北野央によって3人で書かれました。本書の直接的な執筆（物理的にキーボードを叩くこと）をもっとも多く担当したのは佐藤ですが、本書にちりばめられたアイデアの多くは、「3がつ11にちをわすれないためにセンター（以下、わすれン！）」生みの親である甲斐賢治、２０１７年3月までわすれン！の主要なスタッフだった北野央、そしてこれら3者による対話から生まれています。具体的には、両者へのヒアリングをもとに佐藤が書いた草稿に、甲斐と北野が目を通してコメントし、３者による加筆修正を繰り返しました。この意味で本書は、集団的な創造の産物であると言えます。

もちろん他のわすれン！スタッフや参加者に話を「聞くこと」は本書にとって不可欠であり、かれらへのヒアリング、かれらとの対話やおしゃべりから生まれたことばとアイデアもまた、直接的・間接的に、本書には数多く取りこまれています。本書を通じて述べていくように、わすれン！は誰かひとりの指示でデザインされた活動ではなく、個々人が個々人として動くことによって生まれる集団的な創造活動です。このように本書はそもそも多数的なプロセスであるわすれン！の活動について、集団的な作業を通じて書かれたものなのです。

これら二重の意味で、本書に一貫して流れているのは、ひとりの「著者」による創造ではなく、集団的な創造のプロセスそのものだと言えるでしょう。

［映像の扱い］

わすれン！における参加者の記録活動は様々なメディアを用いてなされました。映像、写真、音声、テキスト、またそれらの複合も含め、さまざまな記録活動が行われましたが、この本では、それらのうちの「映像記録」に重点を置いて語っています。それは、現代社会における映像メディアの持つインパクトが、「映像の世紀」と呼ばれた前世紀以上に大きなものでありながらも、その状況に相反するかのように、映像メディアを用いた表現について学習する機会が限られているからです。そのようななか、生涯学習施設としてのせんだいメディアテークでは、これまでも老若男女を問わず、自ら積極的に映像メディアを用いて表現していく機会づくりに、繰り返し取り組んできました。こうした背景から本書では、わすれン！の報告を兼ねて、映像を使った「メディア・プラクティス（メディア実践）」についてこれまでに蓄積してきた知見をみなさんにお伝えし、ともに検討する機会をつくるべきと考えました。このような理由から、映像についての考察に重きがおかれていることをご了承ください。

はじめに——なぜコミュニティ・アーカイブなのか

1 記録と記憶

せんだいメディアテーク（以下メディアテークと表記します）は、2011年5月3日に、東日本大震災に向きあい、東日本大震災について考え、復興への長い道のりを歩みだすためのプラットフォーム、「3がつ11にちをわすれないためにセンター」（通称「わすれン！」）を開設しました。

この本には、わすれン！がどのようにつくられ、運営されてきたか、そこからどのような成果が生まれ、何が課題として残っているのか。つまりはわすれン！とは何か、そして震災を記録するとはどのようなことなのかについての、中間報告がおさめられています。[1]

記録のつくりかた・つかいかた

この本は、震災そのものについてではなく、「震災について記録する」取り組みについての本です。もっというと、記録と記憶の方法について、そしてわたしたちが「歴史」を記録し、その記録を利用する方法についての、新しいようで古くからあるアプローチ（それを本書では「コミュニティ・アーカイブ」と呼んでいます）に関する本です。

なぜ「記録と記憶」なのか。「震災について記録する」といっても、東日本大震災から6

1. ここで「中間報告」ということばをつかうのは、わすれン！がまだ終わっていない活動だからです。

年以上の時間が流れ、震災についてこれまでに数多くの報道・本・映画による記録と発信が行われてきました。関連するアーカイブ[2]も、国会図書館をはじめ多数がつくられています。なので、もういいと思われる方もいるでしょう。記録はすでに充分にあり、その方法についてさらに考えることもないのでは、と。

でも、ここで考えてみたいのです。そもそも記録がたくさんあるということと、その記録がつぎの世代やその記録を必要とする人に「伝えられる」ことは、まったく別のことではないでしょうか?

記録は歴史の土台です。そして歴史は常に、誰かの視点から、誰かに対して語られていくものです。とすれば、この膨大な量の震災の記録は、誰がつくった記録であり、誰がそれを保管し、どのような視点から誰に伝えられる土台になろうとしているのか。そこが重要だと思います。

ライフログとソーシャルネットワークは記憶を置き換えるか

もうひとつ大切な点は、現代は、「記録」と「記憶」をめぐる環境と技術が、根本的に転換している時代だということです。

２０００年代に入り、日々の出来事を記録する方法は大きく変化しました。デジタル技術を基盤とした情報コミュニケーション技術（ＩＣＴ）は、日々進歩しています。フィルムカメラはデジタルカメラやスマートフォンに、手紙や日記はソーシャルネットワークサービスに置き換えられ、大量の写真や動画を、安価に、精細に、場所を占めずに残すことができるようになりました。小さなカメラを身体に装着すれば、今や自分が見るもののほとんどを記録することすら可能です。生まれてから死ぬまで、人生のすべてをそのまま記録する「ライ

2. 一般にアーカイブとは「人間が活動する過程で作成した膨大な記録のうち、現用価値を失った後も将来にわたって保存する歴史的文化的価値がある記録史料をアーカイブズという。また、それを行政・経営・学術・文化の参考資料、諸権利の裏づけのために、保存する文書館等の保存利用施設もアーカイブズ」と定義される（国文学研究資料館史料館編『アーカイブズの科学（上）』、柏書房、2003年、1-2ページ）。だがこれは、大変かたい定義である。施設としてのアーカイブは、国や地方自治体、企業、コミュニティ、団体から個人の活動まで、さまざまな主体によって維持される。今では、「史料」にはいわゆる文書だけでなく、写真・映像・音声やウェブページなども含まれる。アーカイブが現用価値を失わず、頻繁に閲覧され続け、アクティブであり続けることも想定されている（マリア・バルバラ・ベルティーニ、湯上良訳『アーカイブとは何か　石板からデジタル文書まで、イタリアの文書管理』、法政大学出版局、2012年。28、48-51ページ）。こうした理由からアーカイブについて包括的定義を下すことはむずかしい。たとえばLuciana Duranti & Patricia C. Franksの *Encyclopedia of Archival Science*（2015）は、「施設（制度）としてのアーカイブとは、人間の行為や知覚を同定し、半永久的に保存し、利用に供する活動に従事している人びとのことである」と考えてみてはどうかと提案している（同書、92ページ）。

フログ」ですら不可能ではありません。アメリカの情報科学者ゴードン・ベルは、自分の人生において経験するあらゆる情報をすべて記録として集積し、随時検索・参照可能にするプロジェクト「MyLifeBits」を、2001年から行っています。[3]

こうした試みを続けるとどうなるか。たとえばこのような調査があります。ある心理学者の実験によれば、40個のちょっとしたトリビア（たとえば「ダチョウの目はその脳より大きい」）を被験者たちにコンピュータにタイプさせて、一方のグループにはそれをコンピュータに「保存」させ、他方には「消去」させます。すると、情報を「保存」せず「消去」させせられたグループの人たちの方が、話の内容をよく記憶していたそうです。[4]

ここから考えると、あらゆることが自分のライフログに「保存」されていくのであれば、わたしたちの記憶はより外部記録装置に依存するようになり、生身の身体をつかって覚えることが減るだろうと想像できます。とはいえ、こうした変化は比較的近年のものですから、「そうやって人間は記憶力を失っていくのだ」と即断することもできません。大量のデータ（自分自身についてのビッグデータ）を日々検索し続けることで、人生はより創造的になるかもしれないからです。実際、スマートウォッチをつかって自身の身体情報を記録し、そのデータと、たとえば自分の仕事の調子との連関を分析しようとする運動（「数量化された自己 Quantified Self」運動と呼ばれています）も、アメリカではすでに一種の自己啓発活動として盛んになりつつあります。

こうしたことから考えれば、あらゆることがらを容易に記録・検索できる状況が進むにつれて、わたしたちの記憶のありかたも変化していくことは確実だといえます。

3. MyLifeBitsプロジェクトについては、http://research.microsoft.com/en-us/projects/mylifebits/default.aspx を参照。日本における同様の試みとして、美崎薫『記憶する道具　生活／人生ナビゲータとしてのライフログ・マシンの誕生』（NTT出版、2011年）がある。著者は190万枚の画像をはじめとする大量のライフログ情報を記録し続け、同時に、蓄積されていく過去についての情報を再検索するソフトウェアを個人的に開発しただけでなく、膨大な記録を積極的に表示するディスプレイを家中に配置し、「記憶を常に記録の表示によって上書き」（同書112ページ）する「記憶する住宅」プロジェクトを自宅で推進している。著者によればこうして構築された個人のライフログシステムは、記憶障害時の「杖」となるという。

4. Betsy Sparrow, Jenny Liu, Daniel M. Wegner (2011) Google Effects on Memory: Cognitive Consequences of Having Information at Our Fingertips. *Science*, Vol.333, Issue 6043, 05 August 2011, pp.776-778.この論文に関する簡単な内容の紹介は、以下のニューヨーク・タイムズ紙の記事で読むことができる。http://www.nytimes.com/2011/07/15/health/15memory.html

記憶の肌理《きめ》

その一方で、では「生身の記憶には、どのような意義があるのか」ということについてもひとまず確認しておきましょう。

長崎に生まれイギリスで育ち、英語で小説を書くカズオ・イシグロは、登場人物が自らの記憶を語ることによって展開していく物語を、数多く書いています。なぜいつも記憶の問題を多く取り扱うのかと聞かれて、作家はこのように答えています。

それは、語り手の記憶から引き出されてくる場面の境界が、つねにぼやけているからです。その場面には何重もの感情が込められていて、かつ何らかの操作に対して開かれてもいます。単に「こういうことがありました」と書くのではなく、語り手に語らせることによって、作家は読者にいくつもの問いを投げかけることができるのです。たとえば、「どうして彼女はこの出来事をこの時まで記憶しているのか?」「その場面について彼女はどう感じているのか?」『何が起きたかはっきり覚えていないけれど、とにかく話してみます』と語り手が言うとき、わたしたちはそれをどこまで信用できるか?」などなど、です。

このように、ある話を、誰かの記憶を通じて語らせるとき、小説家はこれらの微妙なことがら——記憶の肌理（手触り）texture of memory——を数多く用いることができるのです。[5]

記憶は、ぼんやりしている部分をもっています。記憶にまつわる感情は単相的ではなく、いくつもの層を成し（「悲しいと同時に愛おしい」）複相的な状態にあり[6]、さらに記憶は変化する

5. http://www.writerswrite.com/books/interview-with-kazuo-ishiguro-100120051
6. 哲学者の野矢茂樹は、ある対象に対してその意味がひとつに収束している状態を「単相状態」、いくつもの意味が存在している状態を「複相状態」と呼んでいます。野矢茂樹『心と他者』(勁草書房、1995年、138-140ページ)。

ため、記憶にもとづく語りを聞く場合には、相手をどの程度信頼するかという問題が発生します。そこには、0か1かで割り切れない、微細なテクスチャーがあって、それこそが記憶の特質、記憶の肌理だと小説家は言うのです。

高精細な記録／低精細な記憶

こうしてみると、記録と記憶をめぐっては、現在およそ2つの方向性を確認することができます。

第一に、ハイ・レゾリューション（高精細）なデジタルデータとして、なんでもかんでも大量に記録・集積し、機械の助けを借りてそれを検索することに、記憶のありかたをゆだねていく方向性です。ありとあらゆることがらを高精細なデータとして蓄積し、かつそれらをメタデータやタグによって連結された巨大なデータベースとして活用しようとする方向性、つまりデジタル・アーカイブ的な方向性です。

この方向性は今後ますます技術的に伸びていくでしょうし、現在すでにそうなっているように、検索という行為はますます「機械」によって補われたものになっていき、どこからどこまでが人間的な行為なのか、あやふやになっていくでしょう。データベースの利用者が人間なのか、それともデータベースの成長（ディープ・ラーニング）のための餌として、人間の検索行為がデータとして収集されているのか。いずれにせよ検索は、AI的なエージェントとの対話に近い行為になっていくはずです。

第二に、生身の身体に継承される記憶は、機械的な記録にくらべてロー・レゾリューション（低精細）で、情報量としては少量であるように見えます。何百冊もの本の内容をすべて記憶している人がいないことからもそれは明らかです。しかし記憶には、視点の独自さや、複雑な感情が含まれています。記憶にもとづいて語る語り手と聞き手とのあいだには、語る・聞くという関係を通じた信頼あるいは疑いの関係が生まれる余地があります。こうした「記憶の肌理」もまた、たとえば身体情報としての感情が完全に数値化されうるような未来においては、データに組み込まれる可能性も否定はできませんが、それはまだ遠い先の話でしょう。

現在は、〈機械による高精細な記録〉と、〈身体による低精細な記憶〉がせめぎあっている時代です。前者はますます発展し、後者はますます軽んじられているようにも見えますが、では今後、前者のパワーを駆使したライフログやソーシャルネットワークは、わたしたちの記憶を徐々に置き換えていくのでしょうか。そして機械によるすべての記録は、身体による記憶を追い出し、わたしたちの意識はつねに、瞑想者が目指すような自由で白紙の状態に近づいていくのでしょうか。

2　この本の目指すこと・目指さないこと

わすれン！とは何か

本書は、以上のような問題意識のもと、震災とそこからの復興を記録するプラットフォームとしてのわすれン！について、記録し、報告するものです。

わすれン！の特色は、3つあります。

①　映像[7]作家などの専門家から、技術も経験もまったくない市民まで、東北内外の10代か

7. 以下本書では「映像」ということばで、写真を含まず、動画（moving images）だけを指します。

ら80代におよぶ約180人もの参加者によって、記録が「新たにつくられた」こと。

② 記録づくりの過程において、わすれン！参加者たちには指示が何ひとつ与えられなかったこと。

③ こうしてつくられた記録が、メディアテークという施設に集約され、長期的にアクセスできる公共的な記録の集積、つまりアーカイブとして、有効に・実際的に継承されるための方法が実践的に模索されていること。

ひとことでいえばわすれン！は、東日本大震災という歴史的な出来事を、個人の立場と視点から記録して、公的に共有し継承していくアーカイブ活動です。一般的なアーカイブでは、記録の〈収集と保存〉に力を入れます。それは震災アーカイブでも同様ですが、わすれン！では、記録そのものをつくる活動に重点のひとつが置かれていることがユニークな特徴です。

何を記録すべきかという指示がまったくないということは、「何を・どのように・誰が・発信し、記録するか」という問題に、参加者一人ひとりが向きあうことを意味します。その結果、わすれン！に寄せられた記録には、被災状況の一次資料だけでなく、一人ひとりの視点からあらためて語られ、振りかえられた、さまざまな想いや考えが記《しる》されました。出来上がった記録は、個々人の視点を色濃く帯びており、震災の記録としてもユニークだと言えますが、それに加えて、多数の人たちがひとつのテーマについて、記録と作品の境界があいまいになっていくような何かを集合的につくっていく「表現をめぐる試み」[8]としても、ユニークなものになっているのです。

8. 写真家の畠山直哉は、写真は常に記録と表現の「両方に同時に関わっている」と述べ、「写真には［記録か表現かという］二分法よりも二重性という言葉の方が相応しい」と述べています。畠山直哉『話す写真　見えないものに向かって』（小学館、2010年、91ページ）。

市民による集合的記録活動という経験の共有

この本の目的は、何よりもまず、こうしたわすれン！のユニークな活動について紹介することにあります。

まず第一に伝えたいのは、わすれン！がどのような活動をしたのか、ということです。わすれン！は震災から2ヶ月弱で立ちあげられた、写真、映像、音やテキストなどで復興の状況を記録する震災アーカイブ活動です。本書では以下、そのうちの主に映像による記録活動を中心に、報告を進めていきます[9]。

いったい誰が、何を、どんなふうに進めてわすれン！ができたのか。どのように市民に参加を呼びかけ、どんなふうに人びとを巻き込んでいったのか。必要な機材、人材、ノウハウとは。なぜ指示を出さないと決めたのか。集まってきた記録はどのように管理されたのか。映っている人たちの権利、記録者の著作権はどのように守られるのか。

こうしたこまごまとした、しかし実際にプロジェクトを進める上では大切なことがらについて、わすれン！での経験をシェアすること、これが本書の第一の目的です。

つぎに同じような出来事が違う場所であったときに、あるいは「地域の歴史を自分たちでアーカイブしたい」というときに、わすれン！の経験が参考になるといいなと思います。

コミュニティ・アーカイブ活動のすすめ

第二の目的は、わすれン！の活動をもう少し一般的な枠組み、すなわち「コミュニティ・アーカイブ」という視点からとらえて、その特徴を明らかにすることにあります。

市民自らがその地域・コミュニティの出来事や歴史を記録し、アーカイブ化する試みのことを、「コミュニティ・アーカイブ community archive」といいます（ちなみにわすれン！ス

9. 実際には、わすれン！は記録メディアを問わないアーカイブ活動であり、映像だけでなく写真、音声、テキストなど、デジタル化できるデータであればなんでも記録メディアとして用いることができました。なぜ本書において映像記録を中心とするのかについては、本書の冒頭「この本について」を見てください。

タッフはこのことばを、わすれン！開始後に知りました）。

コミュニティ・アーカイブの定義はさまざまで、今でも論争の種となっていますが、以下のふたつの条件のどちらか、ないし両方を満たすプロジェクトを、コミュニティ・アーカイブだと考えてよさそうです。

① 収集されるコレクションの主題やテーマが、人びとのコミュニティそのものであること。古典的な例として、同じ場所に暮らす人びとについてのもの。ただし、特定の同じ職業に従事していた人たちのような「関心のコミュニティ」についてのアーカイブでもよい。

② コレクションを創造するプロセスにコミュニティが巻き込まれていること。典型的には、自発的なボランティアたちが、そこで主要な役割を担うこと（時には専門的なアーキビストたちと一緒に）を意味します。

（英国の全国的組織「The Community Archives and Heritage Group」の Jack Latimer の定義による）[10]

つまり、①（人びとの集団としての）コミュニティについてのアーカイブ、②コミュニティ的なプロセスによってつくられるアーカイブ、③その両方。これらをコミュニティ・アーカイブと呼ぶということです。①ではアーカイブの内容が、②ではアーカイブのつくりかたが、コミュニティ的だという点にポイントがあります[11]。

本書では、このコミュニティ・アーカイブ活動を、機械による記録と身体による記憶のあいだをとりもつ領域だと考えます。コミュニティ・アーカイブは、膨大な量のビッグデータと、極私的で分散した記憶、その両者をつなぐものではないかと考えているのです。

10. http://www.communityarchives.org.uk/content/about/what-is-a-community-archive

11. 当初本書は、「コミュニティ・アーカイブのマニュアル本」として書かれるはずでした。けれども、コミュニティ・アーカイブにはさまざまなつくりかたがあり、わすれン！の事例だけで、コミュニティ・アーカイブのつくりかた全体について語ることは不可能だということがわかってきました。

そこで本書では、コミュニティ・アーカイブの一例としてわすれン！を位置づけはするものの、「これこそコミュニティ・アーカイブなのだ！」と強く主張する意図はありません。本書のタイトルは「コミュニティ・アーカイブをつくろう！」ですが、それはあくまでわすれン！を事例としたものだと考えてください。コミュニティ・アーカイブのありかたはもっと多様なのです。

プロ・アーカイブと草アーカイブの違いを示す

別の側面からいうと、コミュニティ・アーカイブ活動とは、時にプロの技術に頼りながら行われるアマチュア中心のアーカイブ活動です。そのことをわすれン！スタッフたちは、「プロ・アーカイブ」と「草アーカイブ」という造語をつかって考えるようになりました。[12]

語源は野球用語です。野球にはプロ野球と草野球がある。プロ野球は技術力も高く、設備も整い、予算も潤沢。それに対して草野球は技術的にみれば未熟だしお金もない。プレーの「質」から見れば、その違いは明らかです。

けれども、もしプロ野球しかなかったら、それはそれでつまらないのではないでしょうか。市民が楽しむ草野球や少年少女の野球があるからこそ、野球という活動に量的・質的な広がりが生まれるのではないでしょうか。普通の人が参加する「草」活動という広い裾野があるからこそ、野球文化に厚みが生まれる。市民の多くが野球経験をもつからこそ、洗練されたプロの技術を楽しむ目（リテラシー）が育っているように思います。

アーカイブも同じだと本書では考えます。アーカイブにも、プロフェッショナルな専門家（アーキビスト）がつくる「プロ・アーカイブ」と、普通の人がつくる「草アーカイブ」があり得るのではないでしょうか。行政や大学や専門家たちが結集してつくるプロ・アーカイブには、技術と予算とノウハウがあります。アマチュアが集まってつくる草アーカイブには、しばしばそれがありません。前者は全国レベル、あるいは世界に向けてつくられている。後者はたいてい、その土地の人びとに向けられています。

でも草アーカイブには、プロ・アーカイブとは違った豊かさ、特に「記憶の肌理」を感じさせるものがあります。標準語とは違った豊かなことばの世界。生き生きとした生活の記録。自分の立っている場所と、アーカイブの中の世界が地続きであるような感覚。そこには、記

12. アーカイブ学の専門家である安藤正人は、『草の根文書館の思想』（岩田書院、1998年）で、文字通り「草の根のレベルで（…）記録を大切にする活動」（同書28ページ）を続けてきた、日本各地の文書館（アーカイブズ）の事例を紹介しています。そこには、江戸時代の村の記録や、行政の力を借りずに地域の記録を保存する現代の小さな町の史料館（深江生活文化史料館）の活動、沖縄の字誌などが含まれます。安藤が「草の根文書館」と呼ぶ「地域に密着した小さな資料保存施設」は、本書でいうコミュニティ・アーカイブにほぼ等しいものです。本書では「草アーカイブ」という用語を、コミュニティ・アーカイブを「プロがつくるアーカイブズ」と対比させたいときに用いていますが、「草アーカイブ」と「コミュニティ・アーカイブ」は、ほぼ同じものを指しています。

録された対象と記録者との、アーカイブされている情報とアーカイブ利用者との近さがあるのです。他人事としての歴史ではなく、自分を含む集団についての歴史がそこにはある。あるいは「歴史をつくる活動への参画」と言ってもよいでしょう。

これは草アーカイブがすごくてプロ・アーカイブはダメだ、ということではありません。本書は基本的に、おそらく全国に点在してきたであろう草の根のアーカイブ活動から、文化施設が拠点となるわすれン!のようなものまでを含む、多くの草アーカイブやコミュニティ・アーカイブは、専門家によるプロ・アーカイブに足りない部分を補うものだと考えています。両者には重なりとともに、異なる役割があるということも、本書を通じて示していきたいと思います。

社会にかかわるアートやメディア実践の事例報告

最後に本書は、アートやメディア実践の一事例の報告としても書かれています。

近年、社会や地域の問題に関わる芸術や、芸術を通じて社会的な変化を生みだそうとする活動が盛んになってきています。わすれン!にも、芸術家や映画監督など、表現を専門とする人たちが参加者として加わりました。

普通の生活人と芸術家たちをあえて区別するのもどうかと思いますが、わすれン!では、芸術家も普通の人も、同じ「記録者」という立場で参加していました。一般に、社会や地域に関わろうとするアートにおいては、片方にアーティスト、片方に普通の人たちがいて、両者のあいだにコラボレーションがあるという図式が多いのですが、わすれン!の場合、そもそも両者のあいだには立場上の違いがありません。アーティストとそれ以外の参加者の立場を分けることが多い現状を考えると、芸術活動という視点から見ても、わすれン!はユニークなものだと思います。

メディア実践とは、メディアの新しいつかいかたを考えることです。たとえば、映画館・映像ブース・スマートフォンなどではない形で、映像を見たり、それについて話したりする方法を考え、実際にやってみることで、メディアの可能性を広げることだと言ってもいいでしょう（たとえばアメリカの批評家スーザン・ソンタグは、「テレビの本質は、チャンネルを切り替えることができるということ」だと述べ、「テレビで示される映像は本来、遅かれ早かれ人が飽きる映像である」「映像はそれが用いられる方法、どこでどれほどの頻度でそれが見られるかによって、迫力を失う」と書いています[13]）。

1950年代の日本に「生活記録運動」と呼ばれる活動がありました。自分の生活を文章に書いて記録し、それを集団のなかで読みあうことで、読み書き能力を高め、自分たちの生活についての認識を鍛え、生活をよりよくしようとした、一種の社会運動であり、学習運動、そして芸術運動といってもいいような活動でした。

メディアテークでは、わすれン！のようなアーカイブ活動も、生活記録運動がそうであるのと同じ意味で、メディア実践のひとつだと考えています。アーカイブ活動を、単なる記録活動ではなく、人びととメディアの関係を逞《たくま》しくしていく活動だと考えるということです。メディア実践としてのアーカイブ活動が、記録のやりかたやその内容にどのような影響を与えたのか、その点についても報告したいと思います。


まとめましょう。

本書は、コミュニティ・アーカイブづくりの包括的な教科書や、震災アーカイブ全般に関する議論を整理することは目指していません。

13. スーザン・ソンタグ、北條文緒訳『他者の苦痛へのまなざし』(みすず書房、2011年、104-105ページ)。

そうではなく、

①　震災アーカイブをこうやってつくりましたという事例報告
②　コミュニティ・アーカイブ／草アーカイブという考え方の提示
③　メディア実践としてのアーカイブ活動についての報告

これらが、この本が目指すことです。

3　〈コンヴィヴィアルな道具〉としてのアーカイブ

本論に入る前にもうひとつ、技術と道具と記録活動のありかたについて、述べておきたいと思います。

専門性の危機

そもそも、東日本大震災が明らかにしたことのひとつは、専門家に頼ることの危険性、すなわち「専門性の危機」でした。

専門家ですら対策を考えきれていなかったような、大きな、広範囲にわたる被害をもたらす地震が起きました。科学者たちが予測しなかったような、原子力発電所の事故が起きました。行政だけでは支援が足りず、市民ボランティアたちの手が不可欠でした。ジャーナリストたちだけでは取材や情報発信が不足し、市民らによるネットを駆使した情報発信が有効に機能しました。

専門家にも対応できない事態があり得る、ということ。そして専門家に依存しすぎることが危機をもたらすことがある、ということ。それが明らかになったのが、東日本大震災と原発事故の最大の教訓のひとつでした。

「専門性の危機」について、東日本大震災のずっと前から指摘していた人がいます。ウィーンに生まれ、アメリカ・メキシコ・ドイツなどで活躍した思想家、イヴァン・イリイチ（1926〜2002年）です。

イリイチは、科学や技術は便利なものであり、専門家がそれらを駆使することが、一定の利益をもたらすことを認めます。けれども、科学や技術がよりいっそう専門性を増し、社会が専門家に対する依存度をさらに高め、高度に発展した道具のつかいかたが素人の手の届かないものとなるとき、専門化は利益だけでなく弊害をもたらすようになる、といいます。そして時として、利益よりも弊害の方が大きくなることもある。かつてイリイチは、そう指摘したのです[14]。

こうしたイリイチの発言は、東日本大震災以後に読み返すと、まるで予言のように思えてきます。

経験を記録し伝えるのは誰の仕事か

専門性の危機は、記録を伝える仕事についてもあてはまります。

わたしたちはこれまで、大きな事件や社会的出来事などの記録を、報道や記録の専門家にまかせてきました。ジャーナリストや歴史研究者、社会学者や人類学者、行政の担当者たち、そして映画や小説をつくるアーティストたちなどを、ここでいう専門家に含めることができ

14. イヴァン・イリイチ、渡辺京二・渡辺梨佐訳『コンヴィヴィアリティのための道具』（ちくま学芸文庫、2015年）。

ますが、かれらは特別な技術と、社会的な後ろだてを持っています（新聞記者における新聞社や新聞という制度、研究者における学会や大学などがそれにあたります）。記録の成果は、テレビや新聞、学術雑誌や行政資料など、かれら自身がそれを所有していたり管理しているメディアをつかって、ほぼ一方的に発信されてきました。

多くの市民はそれを受身的に見るだけです。その内容に傷ついたり、不満をもったりしても、できることはテレビに対してぼやくことがせいぜい。本気で異論を唱えようとすれば、かなりの労力が必要でした。ほんの20年くらい前までは。

メディアのこうした一方向性は、今や大きく変わろうとしています。東日本大震災のときには、TwitterやFacebookが、重要な情報を伝えるメディアになりました。映像はYouTubeでシェアされ、想いはブログに綴られました。インターネットが「自分たちのための（for the rest of us）」道具になったのです。

しかし、ネット上ではあらゆる表現が可能です。何が真実で何がフェイクなのか、何が現状を正しく伝える情報なのかを読み解くことにはいつも困難がつきまといます。あらゆる立場から発信される情報がネット上で錯綜するなか、２０１６年イギリスのＥＵ離脱時には、客観的な事実にもとづく報道よりも、「確からしい」「共感しやすい」と感じられる感情的アピールの方が世論（大衆感情）を動かしたとして、「真実以後（ポスト・トゥルース）」ということばが流行語にもなりました。

出来事の意味を伝える仕事がマスメディアに専門化しすぎることは、たしかに問題です。しかし、わたしたちにとっての共通世界であるネット空間が、何が真実なのかを見極めがたい、無数のつぶやきによって「情報オーバーロード[15]」してしまうこともまた、それと同じくらいに、あるいはそれ以上に大きな問題だといえます。

15. 情報オーバーロードとは、情報量が多すぎて、受信者に対して過剰な負荷をかけている状態のこと。探索すべき情報が多すぎて見つけたい情報が見つけられにくくなったり、自分が適切な情報を選択できているかどうかが常に不安になったりする、といった意味もある、未来学者のアルビン・トフラーが提唱した概念。

見るための道具、つくるための道具

こうした議論を個々の「道具」という観点から見ると、少し違った風景が見えてきます。たとえば、テレビは与えられたものを一方的に見るための道具です。新聞も（投書はできますが、そのほとんどは）一方的に読むだけの情報を届ける道具です。

これに対して、1980年代に発売開始されたワードプロセッサ（ワープロ）は、「いままで受身いっぽうだった普通の生活人」にとって、「自分たちの本や雑誌を安く手軽につくるための道具」として、その姿を現しました。[16] 自分たちで、自分がつくりたい本や雑誌をつくる。そのための道具や技術が、ワープロという道具によって、普通の生活人の手元へとやってきたわけです。

もちろんワープロは、家電企業が新たな利益を生みだすためにつくりだした商品でもあります。しかし、鉛筆や万年筆と同様に、ワープロは単なる商品ではありませんでした。

「自分たちのための道具」としての技術の系列には、カセットレコーダー、フィルムカメラ、パーソナルコンピュータ、ビデオカメラ、デジタルカメラ、そしてインターネットをつけ加えることができます。特に、2010年代以後のビデオカメラやデジタルカメラやスマートフォンは、写真・映像・音声など、さまざまなメディアを圧倒的に安く、簡単に扱うことを可能にしました。80年代のワープロ同様、これらは「自分たちのための道具」として現れたのです。[17]

ここでとりわけ重要なのが、インターネットの普及です。

なぜなら、インターネットの普及によって、デジタルカメラやコンピュータは、個人でものをつくるための道具としてだけでなく、つくったものを多くの人たちに向けて流通させ、共有するための道具に変貌したからです。

16. 津野海太郎『歩く書物　ブックマンが見た夢』（リブロポート、1986年、91ページ）。

17. これらの道具もまた、単なる商品ではありません。たとえばアメリカでは、すでに1980年代から、普通の人たちが自分たちで自分たちのイメージや記録をつくり、それをマスメディアがつくるイメージと対比させる運動の道具として、ビデオカメラが用いられていました。

家庭内で子どもの成長を記録しているかぎり、カメラは個人的・私的なツールにすぎません。けれども、わたしたちの多くに関係するであろうことがらを、個人がビデオカメラをつかって撮影し、それをネットで公開すれば、カメラとネットは社会的・公共的な行為のための道具になります。

このとき、見る人とつくる人との関係は、同じ立場という意味での「水平的」関係ではありません（そこには、情報を提供した人と、それを受け取る人との違いがあります）。しかしそれは、これまでのメディアに見られたような、専門家と視聴者とのあいだの「垂直的」関係でもありません。それは、つくる人が見る人にもなり、見る人がつくる人にもなる関係性、いわば「斜めの関係性」としてあります。

〈コンヴィヴィアルな道具〉

つくるための道具、共有するための道具の登場は、これまで専門家にまかされてきた活動の一部を「自分たちのために」取りもどすことを可能にしました。これは、単に個人が映像をつくれるようになったとか、個人がつくったものが広くブロードキャストされることが可能になったということを越えて、一方的な受動性として生きるか、それとも部分的にであれ能動性を取りもどすのかという問題でもあります。

さきほど触れたイリイチが特に重視していたのが、この「専門家に占有されてしまった技術」を、「よりよく生きるための道具に転換させる」ことでした。そこでの道具のありかたを、彼は「コンヴィヴィアルな道具」ということばをつかってとらえようとしています。

少し長くなりますが、引用しましょう。

道具は社会関係にとって本質的である。個人は自分が積極的につかいこなしているか、あるいは受動的にそれに使われているかする道具を用いることで、行動している自分を社会と関係づける。彼が道具の主人となっている程度に応じて、彼は世界を自分で意味づけることができるし、また彼が自分の道具によって支配されている度合いに応じて、道具の形態が彼の自己イメージを決定するのである。コンヴィヴィアルな道具とは、それを用いる各人に、おのれの想像力［ヴィジョン］の結果として環境をゆたかなものにする最大の機会を与える道具のことである。産業主義的な道具はそれを用いる人々に対してこういう可能性を拒み、道具の考案者たちに、彼ら以外の人々の目的や期待を決定することを許す。今日の大部分の道具はコンヴィヴィアルな流儀で用いることはできない。[18]

（訳文は一部変更しています）

〈コンヴィヴィアルな道具〉に対置されている、〈産業主義的な道具〉から説明します。〈産業主義的な道具〉とは、つかいかたも用途も決まっている道具です。そのつかいかたは、その道具をつくった人たちによって隅々までデザインされています。たとえば、自動販売機は、わたしたちにのどの渇きを意識させ、飲料を買わせるための産業主義的な道具です。なぜなら自動販売機は、「他人と人工的環境によって強いられた需要への、各人の条件づけられた反応[19]」、つまり「飲み物を買う」という行動しか触発しないからです。

水筒は、飲み物の保管器という意味では自動販売機に似ています。しかし、「何を入れるかを自分自身で決められる／好みの飲み物をつくる活動を促す／ゴミを出さず、環境を豊かなままにする」など、さまざまな行為を潜在的に触発しうる道具です。水筒は「各人のあいだの自立的で創造的な交わりと、各人の環境との同様の交わり」「人格的な相互依存のうち

18. イリイチ前掲書、59ページ。
19. イリイチ前掲書、39ページ。

に実現される個的な自由」を可能にすることができるのです。[20]

イリイチが、「コンヴィヴィアリティ conviviality」ということばでつかまえようとしていたのは、こうした自由の可能性です。それは、個々人が、周囲の事物や環境とのあいだに、また周囲の人たちとのあいだに、自立しながらも相互にかかわりあうことで、ともに生き生きとしている状態のことでした。それを可能にする道具が「コンヴィヴィアルな道具」です。

現代社会には、さまざまなガジェットが氾濫しています。しかし、ガジェットを利用する個人のみを豊かにするような道具は、コンヴィヴィアルな道具ではありません。コンヴィヴィアルな道具とは、たとえ個人のヴィジョンを実現するために用いられるとしても、自分の周囲の人びとを含む環境を、結果として豊かにするような道具なのです。

コンヴィヴィアルな道具としてのコミュニティ・アーカイブ

ビデオカメラもインターネットも、そのままでコンヴィヴィアルな道具であるわけではありません。では、こうした道具をどのようにつかえば、個々人がその道具を思い思いにつかうことが、結果として環境を豊かにすることができるようになるのでしょうか。どうすれば、記録のための道具が、記録者の想像力をはばたかせる道具として機能し、そしてその結果できあがった記録が、その記録を見る他者や記録者の周囲にある社会を豊かにするような道具になりえるのでしょうか。アーカイブを、そのような道具としてつくることは、どのようにすれば可能になるのでしょうか。

わすれン！の活動は、この問いに対する試行錯誤そのものです。そこには、専門家＝スタッフがデザインしたプロジェクトに、素人＝市民が参加し、予定された活動を行ってプロジェクトが終了するという図式はありません。わすれン！は、現代の技術を駆使した記録が、

20. イリイチ前掲書、39-40ページ。

どのようにすればわれわれの記憶を豊かにするのかという点をめぐる、答えの見えない、見えないからこそ活動のなかで進む道を考える、きわめて実践的な活動なのです。

それは、機械による記録の可能性を無視せず、かといって身体による記憶の意義も捨て去らない方向性を探るもの、と考えることができます。わすれン！の映像記録は、機械による記録でありながら、生身の身体による記憶のような特徴をもった映像の群れを構成しています。それは、機械による記録と、身体による記憶のあいだを縫うものなのです。

ビデオカメラもインターネットもつかう。でも、生身の人間が、記憶をもとに語る、それを聴くことがもっとも大切なのだという感覚も大事にする。その上で、個々人がやりたいことをすることが、結果として社会を豊かにする。本書の課題は、そのような「道具」のつくりかた、つかいかたを考えることにあります。

アーカイブをつくったり、つかったりすることは、まだ野球ほどには、わたしたちの身体に馴染んでいません。ここでプロ・アーカイブのつくりかたを見習って、市民もアーカイブをつくる、というのもひとつの方法ではあるでしょう。でも、本書としてはむしろ「草」的活動からはじめることの方にこそ、可能性があると考えます。手持ちの素材をつかって、ブリコラージュ的に、DIY的に、草の根活動的にアーカイブをつくる試行錯誤にこそ、アーカイブを「コンヴィヴィアルな道具」にしていく近道がある。そう本書は考えているのです。

プラットフォームとしてのセンター。そこにいるスタッフ。参加者たち。記録対象となる人たち。記録を見る人たち。アーカイブをつかう人たち。わすれン！には、これら多様な人たちが関わっています。「カメラとコンピュータとインターネットを組み合わせてつくられる、現代における〈コンヴィヴィアルな道具〉としてのコミュニティ・アーカイブ」とは、少なくともこれらの人びとの生を、結果的により豊かなものにすることができなければなりません。そのやりかたについて、わすれン！を事例として実践的に考えること。これが本書の課題です。

第1部　かんがえる編：プラットフォームが大事だ

第1章 せんだいメディアテークとremo
——記録と記憶の場所

「3がつ11にちをわすれないためにセンター」は、仙台市の芸術文化・生涯学習施設であるせんだいメディアテークが、2011年5月3日に開設した、「市民、専門家、スタッフが協働し、東日本大震災からの復旧・復興のプロセスを、独自に記録・発信していくプラットフォーム」である。

わすれン!は、東日本大震災をきっかけにはじまった活動だ。けれどわすれン!は、それ以前にメディアテークが行ってきた活動と無縁ではない。メディアテークが開館以来行ってきた生涯学習事業や芸術文化事業のなかには、わすれン!的な要素をもった活動が含まれている。[1]

そこで本章では、わすれン!が始まる以前の状況、わすれン!が生まれてきた文脈について、「せんだいメディアテークとremo[2]の哲学ならびに実験」という観点から整理しておきたい。それは、コミュニティ・アーカイブ活動が、単に新しい概念やしくみを「輸入」するものではなく、メディアテークがこれまでに行ってきた活動の延長線上にあることを示すためでもある。コミュニティ・アーカイブ活動はけっして「新しい流行」ではない。それはすでにさまざまな場所で実践されてきた活動でもある。[3]わすれン!もまた、いくつかの活動の延長線上に、接ぎ木されるようにはじまった活動なのだ。

1. ただし、「コミュニティ・アーカイブ」という概念が、最初からメディアテークのコンセプトにあったわけではない。整理すると、もともと「プラットフォーム」という考え方があった→わすれン!開設(2011年)→「草アーカイブ」ということばの発生(2013年)→「コミュニティ・アーカイブ」という概念に到達(2014年)という順序になる。

2. remo[記録と表現とメディアのための組織]は、2002年に大阪で設立されたNPO。〈メディアを通じて「知る」「表現する」「話し合う」、3つの視点で活動する非営利組織です。メディア・アートなどの表現活動を促すほか、文房具としての映像の普及、映像を囲む新しい場づくりなどを行っています〉(remoのホームページより抜粋)。http://www.remo.or.jp/ja/

3. 「コミュニティ・アーカイブ」ということばが知られる以前から、日本各地に類似した活動が広がっていることについては、安藤正人『草の根文書館の思想』(岩田書院、1998年)を参照。

1 せんだいメディアテークのコンセプト

1-1 生涯学習施設かつ芸術文化施設

仙台市は、人口約１０８万人（２０１６年推計）、東西約50キロ、南北約30キロにわたる、面積７８６平方キロの政令指定都市である。

メディアテークはその中心部近く、けやき並木が美しい大通りに位置する公共施設で、２００１年に開館した。公益財団法人仙台市市民文化事業団が指定管理を行う、仙台市の生涯学習施設かつ芸術文化施設である。[4]

最先端のサービス

メディアテークの基本理念は、「最先端のサービス（精神）を提供」すること、「端末（ターミナル）ではなく節点（ノード）」であること、「あらゆる障壁（バリア）から自由」であることだ。「最先端のサービス」とは、市民を一方的な受け手とし、最先端の流行を行政施設が提供することではまったくない。むしろ利用者もまた、最先端の知と文化を提供する側になることを意味している。それは、「『提供する側』と『提供される側』といった立場を常に反転させていきながら、メディアテークを成長させていこうとする精神」[5]なのである。

メディアテークは活動の終点でも目的でもない。それは、誰もが参加できることを前提とした、別の活動へつながっていく結節点である。利用者は、メディアテークをつかい、メディアテークとともに成長していく。「美術や映像文化の活動拠点であると同時に、すべての人びとがさまざまなメディアを通じて自由に情報のやりとりを行い、つかいこなせるよう

4. 3·4階にある仙台市民図書館は、仙台市教育委員会が直営で管理している。
5. 桂英史「せんだいメディアテークへようこそ」、せんだいメディアテーク·プロジェクトチーム編『せんだいメディアテーク コンセプトブック　増補新版』（NTT出版、2005年）所収、15ページ。

にお手伝いする公共施設」として、「だれもが情報を収集し、蓄積し、編集し、発信のできる環境の提供」が目指されているのである。[6]

インプットとアウトプット

芸術文化施設（「美術や映像文化の活動拠点」）と生涯学習施設（「すべての人びとがさまざまなメディアを通じて自由に情報のやりとりを行い、使いこなせるようにお手伝いする公共施設」）は、一般には切りはなされた施設であることが多い。市民にとって文化的なことがらをインプットする場所（美術館、博物館、図書館など）と、市民活動を通じてアウトプットする場所（市民活動サポートセンターなど）は、他の都市では別の施設・建物になっている。役所の管轄もたいていは別である。

メディアテークにおいては、インプットとアウトプット、芸術文化と生涯学習のための施設が、一体化していることが大きなポイントである。鑑賞や学習というインプットの機能と、制作や編集や発信というアウトプットの機能が、ひとつの施設を舞台に行われることが目指されているのだ。[7]

1-2 「つかう」ための建築

バリアのない空間

メディアテークの建築と各フロアの構成には、この基本コンセプトがよく表れている。

一度でもメディアテークを訪れた人は、建物に柱や壁が文字通りほとんど存在せず、建築そのものに「バリアからの自由」というコンセプトが物理的に反映されていることに気づく

6. せんだいメディアテーク「理念・サービス」。http://www.smt.jp/info/about/idea/
7. もちろん、実態としてこれらの機能を有機的に連絡させていくことは簡単ではなかった。佐藤泰（メディアテーク前副館長）はこう述べている。「当初、仙台市では、この施設は単にギャラリーとか、図書館とか、視聴覚ライブラリー、それから目や耳の不自由な人のための情報提供の4つの機能を組み合わせた複合施設でしかなく、それらが一体となったメディアテークなるものが公共施設として具体的にどんな役割を担いうるのかについては、まだイメージすらできていなかった」。

だろう。柱の代わりにあるのは、円柱状の太いパイプをつなげ、各フロアの床を支えている「チューブ」であり[8]、建物をとりまくのは視野を遮る外壁ではなく、巨大で透明なガラスである。何枚もの巨大な床を、チューブが支えている構造になっていて、建物内部にも壁はほとんどなく、区切られた部屋は数少ない[9]。

建物は地下1階・地上7階建てである。大通りからなかに入ると、1階には、誰でも出入り自由で、カフェも併設された「広場」がある。総ガラス張りで天井までの高さが約6・8メートルもあるので、建物の内部に入ったという印象が少ない非常に開放的な空間である。

フロア構成

「広場」から地続きの「オープンスクエア」は、1階の中央に位置する多目的スペースであり、講演会・映画上映・展示会など多目的に利用できる。ここでは、公開型の対話イベント「考えるテーブル」(➡第5章2)もよく開かれている。「対話イベント」というと、大きめの会議室や、学校のゼミ室のような部屋で行われていると想像するかもしれないが、メディアテークの「考えるテーブル」は、街路からも館内を通行する人からも、丸見えの場所で開催されている。イベントの多くは、通りがかりの人たちでも参加できるように開かれたかたちで行われる。これもまた「障壁からの自由」である。

2階には、新聞・雑誌の閲覧とあわせて、児童書のコーナーや映像や音の視聴ができる「映像音響ライブラリー」があり(わすれン!の参加者による成果もDVDで配架され、貸し出されている)、3・4階には仙台市民図書館[10]がある。これらの空間には仙台市民でなくても、誰でも入ることができ、窓口は平日であれば夜8時まで開いている[11]。

仙台市内には市立図書館が7つあるが、蔵書数では市民図書館が最大規模である[12]。図書館

8. チューブの中にはエレベーターや階段、空調や配管が通るとともに、屋上の採光装置を通じて、自然光が館内に取り入れられている。このチューブのひとつである「5番チューブ」は重要な避難経路のひとつであることからその周知を兼ねて、2008年5月から2011年2月まで、「goban tube cafe」という名称のカフェイベントを7階チューブ周辺で開催していた。

9. もちろん、トイレや暗闇を必要とするシアターや、音声を閉じ込める必要のある小さな会議室などには壁がある。しかし、建物全体からすれば、メディアテークの壁の少なさは強烈である。

10. 蔵書数約56万冊(2016年度末時点)。

11. 平日、図書館の開館は朝10時から夜8時だが、せんだいメディアテーク全体は朝9時から夜10時まで開いている。

12. 仙台市内の公共図書館という意味では、市内北部に蔵書数107万冊の宮城県図書館がある。

スペースは2階以上にあるので、図書館に行こうと思うと必然的に、1階で行われていることをちらっと見かけることになる。空間が、出会いを誘発しているのだ。

5・6階には広いギャラリーがある。これは展示空間であり、市民活動の成果展示や、メディアテークが企画・主催する展覧会が行われている。5階のギャラリー3300は6つの展示スペースからなり、6階のギャラリー4200はすべての壁面が可動式のため、仕切りのない大空間にもなる。

メディアテーク主催事業の展覧会ではしばしば、これらのギャラリーをつかって国内外で活躍するアーティストの作品が展示される。けれどもアーティストがつかう展示空間と、市民がつかう展示空間に区別はない。プロも市民も、同じスペースを用いるのである。[13]

最上階である7階には、シアター（180席の映像上映施設で、プロ・アマ問わず使用できる）、スタジオ（人びとが文化活動を行うための場）、会議室（曇りガラスで間仕切りされた空間で、会議や講習会のために使用できる）、プロジェクトルーム（現在はわすれン！の活動につかわれることが多い）、そしてメディアテークのスタッフが働くオフィススペースがある。

メディアテーク館内には、何もない空間や、椅子とテーブルだけが置いてあるような一角が、あちらこちらに存在している。それは目的が明確に設定された空間というより、都市に生じた一種の余白、空き地のような空間だ。目的がなくてもふらっと行けるし、目的があっても目的外の何かに出会う可能性がある。出会いを実現するような環境、何かに出会い、触発され、活動してみようという気持ちが芽生えるような環境なのである。

せっかくの「空き地」があっても、ただ放っておいたら何も起きなかったりする。常に新しい活動を呼び込んだり、何か別々の活動をしている人たちがいて、出会って、触

13. 利用者をサービスの提供者、芸術文化の生産者として考えるメディアテークにとって、芸術文化は「外国」「東京」「専門家」「アーティスト」だけから降りてくるものではない。地方都市の住民にとって、芸術文化を受身的に、消費者として鑑賞することは、国内における文化の植民地化につながるだろう。メディアテークにとって芸術や文化は、外との交流と触発を通じ、自分たちの足元からも生まれるものである。

発されて、「これ一緒にやろう」みたいなことが起きるようなしかけを、どう組みこむかっていうことが大事なんです。（佐藤泰、メディアテーク前副館長[14]）

1-3　活動のプラットフォームとしてのスタジオ

創造的活動のための空間

メディアテークのコンセプトで特に重要なのが、7階にある「スタジオ」である。これは、利用者自身が文化活動の「つくり手」となるためのスペースである。「他でも同様のものが見られる図書館やギャラリーと異なり、メディアテークがメディアテークたる場所とも言える[15]」スタジオこそ、メディアテークのコンセプトをもっともよく表している独自の空間、市民の創造的活動のためのプラットフォーム[16]である。

7階スタジオは、せんだいメディアテークを活用するための入口、情報発信や創造的活動の場です。施設の貸出のほか各種ご相談を受付ける受付相談カウンター、映像音響制作に関する機器などを備え、壁のない空間を生かして自由度の高いつかい方が可能なスタジオa、b、c、プロジェクトルームがあります。このほか、多くのメディアに対応した180席の上映設備・スタジオシアター、ラウンジがあります。[17]

何もない空き地

スタジオといっても、壁によって小規模に区分けされ、そのなかにこもって何かを練習したりするような小部屋空間ではない。「機材を常設せずに、つかうときにつかう目的に合わ

14. 佐藤泰はせんだいメディアテークの計画段階から関わっている人物である。
15. 『せんだいメディアテーク コンセプトブック　増補新版』、226ページ。
16. 「プラットフォーム」ということばの意味については、第2章のコラム「なぜ「プロジェクト」ではなく「プラットフォーム」なのか」（80ページ）を参照。
17. メディアテークのウェブサイトより。http://www.smt.jp/smt/facilities/f7/

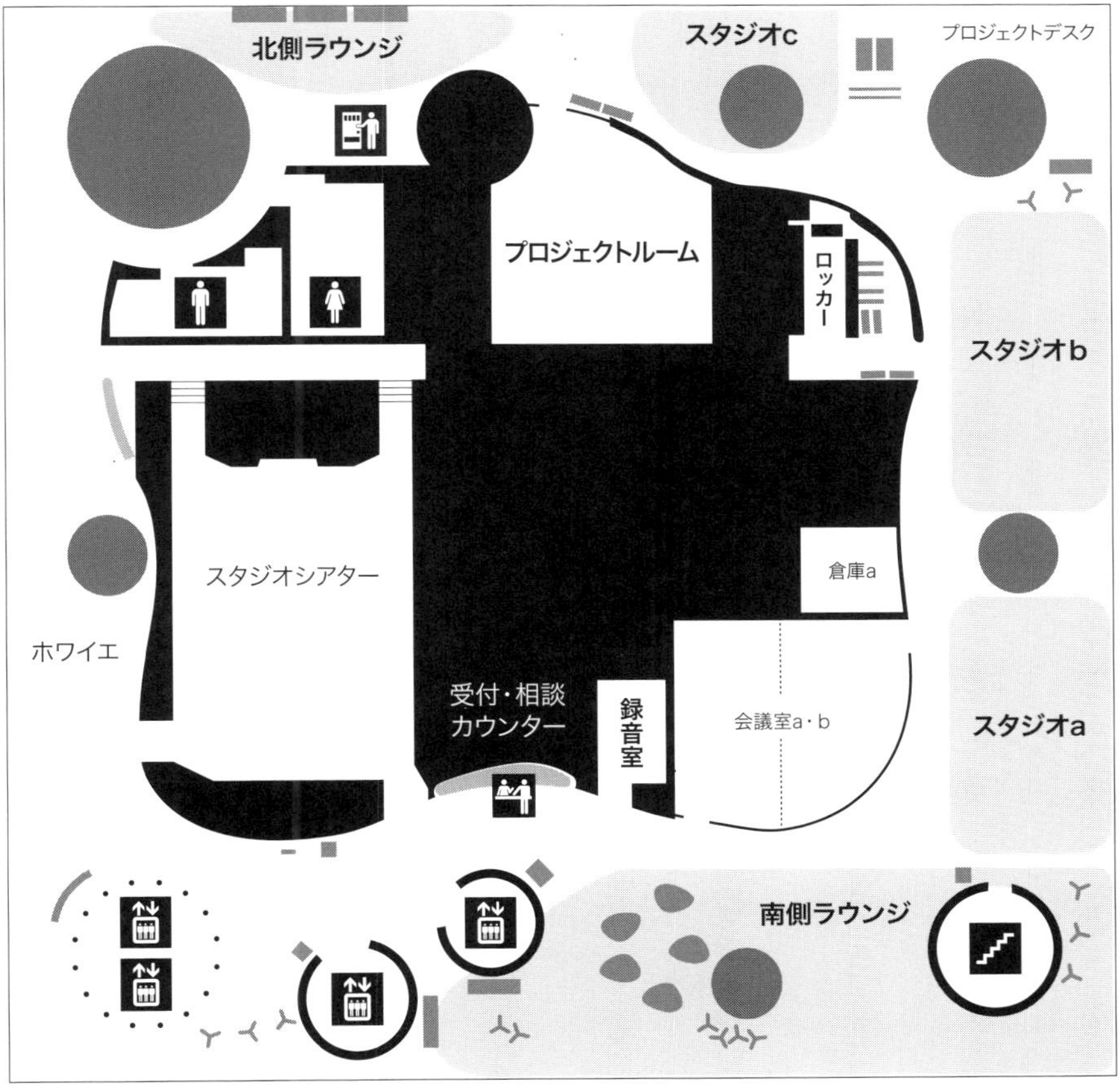
北側ラウンジ
スタジオc
プロジェクトデスク
プロジェクトルーム
ロッカー
スタジオb
スタジオシアター
倉庫a
ホワイエ
受付・相談
カウンター
録音室
会議室a・b
スタジオa
南側ラウンジ

図1　7階フロア

せて環境を準備することを旨」とした、普段は「テーブルと椅子が並んでいるだけの簡素な空間」である。[18] 要は、広いフロアのこのあたりが「スタジオa」、あのあたりが「スタジオb」と呼ばれていて、そこにテーブルと椅子が置いてあるだけで、閉鎖性が高い「スタジオc」でも、フロアの一角が移動可能な間仕切りで仕切られ、机や資料や機材が少し置かれている「隅っこ」にすぎない。

スタジオは巨大な廊下のようなオープンスペースだから、誰でも入ることができ、空いている場所をつかうことができる。[19] 夜10時まで空いていて、利用者による活動がない時は、中高生から年配の方まで、数多くの人たちが自習やミーティングの場所として利用している。

具体的な利用方法としては、打ち合せ、会議、公開で行うトークイベント、編集作業、制作作業などが想定されている。「メディアをつかう」「対話する」「記録する」「アーカイブする」など、さまざまな文化活動を促進するために、活動にとって必要であれば、利用者は適切な機材を無料で借りることができる（利用にはプロジェクトの企画書とともに申請が必要）。

利用可能な機材には、①自立式スクリーン、プロジェクター、モニターなどの展示・プレゼンテーション用機材、②ビデオカメラ、デジタルカメラ、三脚などの映像撮影・写真撮影用機材、③ICレコーダー、マイクなどの録音用機材、パソコン、スキャナー、プリンター、④映像／画像編集ソフトなどの編集・制作用機材、⑤点字翻訳用のアプリケーションやプリンターなどがある。スタジオにはテーブルと椅子のほか、「考えるテーブル」と称される黒板塗料が塗られた家具や、机と一体化したホワイトボードなど、対話を促し、対話の内容を共有することを担保する、単純な道具も置かれている。

つまりスタジオは、活動にあわせて、和風住宅のように、必要な家具や道具を組みあわせて「しつらえる」空間である。活動の種類にあわせて「パソコン室」「映像編集室」などに

18. 『せんだいメディアテーク コンセプトブック　増補新版』、225ページ。

19. ただし、日時を指定・予約してスタジオをつかうためには、メディアテークと協働しながら地域のことを「記録する」、あるいは「対話をする」事業を行っている個人や団体として、公募によって選ばれる必要がある。

20. しつらえる空間は、臨機応変、変幻自在に、限られたスペースを多目的につかえる優れた空間利用法だが、使用後は空間が常にリセットされるため、つかった人の痕跡が残らず、誰に対しても少しよそよそしいところがある。そのすっきりとしたよそよそしさは、建築家の中村好文がいう「私だけの感じ方かもしれませんが、日本家屋には『なんとなく居場所がない』ような気がする」という感覚に近い（中村好文『食う寝る遊ぶ　小屋暮らし』PHP研究所、2013年、30ページ）。2016年からメディアテークでは、「アートノード・プロジェクト」を開始したが、これは、活動拠点をメディアテークの外につくって、さまざまなアートの現場を町中に展開していくものである。https://artnode.smt.jp/

区切られるのではなく、活動の内容にあわせて空間と道具が集まってくるのだ。「ここでは機械は主役ではなくて、文化の創造に関わる志をもった人が集まったり、その人たちが何か活動を起こしたり、まずはそこが一番重要」なのであって、スタジオは「結果的には何もない空き地」(佐藤泰)なのである。[20]

1階と同様、スタジオはお互いが丸見えである。スタジオでも話はできるが、少し離れたところには勉強している人も多いので、大声で話さないように気をくばることも必要である。閉じた空間を自分たちだけで私的に占有しているのではない。けれど、完全にオープンというわけでもない。それぞれの活動の中身が自然に見えるので、ここでも出会いや触発の可能性が潜在的にある。そんな微妙な閉じ/開き具合の空間として「スタジオ」は提供されている。[21]

ラウンジとプロジェクトルーム

7階(図1)には、小さな展示用の場所として「ラウンジ」もある。これもフロアの一角をそう呼んでいるにすぎないが、スタジオ活動の成果を簡易に公開したり、参加・調査型の展示(たとえば、仙台市内の昔の写真を展示して、鑑賞者がその場所を特定する活動に参加する「どこコレ?-」)など、ギャラリーをつかうほど大規模ではない展示に用いられる。スタジオ活動の延長線上にある展示スペースである。

最後にプロジェクトルームは、主にわすれン!参加者が編集活動や試写を集中的に行うための部屋であり、さまざまな機材の保管場所にもなっている。

21. ただし、「何もない」状態で、さまざまな人びとが思い思いに活動する空間をつくることは、実際には多くの困難を伴っている。2001年の開館時には、あまりに何もないのでは空虚すぎるというので、スタジオの横に「映像文化ライブラリー」「美術文化ライブラリー」という、美術・映像関連資料を収めた「図書館の映像部門」的な棚が、参考資料として置かれていたが、映像ライブラリーで静かにビデオを見る人たちと、スタジオに来て何かをつくろうという人たちでは、お互いに「身ぶりが全然違っていた」(佐藤泰)。丸見え・丸聞こえの空間での、異なる身ぶりの共存はむずかしく、2007年に7階から2階へ、ライブラリーは移設された。このときようやく、7階は「空き地」になったのである。

スタジオ a

黒板仕立ての机や椅子があり、小規模なトークイベントや、打ち合わせや会議などが行える。30 名程度まで集まることができる。

黒板塗料で塗られた、自立式黒板やテーブルなどが特徴的。家具デザインは、アーティストの豊嶋秀樹さんによるもの。詳しくは第５章２。

スタジオ b

ホワイトボード仕立ての机があり、中規模なトークイベントや、打ち合わせのほか、編集・制作作業などが行える。40 名程度まで集まることができる。

活動が行われていない時は、高校生や市民の学習などにつかわれている。

プロジェクトルーム

映像編集用の機材が常備されており、主に編集作業などを行うことができるが、閉じた空間のため少し暗くすることができ、完成前の試写や映像を見ながら意見交換する機会など、さまざまな用途に用いられている。

わすれン！やスタジオ活動のためのスペースのなかで、唯一閉じることのできる空間。

スタジオc

点訳ソフトが入ったパソコンや点字プリンターなどがあり、バリアフリーデザインの活動でつかえる機材がある。また、5～6名程度の打ち合わせができる。

半透明ポリカーボネートのついたてでやや仕切ることもできるが、壁はない。

ラウンジ

7階ホワイエにあるオープンなギャラリースペース。わすれン！参加者の主に写真などの記録の成果を展示形式で公開するときや、スタジオで活動するわすれン！以外の市民との協働事業の成果発表にも利用される。

さまざまな什器を用い、都度、展示内容に応じた空間づくりを行っている。写真のこの日は、わすれン！参加者である小森はるか＋瀬尾夏美による展示「空白を訪ねる—そこで出会ったことば—」が開催されていた。

1-4 文化活動の資源化《アーカイブ》

生態学的循環

生涯学習施設かつ芸術文化施設としてのメディアテークでは、このように、受容から生産、生産から受容へと繰りかえされる、〈文化活動の生態学〉というべき循環サイクルが目指されている。[22]

循環の始点となるのは映像音響ライブラリー、図書館、ギャラリー、シアターなどでの〈インプット〉である。映像・音声を含むさまざまなメディア（対話イベントを含む）を通じて提供される、「最先端の知」がその資源だ。中間点にあるのが、市民が創造的な文化活動を行うスタジオであり、その活動成果が、あらためて映像音響ライブラリー・ラウンジ・ギャラリー・シアターなどに配架・公開、つまり〈アウトプット〉される。

インプットされるのは著名な著者の本やアーティストの作品だけではない。たとえば市民のAさんが、図書館に入っている本を参考にしつつ、地域の文化を調査し、その成果をもとに、スタジオを利用して映像作品をつくる。その作品がデジタルデータとしてライブラリーに収蔵される。そのAさんの作品を見て刺激を受けた別の市民Bさんが、新たな文化活動を開始する。こうした循環も同程度に重要だと考えられている。外国や首都圏など、外からやってくるアーティストの展覧会も、市民を軸とした〈文化活動の生態学〉というサイクルの一部分に組み込まれているのである。

接点としてのアーカイブ機能

ここで重要になるのが「アーカイブ」機能だ。文化活動の生態学的循環を可能にし、受容

22. 一般にアーカイブをつくるというときには、まず既成の資料を集めるところに比重が置かれることが多い。けれどもメディアテークにおいては、そもそもアーカイブされるべき活動記録をつくるというところからも、アーカイブづくりがはじまっている点が特徴である。

↓生産↓受容↓生産…という連携の接点となるのは、文化活動のアーカイブ化である。

> メディアテークとはメディアの棚である（中略）が、それは本や映画が見られるというだけではありません。ワークショップなどの事業を通じてコンテンツを発見、あるいは、つくりだし、それをアーカイブ化して再び利用する、その循環をつくりだすことが計画段階から構想されてきました。そのひとつのイメージがデジタル・アーカイブでした。[23]

メディアテークにとってアーカイブとは、メディアテーク本体の企画活動だけでなく、市民が行うさまざまな文化活動を記録し保管することに他ならない。それは市民の文化活動や、メディアテークが行う事業のひとつひとつを、来るべき活動の〈資源〉と見なすという視点にもとづいている。それぞれの活動記録をアーカイブしていくことによって、個々の活動を過去の「終わったコンテンツ」としてではなく、利用され見出されることによって生き生きとよみがえる〈資源《リソース》〉にしようとしているのである。[24]

活動の時点ではイベントの集客数が少なかったとしても、記録として残ることで、その意義が後に生かされることもある。記録を残すためには、市民による文化活動やメディアテークの主催事業を、その時点での目に見える成果（集客数など）のみで評価しないことが大切になる。「現時点で大事だと思われるものだけを残す」のではなく、そういった評価軸とは別の視点から、記録し保管していく必要もあるのだ。メディアテークでは、主催事業においても、イベントをするだけでなく、そのイベントを記録するところまでを業務だと考えている。活動記録のアーカイブがつぎなる文化活動の資源として利用されることも視野に入れて、事業を設計しているのである。[25]

23.『せんだいメディアテーク コンセプトブック　増補新版』、235-236ページ。

24. わすれン！参加者による活動記録も、2017年冬の段階で、DVDが64本、2階の映像音響ライブラリーに配架されている（わすれン！DVDの一覧は、300ページを参照）。

25. ここで述べていることは、メディアテークが目指すコンセプトであって、実際にはメディアテーク自身の事業であっても、「とりあえずビデオは撮っておいたけれども、つぎのイベントの準備がすぐにあるから、記録を活かせるような状態には全然なっていません」という時期が長く続いた。2012年からあらためて開館以降のすべての事業記録を見直し、2017年現在、それらの主催事業の記録のほとんどは、2階の映像音響ライブラリーに配架・貸出できるようになっている。スタジオ利用者の活動については未だ解決できていない。スタジオの利用条件に、「活動の記録をメディアテークにおさめてください」という項目を入れてはいるが、しっかりとした記録を活動本体とは別に残すことは決して容易ではないだろう。

記憶の制度

近年、図書館・ミュージアム・アーカイブなどを、別々の組織としてではなく、「記憶に関わる諸制度 memory institutions」として一括してとらえる視点が提唱されている。「図書館を内蔵した文化施設」「ギャラリーやスタジオやシアターを併設した新しい図書館[26]」としてのメディアテークも、これらを別々に機能させるのではなく、最終的には図書館・ライブラリーとアーカイブ（そしてシアターとギャラリーも）が一体化することを志向しているといえる。市民活動の成果物がアーカイブされ、出版された他の資源と同列に提供されるように設計されている以上、理念的には、ライブラリーとアーカイブはともに「記憶の制度」である。「文化資源の分配／提供装置」という観点から見れば、「ライブラリー」「シアター」「ギャラリー」のあいだにも、メディアの差以外に本質的な差はない。メディアテークが単機能施設の寄せ集めではなく、図書館・ギャラリー・スタジオなどがお互いの障壁を取りのぞいた建物のなかで一体化した複合的施設（「メディアテーク」）であるのはそれゆえなのである。

スタッフによる活動支援＝協働（コラボレーティブ）的な関係

もちろん、スタジオという「空き地」を準備して、ライブラリーやギャラリーで優れた「文化資源」を提供しさえすれば、すぐに文化活動が活発になるわけではない。機材のつかいかたや、活動内容についての相談、他の文化資源の紹介など、スタジオ活動を支援する役割を担うのは、メディアテークのスタッフである。

現在の体制では、メディアテークが閉館する夜10時までスタッフが7階で待機しており、利用者はさまざまな相談をすることができる。

26.『せんだいメディアテーク コンセプトブック　増補新版』、59-60ページ。

ただし、方向性としては、一方向的な支援ではなく、当初から協働的 collaborative なものを目指してきた。

開館当初のメディアテークの市民活動支援には、たしかに市民活動の側が活動目標を設定し、メディアークはそれを側面から「サポート」するものが多くをしめていた。しかし2011年からは、より方向性を明確にし、市民とメディアテークを対等の立場にあるアクターと考え、両者の関係をより「協働的」なものとして発展させることに重点を置いている。メディアテークが市民活動を主導するのでも、市民活動にメディアテークが従うだけでもない。市民と一緒に活動を進めていくこと。その接点となるのが、メディアテークのスタジオ活動なのである。

1-5 「いろんなことができそう」

まとめよう。メディアテークの哲学は、以下の5点に集約できる。

① メディアテークは、市民の文化活動を触発・誘発する「環境」すなわち「プラットフォーム」である。

② 「生涯学習施設+芸術文化施設」であるメディアテークでは、芸術作品を鑑賞すること・本を読むこと・見ることなどのインプットと、自らがつくる側・表現する側にまわるアウトプットが、スタジオ活動とアーカイブを媒介とした、一連のプロセスとして想定されている。

③ ポイントになるのは、文化資源に触発されて行われる「スタジオ活動」と、その成果

を新たな文化資源として保管・提供していく「アーカイブ機能」である。

④　生涯学習のための環境と、芸術文化を享受し、芸術文化を創造するための環境とは、連続的な〈文化活動の生態学〉と呼びうるひとつらなりの場を構成している。そうした場を環境として提供し、そこでの活動を支援する、あるいはそこでともに活動すること、それがメディアテークの役割である。

⑤　そこでのメディアテークと利用者の関係は協働的なものが理想的である。それは、上から目線で「こういうことをしてください」と指示するのでも、「こういうことをしたいんだけど」という要求に全部ＯＫと返すことでもない。

「プラットフォーム」ということばには、「活動の舞台」という意味がある。[27] それは、ある活動のために準備されたひとつの「場所」であり、人びとはそこに参加し、それをつかい、そこに何かを残し、離れていく。そこには誰もが入ることができる。それをつかって、何か新しい活動を育てることができる。そのような「道具」的機能を備えた場所、それが「プラットフォーム」である。建築家の小嶋一浩らはメディアテークを「『ここならいろんなことができそうだ』と思えるような空間[28]」だと評したが、まさにその「できそうな感じ」こそ、プラットフォームの特性である。

メディアテークは、メディアテークの哲学を見事に具体化している伊東豊雄による建築によって有名だが、重要なのは、建築だけでなく、その建築をつかいこなすことができるかどうかである。

広場のような場所で休憩したり、そこで行われていることをちらっと見ながら通過したりする。本を熱心に読む。ビデオに見入る。壁のないスタジオで、周りにいる人をすこし意

27. platformの語源は、「平らな plat ＋ かたち form」であり、「演壇」「舞台」「踊り場」「(駅の)プラットフォーム」などの意味をもつ。語源の前半に含まれるギリシャ語「platús」は、「場所」を意味する「place」の語源でもあり、公共の場所としての「広場 plaza」ということばにも近い意味をもつ。

28. 小嶋一浩・伊藤香織・小池ひろの・高安重一編著『空間練習帳』(彰国社、2011年、130ページ)。

識しながら、何かをつくる。対話を他の人たちと続ける。そんなお互いの姿を見る。見られることを受け入れる。誰もがそこに入り、学び・つくり・活動することができるプラットフォームは、こうした行為を続ける利用者と、かれらとコラボレートするスタッフにつかわれることによって、現実化する。

市民による文化活動の拠点としてのメディアテークは、協働的で創造的な活動を育む「プラットフォーム」として存在している。バリアはそのために外されているのである。

2 remo［記録と表現とメディアのための組織］

ひとつ回り道をしよう。わすれン！が生まれた文脈を理解するためには、わすれン！の原型となるアイデアを思いつき、わすれン！をスタートさせたキーパーソンのひとりである甲斐賢治[29]の活動について理解する必要があるからだ。今度の舞台は主に大阪（と札幌）である。

2-1 個人を発信源とする映像の社会的価値

コミュニケーションツールとしてのメディア

1963年、大阪に生まれた甲斐は、2002年から「remo［記録と表現とメディアのための組織］」というNPO法人を複数人で共同運営し、長らくその代表理事をつとめていた。

remo[30]は「近年発達している、個人を発信源とする映像や音を用いた表現が、どのように社会的価値を持ち、それがコミュニケーションのありかたをどう変えるのか」に着目して

29. せんだいメディアテーク、アーティスティックディレクター。わすれン！発足当時は企画・活動支援室長。
30. remoという名称は、英語での組織名称である「record, expression and medium - organization」の頭文字。

つくられた組織である。

ｒｅｍｏはこう述べる。「現代生活に溶け込んでいるメディアには一方的に発信される市場開拓を目的としたものが目立ち」、「いわゆるマスメディア（…）は、本来の人間のコミュニケーションツールとしての『メディア』の機能を狭めている」。それに対して、個人を発信源とする表現においては「目的に縛られないより多様でフレキシブルなありようが見られ（…）そこで発せられる表現には、芸術性や国際性を伴う時代を超えた情報が含まれているかもしれません[31]」。

メディアはもともと、単なるコミュニケーションの道具ではなく、社会的な関係のありかたをつくったり変えたりする機能をもっている。しかしマスメディアは、その機能を十分に用いておらず、発信者と受信者という固定的な関係をつくり続けている。これに対して、個人レベルでの実験のなかにこそ、道具としてのメディアのすぐれた使用法が見られるかもしれない。ｒｅｍｏが個人による表現に注目するのは、こうした可能性を解き放つような（もちろん、金銭的利益や利害に縛られないような）、新たな道具としてのメディアの使用法、つまり新しい「社会的価値」が、そこにあるかもしれないからである。パーソナルな行為としてはじまることに、社会的にも芸術的にも、価値のある行為があるかもしれない。そうｒｅｍｏは考えるのだ。

ｒｅｍｏがはじまった２００２年には、YouTube（２００５年〜）も、ニコニコ動画（２００６年〜）も、iPhone（２００７年〜）も存在しなかった。インターネットの利用率が、日本でようやく過半数を越えたにすぎず、個人による映像の発信が可能だったとはとてもいいがたい状況だ（図２）。誰もが映像で個人的に表現（記録／編集／流通）できる環境は、つい最近できあがったにすぎない。ｒｅｍｏはこうした環境が成立することをいち早く予見し、それに

31. remo「趣意」。http://www.remo.or.jp/j/summary/summary01.html

よって、何がはじまり、どういった地平がひらかれるのかに注目したのである。

映像をつくる／発信する道具の普及

個人が「映像を撮影したり編集したり発信したりする」という行為が、どのような技術によって、どのように可能になってきたのかを、簡単に振りかえっておこう。

⑴撮影の道具

20世紀を通じて、8ミリフィルムやアナログビデオカメラなど、すでに一定の普及をみていた映像撮影機器が存在するが、これらの多くは高価であると同時に、プロ用の機材からすれば低品質であり、その普及は一部にとどまっていた。１９８３年に発売が開始された個人（民生／家庭）用ビデオカメラについて見ると、１９９５年にアナログ方式からデジタルビデオ方式への転換がはじまり、その後小型化と高性能化、さらなる普及が進んでいった。初の個人用ハイビジョン・デジタルビデオカメラが発売されたのは２００４年であり、このときにこそ、プロ用機材に引けを取らない高品質な映像の撮影が、個人レベルで可能になったといえる。[32]

ただし、内閣府の消費動向調査によれば、個人用ビデオカメラの世帯普及率は、２０１３年に41・5％でピークを迎え、一度も5割を越えないまま減少することになる。入れかわるように普及するのがデジタルカメラやスマー

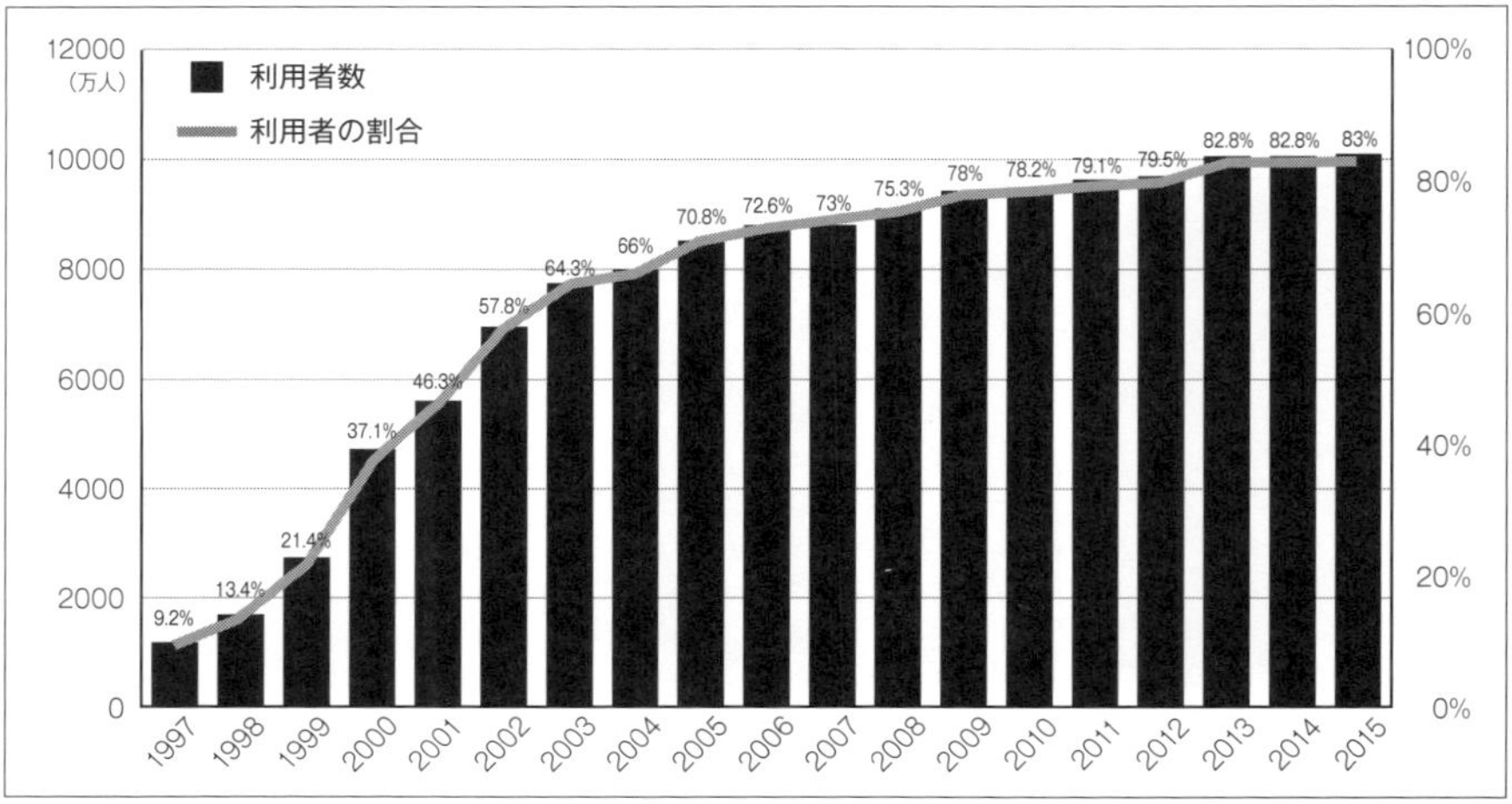

図２　インターネット利用者数と利用者の割合（1997～2015年）出典：総務省「通信利用動向調査」

トフォンであり、特に後者は2014年の段階で世帯普及率が54・7%に達している。[33]

(2)編集の道具

個人用の映像編集専門の機材は、現在に至るまでほとんど普及していない。近年では、映像編集は専用機材ではなく、汎用的な作業をこなすコンピュータ上で行うことが普通であり、今後もその傾向は続くであろう。パーソナル・コンピュータの普及率は、前述の内閣府調査開始時（1987年）の11・7%からほぼ一貫して上昇を続け、2001年には5割を越えたが、これがそのまま、個人で映像を編集する環境の普及を意味したとはいいがたい。

個人向けコンピュータのイメージを刷新したアップル社の初代iMacが登場したのは1997年である。当時のマシンは、性能とつかい勝手の双方で、映像編集のためのハードルがとても高かった。大量のデータを保管するためのハードディスクはまだ高価で、カメラとコンピュータを接続して映像を取り込むには手間がかかった。iMovie（つかいやすいアップル社の映像編集ソフト）は1999年に発表されていたものの、個人がサクサクと映像を編集できる技術的環境は、映像記録の技術と同様、21世紀初頭の時点でひろく一般に普及していたとはいいがたい。

(3)デスクトップ・マニュファクチュアリングへ

このように、remoがはじまった21世紀の初頭においては、まだ個人が映像を記録／編集し、発信するための環境は未成熟だった。だが、いずれ映像を記録・編集・発信する技術的環境が整うだろうことは、予見可能だったともいえる。なぜなら、パーソナル・コンピュータのつかいかたは1970年代からずっと、ものをつくり、つくられたものを共有・

32. 竹村裕夫「ビデオカメラ技術の系統化」、『技術の系統化調査報告』第18集、国立科学博物館、2013年、111-206ページ。
33. 内閣府「消費動向調査」（http://www.esri.cao.go.jp/jp/stat/shouhi/menu_shouhi.html）より。

分配し、コミュニケーションするためのしくみを、企業から個人へ・専門家からアマチュアへと移動させる方向に、技術革新し続けてきたからだ。

１９９０年代のコンピュータは、PhotoshopやIllustratorなどのＤＴＰツールを用いて、それ以前にはプロにしかできなかったクオリティで、個人を発信源とした平面作品（デザインや印刷）の制作を可能にした。２０００年代に入ると、文書や写真の共有・分配が個人レベルで普及する。携帯電話ネットワークを通じたインターネットの「常時利用」が可能になり、そのインフラの上で用いられる手のひらサイズのコンピュータとしてのスマートフォンが爆発的に普及したのが２０００年代の後半である。特に、２００７年に初代が発売開始され、その後映像撮影機能を搭載したiPhoneは、個人レベルでの映像の記録、編集、発信のすべてを可能にする端末であり、画期的な道具であった。そして一人ひとりのポケットのなかにコンピュータが普及するのに並行して、さまざまなかたちのコミュニケーションを可能にする、インターネットを利用したサービス、Facebook（２００４年〜）やTwitter（２００６年〜）やInstagram（２０１０年〜）が開始されていくのである。[34]

こうして、21世紀の最初の10年間にはじまったネット上の数々のプラットフォームは、iPhoneに代表されるスマートフォンの普及を基盤に、個人を発信源とする映像や音声の流通を日常生活の一部とした。文書・写真・映像・音楽など、これまで「マス」に独占されてきた情報の発信は、ほんとうに多くの人びとに可能となった。つぎにはおそらく立体作品の制作と発信が続くだろう。専用の工作機械がなければ不可能だった立体作品をつくることができる３Ｄプリンターをつかった、デスクトップ・マニュファクチュアリングの普及もすでにはじまっている。

34. ただし、友人知人とのソーシャルなやりとりを行うプラットフォームを無料で市民に提供することで、巨大なネット産業は新たな資本主義的活動、つまり人びとの社交性を利用したデータの収集や、ネットの閲覧や関心の表明に応じた商品広告の提示などを行っているという指摘もある。以下の論文を参照。水嶋一憲「ネットワーク文化の政治経済学」、伊藤守・毛利嘉孝編『アフター・テレビジョン・スタディーズ』（せりか書房、2014年）所収。

2-2 映像のリテラシー

つくる能力としてのメディア・リテラシー

remoが重視するのが、「リテラシー」と「道具」という概念である。

「リテラシー」はもともと、「文字を読み書きする能力」のことである。「メディア・リテラシー」は一般に、メディア表現の意味や意図を読み解く能力だとされているが、本来それは「読み書き能力」、つまりメディアを「読む」能力だけでなく、メディアをつかって何かを「書く」つまり表現する能力を意味するはずだ。そうremoは考える。

「表現する能力」としてのリテラシーは、メディア・リテラシー教育の現場では、あまり重視されていない。これは、読み書き能力を育む文字リテラシー教育とは対照的である。

文字をあつかう能力は、読みかただけでなく、書きかたを学び、書くことを実践することによって身につくものだ。読みかたを学ぶことは書く力を向上させ、書きかたを学ぶことは読む力を向上させる。両者は表裏一体である。そこでは、文字の読み手(=受け手/消費者)になることと、文字の書き手(=つくり手/生産者)になることの両方が、個々人の力を高める回路としてひろく認知されている。文字の世界では(ヴァルター・ベンヤミンがいう意味で[35])、誰もが生産者であり受容者である。

だとすれば、なぜ同じことが映像についてはいえないのだろうか。映像や音をつくる、つくれるようになることが、映像や音を見る・聴く力を高めるのではないか。市民としての映像や音の「リテラシー」を高めるには、メディアの「読みかた」だけではなく「書きかた」「つくりかた」を学ぶことが重要なのではないか。これがremoの基本的なアイデアだ。

35. ヴァルター・ベンヤミン「生産者としての〈作者〉」、『ベンヤミン・コレクション5　思考のスペクトル』(ちくま学芸文庫、2010年)所収。

文房具としてのビデオカメラ

そこでｒｅｍｏがはじめたのが、「鉛筆や消しゴムのように、文房具感覚でビデオカメラをつかうこと」ができるようになるためのワークショップ「remoscope」[36]だ。remoscopeでは、特別な技術も、映像制作の経験も必要ない。参加者は、ｒｅｍｏが考案した単純なルール、つまり①固定カメラを用いて、②無音、③無加工、④無編集、⑤ズーム無しで、⑤最長1分の動画を撮影する。このルールは、映画の発明者として知られるリュミエール兄弟が最初に撮影した映像の手法をそのままなぞっている（だからｒｅｍｏではこれを「リュミエール・ルール」と呼んでいる）。この方法なら、初心者、経験者を問わずに作品をつくることができるだけでなく、それぞれの作品を参加者とともに鑑賞し、楽しむことができる。なにげない風景がさまざまな視点で切り取られ、異化されていくその静かな驚きを味わう、〝句会〟のようなワークショップなのだ。こうしてｒｅｍｏは、映像をつくることの原点に戻ってその「ハードル」を下げ、ビデオカメラを個人にとっての「鉛筆のような道具」に変換しようとしているのである。

リテラシーの社会的価値

文字リテラシーを通じた、文章についての批判力を、わたしたちはある程度獲得している。けれども、もし市民がビデオカメラを文房具のようにつかって、自分の生活を記録したり、意見を表明したりすることがふつうに行われるようになれば、その効果として、読み解く能力であるメディア・リテラシーも向上する。

映像理解力の高く、映像についての批判力を獲得した市民が存在することで、行政や教育など、社会の公的な場面に立っている人びとも質の高い映像を提供するようになり、マスメ

36. remoscopeとは、remoが考案した「リュミエール・ルール」にのっとって撮影された映像を総称する造語であり、その映像をつくるワークショップも意味する。

ディアも含めたプロがつくる映像や音、そして映像メディアをつかった芸術活動自体の質も、高まっていくのではないか。

「個人を発信源とする映像や音に社会的価値がある」とｒｅｍｏが考える理由は、こうしたところにあるのである。

2-3 個人がつくった映像の行き場

YouTube

文字のリテラシーを高めるにあたって不可欠なのは、書いては消し、消しては書く推敲のプロセスだ。人に読んでもらって、他人の目から見た感想を聞くことも大切だ。

だが映像に関して、このような場はほとんど存在しない。現状でこれに近いものとしてあるのは、YouTubeなどの動画共有サイトだが、そこにはまだ問題がある。

２００５年にはじまった映像共有サイトYouTubeは、たしかに画期的なしくみだ。そこでは、誰もが映像を投稿・検索・視聴でき、それぞれの映像で視聴回数が示され、コメントも加えることができる。しかし、YouTubeに保管されている映像はあまりに膨大である。YouTubeでの、「全インターネット人口の約3分の1を占める10億人以上のユーザー」による「1日あたりの動画視聴時間は数億時間」[37]におよぶ。ひとつひとつの映像は、無数の映像のなかに埋もれ、情報のオーバーロードが生じている。

動画共有サイトの運営各社は、ユーザーにとってつかいやすいインターフェースや、ユーザーの関心に沿った動画を表示するためのツールを開発しているが、基本的には「今多くの人が見ている」（一過性のトレンド）か、「ユーザーが過去に参照した映像履歴からのおすす

37. YouTube「統計情報」より。https://www.youtube.com/yt/press/ja/statistics.html

め」（関心の枠から出ない）か、「誰もが大量に見ているウィルス的映像」（誰でも知っている）が表示されるにすぎない。YouTube はまた、心ない中傷や「炎上」に対して無防備な場所でもあって、自分の映像に建設的な関心をもらうような雰囲気とはいえない。これでは、個人を発信源とする映像や音に、社会的な価値を認める／認めあうようなしくみや場としては力不足だ。

ｒｅｍｏのようなワークショップを通じて、個々人の技術や意識が向上する場をつくることはできる。しかし、そうやって醸成された個々人の映像活動を、推敲したり横につなげたり展開させていくための場所は、まだまだ未整備だ。[38]

もちろん、専門的に映像を学び、切磋琢磨するための場所は、映像の専門学校や芸術系大学として存在する。しかしｒｅｍｏが考えているのは、映像表現を専門にするわけではない（「ごく一般的な」）市民の問題である。専門的に学んだ表現者は、映像表現の専門家のために社会的に整備されている、すでにある発表の機会や流通回路を通じて、映像を分配し、配給していくだろう。そもそもプロになる気がない人びとの映像表現を展開させ、リテラシーを高めていくための場所は、YouTube などの動画共有サイトだけでは足りないのだ。

AHA!［Archive for Human Activities／人間の営みのためのアーカイブ］

ｒｅｍｏは、現実の空間で、こうした場をつくるための試みを続けている。そのひとつが、ｒｅｍｏから生まれたもうひとつのプロジェクトで、メンバーの松本篤さんが世話役をつとめる「ＡＨＡ！［Archive for Human Activities／人間の営みのためのアーカイブ］」（２００５年〜）である。

ＡＨＡ！とは何か。

38. 例外もある。2004年に設立された動画共有サイトVimeoは、自分がつくった映像のみをアップロードすることを原則とし、「クリエイティブな作品や人生における瞬間を共有」することを目的としている。そして、Vimeoを利用する限り、そこで出会う人や動画を尊重することを利用者にはっきりと要求している。http://vimeo.com/help/guidelines

歴史上初めて一般家庭へと行き渡った動画記録メディアでありながら、現在劣化・散逸の危機に直面する「8ミリフィルム」にこめられた〈「記録」に向けられた熱度〉に着目し、その収集・公開・保存・活用を進めるプロジェクトとして、2005年、remo［NPO法人 記録と表現とメディアのための組織］（大阪）を母体に始動。フィルムに残された映像を発端に、失われた／失われつつある「記憶」が、人の誤読や錯覚という現象を取り込みつつ、時間／経験を共有しない者同士の「溝」を行き来して変形・拡張・継承されるという、人とモノを介したアーカイブの可能性を探っている。[39]

具体的には、ある町で記録された過去の個人制作映像（主に8ミリフィルム）を募集し、それをその町で、それも公開の場で、しばしば映像提供者をまじえて上映する会を開いている。取り組みごとに協働者を募るという運営スタイルで、これまでに、大阪市内を中心に、福岡市、茨城県大子町、大垣市、青森市、世田谷区などでも活動を展開している。

上映会には多様な年代の人が集まり、自分たちに馴染みのある昔の風景や、かつての市井の人たちの生活を記録したさまざまな断片的映像を、みんなで鑑賞する。その時代の8ミリフィルムにはおおむね音がなく、すると自然に、映像をめぐって活発なおしゃべりが交わされるという。

映像を囲む場では、さまざまな対話が交わされる。若い世代にとっては自分の住む町の昔の様子が、老いた世代にとっては失われたなつかしい風景を見ることが、新鮮である。同じ映像が、さまざまな世代の関心を、それぞれ異なる意味で引くのである。

したがって、映像を見ながらその印象を語りあうことは、世代間で異なる、互いに知らないことの共有にもつながっていく。その会話が記録され、文字としても残されていくことで、

39. 小西紀行＋AHA![Archive for Human Activities/人類の営みのためのアーカイブ]『カンバセーション_ピース：かたちを（た）もたない記録』（武蔵野市立吉祥寺美術館、2016年、48ページ）より。

その場にいなかった人に対しても、失われつつある記憶の継承につながるものとなるのだ。

このように、AHA!からは、「その町の過去を知る」「同じ町に住む世代を異にする住民たちが、互いの感性や知識の違いを知ることを通じて交流する」「潜在的にどのような町にもある古い映像の価値を見直す」といった、新しい活動が付随的に発生している。個人がつくった映像をほかの人たちが囲んで、それを見ながら話す場が成り立つということは、メディアのつかいかたによって生じる、社会的価値の証でもある。

最近では、AHA!の活動は、美術館で行われることも多い。アートが地域に関わる視点を強めていくなかで、AHA!の活動は映像というメディアをつかったアート活動としても評価されている[40]。

Alternative Media Gathering／G8：集団的創造のプロセス

もうひとつ、甲斐にとって重要な出来事がある。それは、2008年のG8北海道洞爺湖サミットだ。

1999年のシアトル・サミット[41]以後、先進国首脳会議の会場には、マスメディアが使用するメディアセンターの他に、市民が利用する「インディペンデント・メディアセンター[42]」がつくられるのが恒例になっていた。サミット会議の内容を、既成のマスメディア、プロのジャーナリストの視点から報道するだけではなく、それとは異なる視点から、メディア・アクティビストを主とする市民たちが、サミットについて、サミットをきっかけとして発信する場である。

2008年の洞爺湖サミットでも、日本国内だけでなく、世界各地から市民有志が集まって「G8市民メディアセンター[43]」がつくられ、数多くの情報発信が行われた。remoの活

40. アートの文脈に関わる近年のAHA!の活動としては、2016年の「カンバセーション_ピース：かたちを（た）もたない記録ー小西紀行＋AHA!［Archive for Human Activities／人類の営みのためのアーカイブ］」（武蔵野市立吉祥寺美術館）、2015年の「穴アーカイブ［an-archive］8ミリフィルム鑑賞会　穴からみえる、ひと、くらし、世田谷」（公益財団法人せたがや文化財団 生活工房）、および青森市所蔵作品展「歴史の構築は無名のものたちの記憶に捧げられる」（青森公立大学国際芸術センター青森［ACAC］）などがある。

41. シアトルでの先進国首脳会議は、積極的グローバリズムや新自由主義を推進・許容するものだとして、活動家たちによって批判された。

42. Independent media center：略称 IMC。「インディメディア Indymedia」とも呼ばれる。https://www.indymedia.org/or/index.shtml

43. https://www.city.sapporo.jp/city/mayor/interview/documents/media_center.pdf

動のひとつ「Alternative Media Gathering（もうひとつのメディアの集い）[44]」では、市民によるメディア活動の情報交流の機会を、remoメンバーの櫻田和也さんがリーダーとなって進めてきたが、甲斐はその流れで、札幌の現場（G8メディアネットワーク）に参加し、市民による情報発信が具体的に可能であることを経験していた。それは、あるひとつの社会的な出来事をきっかけに、人びとが具体的な場に集まり、市民が市民として思い思いに情報を発信していくというプロセスが現実化された出来事だった。

洞爺湖サミットの1週間は、札幌市内に、人権、平和、労働、農業、女性問題など、あらゆる分野の社会活動の人たちが集まって来ていました。そして、市内の公共施設や大学などで、連日のように講演やシンポジウムなどが開催されていました。「G8メディアネットワーク」は、そのような市民活動の現場を、市民自ら発信しようとする取り組みで、僕もひとりのボランティアとして関わりました。メディアセンターには、海外からもほんとうに多くの人びとが来ていて、それぞれ思い思いに情報を発信していました。[45]

さまざまな個人的感覚を、市民的目線からことばや映像に変換し、それを同時代の人びとに向けて、現場から発信していく。G8という特定の歴史的な出来事に集中することで、それが現実に可能であるという手応えを、甲斐は経験していたのである。

群れとしての映像

G8でのもうひとつの重要な発見は、ひとつひとつの映像が単独では弱々しく見えるもの

44. Alternative Media Gathering（2004年11月～現在）は、メディアと様々な社会的実践との接点を探求してきたremoのプレゼンテーション／ワークショップ事業。世界各地からゲストを招聘し、実践的な現場と若手研究者のネットワークづくりを行ってきた。主なゲストとして、Leonidas Martine & Simona Levi（LasAgencias/SPAIN）、Daniel Del Solar（KPFA/USA）、DeeDee Halleck（Paper Tiger TV/USA）、粉川哲夫（microFM/TOKYO）、Dorothy Kidd（USF/USA）、Jim Flemming（autonomedia/USA）、David Graeber（Goldsmiths/UK）、Marina Sitrin+David Solnit（DAN/USA）、Franco Berardi bifo（telestreet/伊）、Huang Sun-Quan（Pots Weekly/TWD）、Martin Lucas（CUNY/USA）、co-op/t+高祖岩三郎（翻訳家/USA）、Marie Huiban（DAL/FR）など。

45. 甲斐賢治・竹久侑「震災、文化装置、当事者性をめぐって──『3がつ11にちをわすれないためにセンター』の設立過程と未来像を聞く」、『artscape』2012年3月15日号。http://artscape.jp/focus/10024379_1635.html

であっても、それらがまとまりとして見られると、新しい力を持ちうるということだった。

当時、G8メディアネットワークのみんなと話したのは、札幌でのパレードを撮った映像が全部で12台あり、しかも同時刻で撮っている。こっちのカメラで人びとは笑っていて、こっちの方では警察ともめている。それらを全部見るということが僕らにとっては重要だといったことでした。12台のカメラは僕らの関わりの中にいるわけで、その現象自体がまず面白い。さらに、その時に「集団的創造のプロセス」ということばが出ました。僕もそこに強い関心があったのですが、各自の行動をそのままひとまとめにすることで、そこに「集団による現象」というのが現れてくる。…ひとりのカリスマ的作家、カリスマ的判断の解釈、たとえば映像によってみんなが何かを認識していくということはもちろんありうるけれども、そうではなく、ユーチューブ以降の映像には集団で何かを生み出し、集団で何か、たとえば何か新しい認識を獲得していくような状態があり得、そのこと自体が、G8メディアネットワークの取り組みを通じ、確認することができたと思います。[46]

ひとつひとつの個人的な映像は、それだけで見ると、あまりおもしろくないかもしれない。けれども、ある出来事についての複数の個人による映像を並列させて見るとき、これまでの映像メディアのつかいかたとは異なる、新しい映像のありかたが見えてくるのではないか。そこに現代的な意味での「集団的創造のプロセス」があり得るのではないか。そう甲斐は感じたのだ。[47]

46. 甲斐賢治「それがアートと呼ばれなくても全然いいんです。」、細谷修平編『メディアと活性』（インパクト出版会、2012年）所収、114-115ページ。この発言は、2012年4月当時のものである。

47. 当時行われたデモを記録した16台のカメラによる映像をひとつにまとめた映像が、exillcommonzによってまとめられている。「G8 2008をめぐる映像+音、あるいは集団的創造のプロセス」https://www.youtube.com/watch?v=Mj2XD9DWWHQ

以上、わすれン！以前の文脈について、メディアテークとｒｅｍｏの活動を振りかえってきた。その要点は、以下の３つにまとめることができよう。

①　メディアテークとｒｅｍｏの考え方はとても近い。両者は、市民による創造的な文化的活動を重視し、メディアの新しいつかいかたによって、それがより社会的に意義深いものになることを願っている。

②　そのために両者は、市民による文化活動を支援する方法を開発していた。メディアテークにおけるスタジオ活動、ｒｅｍｏにおける remoscope ワークショップやＡＨＡ！がそれである。

③　両者はともに、市民による活動の結果生まれたメディア表現の成果を、何らかのかたちでパブリックに評価し、その価値を認めていくことができるようなしくみを探求している。メディアテークは市民がつくった成果物をアーカイブするしくみを、ｒｅｍｏは過去の映像を見る場をつくっていた。

＊

3　メディアテークの哲学とｒｅｍｏの実験

甲斐がメディアテークの企画事業を統括する企画・活動支援室室長に就任したのは、２０１０年春、震災の１年前のことである。メディアテークへの甲斐の参加によって、ｒｅｍｏ

で行われてきた映像リテラシーに関する実験は、メディアテークにおける文化活動の支援とアーカイブ化という、公共施設を舞台にした事業と交わることになった。仙台と大阪、公共施設とＮＰＯで行われていた活動は、メディアテークという基盤の上で、より具体的に展開される段階に入ったのである。

両者の試みからは、〈個人を発信源とする映像や音〉が〈アーカイブ〉されることで、そこに新しい価値が発生するという可能性が見えてくる。〈文化活動を通じて何かをつくり、発信し、ライブラリーに配架する〉というスタジオ活動の根幹的イメージに、ｒｅｍｏの具体的な実験を接ぎ木するのである。

3-1 映像を囲んで話す場

メディアテークに着任した甲斐はまず、公共施設におけるサービスする側とサービスされる側の関係を変えることに着目した。震災から1年が経過し、すでにわすれン！が始動して以後の発言で、甲斐はこう述べる。

少し専門的な話になりますが、集団で映像を囲み、わいわいするような場が設計される必要があると、僕はそういう考えのもとにｒｅｍｏで活動してきました。今の映画館は昔のように自由に話すことも許されなくて、クラシック音楽の専用ホールみたいになっていて、文化装置として洗練すると同時に、その場に関わる者の振る舞いがあらかじめ規定され、狭くなるような劣化を感じるのです。たとえば、古いフィルムを収集し、そのなかから、ある街が映っているところだけを編集して、あらためてその界隈の公民館なんかで上映会を開くと、おじいさんやおばあさんがワーワーしゃべり出すようなことが起こります。メディアというとなんだか冷たいし、ただ「情報」を運ぶだけのもののように理解されていますが、そんな暖かい空間をつくり出すこともありうる。そんな環境を今回の震災を機にさらにつくっていきたいと思っています。人が感じ、議論し、考えたりすることにつかえる映像の置き場を、どうすればつくれるのかに関心があるんです。

同様に美術館での振る舞いも、本来、一枚の絵を見ること自体が、とても能動的なものだったはずなのになぜか受動的なものになっているような劣化を感じるのです。それを変えるには、「行政サービス」……まあ、そういうことばからして問題ですが、提供する側とされる側の関係性が変わらないといけない。smt[48]の『コンセプトブック』で桂英史さん（現・東京藝術大学教授）は、smtは「最先端のサービス（精神）を提供する」と書いています。その「精神」とは、「提供する側と提供される側の関係をつねに反転させながら考えていくこと[49]」だと。だいぶ先を見通していたことばだと思います。[50]

ここで甲斐が述べているのは、メディアテークという公的施設を舞台に、映像の生産者と受容者という関係が入れかわりうるような、それらを反転可能な関係として考えうるような具体的な場所をつくることの可能性である。それによって、行政サービスのありかたも、ひいては市民の身がまえも変わるのではないか、ということだ。

具体的には、AHA!が実現しているような映像を囲む場を、現在の映像をつかってつくること。映像を見る、映像をつくる、映像を見せる、映像を見て話す、といった現在の映像に関わるさまざまな行為を、集団的に行うことができる場所をつくることで、一方的に「文

48. せんだいメディアテークの略称。
49. 『せんだいメディアテークコンセプトブック　増補新版』、15ページ。
50. 甲斐賢治・竹久侑「震災、文化装置、当事者性をめぐって――『3がつ11にちをわすれないためにセンター』の設立過程と未来像を聞く」、同前。

化」を消費するだけの存在であることをやめ、見ることがつくることへ、つくることが見ることへつながっていく。メディアテークがすべきこととはそういうことだと、甲斐は考えていたのである。

3-2　先行事業としての「地域映像アーカイブ」

そうした試みが、メディアテークになかったわけではない。開館当初からメディアテークは、今後発展するであろう文化とデジタルメディアの関わりを想定して、地域の記録をデジタルデータとして保管・共有していく、地域に関わる写真や映像のアーカイブ事業を行っていた。

たとえば２００４年からは、「せんだい街のアルバム製作委員会」というプロジェクトを立ち上げ、市民の中に蓄積されてきた写真や映像のみならず仙台市や市内文化施設が所蔵している写真を、メディアテークのスタッフやボランティアが収集。デジタル化を行い、公開イベントで展示して、写真だけからでは判読できない新たな情報の収集を行っていた。[51]

２００８年からは、こうして収集したそれぞれの地点の「昔の写真」や地図をGoogleマップに埋め込んでウェブ公開する一方で、街中の観光案内掲示など、さまざまな場所にQRコードを貼って、その場所の過去の写真や映像を見られる「まちかどタイムトラベル」を試験的に実施した。[52]

２００９年からは、ｒｅｍｏに企画協力をしてもらって、市民や地域施設と連携しながら、「8ミリフィルム救助隊」として、8ミリフィルムの収集・デジタル化・映像を見る場づくり・ＤＶＤ化などを行っていたのである。[53]

51.「せんだい街のアルバム製作委員会」http://www.smt.jp/album/index.html
52.「まちかどタイムトラベル」http://www.smt.jp/machikado/
53.「8ミリフィルム救助隊」http://www.smt.jp/8mmfilm/katudou.html

そして甲斐を迎えた2010年には、市民によるテレビ番組制作事業として、地元ケーブルテレビ局と連携した「ことりTV」[54]を開設した。さらに2011年からは、NPOや地域施設と連携して、8ミリフィルムなどの過去の写真や映像の収集事業を本格的に開始することを構想していたのである。

だが、こうした地域映像アーカイブ事業には、なかなか越えがたい課題があった。それは、〈過去の映像を見る〉という行為と、〈いま映像をつくる〉という行為を、どのようにリンクさせていくかということである。それぞれを別々のイベントとしてやることはできていた。しかし、両者をつなげていくことがむずかしい。過去につくられた映像のアーカイブを、未来の制作に生かすための「文化資源」としてつかうこと、今つくっている映像を未来へ向けた資源として見ること、つまりアーカイブを創造的につかうような状況をつくることが、むずかしかったのだ。

過去の情報であるとか、見えていない情報を、いかにうまくつないでいくか。そこには、やっぱり何かひと工夫がいるんだろうと思うんです。つながってしまって「ああ面白い」と思えればいいんだけど、なかなかそこに至らない。その壁はまだまだ厚い。だからそこにはまだ仕掛けがいるだろうと思うんです。(佐藤泰)

3-3 ノスタルジアと創造性

過去の映像を鑑賞するという行為は、懐古的《ノスタルジック》な身ぶりをともなう行為である。ともすればそれは、誰も興味をもたないことへのマニアックな関心にただ近づくことになるかもしれな

54. 「ことりTV」http://www.smt.jp/projects/kotori/。他にも、市民による映像の情報発信(映像撮影・編集を含む)としては、東北大学やケーブルテレビ局等と共催した「テレビ番組制作ワークショップ」(2003年〜) http://www.smt.jp/archive/project/10000089.html などがある。

い。

他方で、今ここの時点で映像をつくるという行為は、アクチュアルで活動的な、何が起きるか予測不可能な行為である。前者は「過去」あるいは「自分自身」の内側へ、後者は「今ここ」「未来」そして「他者の視線」つまり外側へと向かっている。両者をつなぐには、どのような装置を発明すればよいのか。そもそも両者はつなげられるべきなのか。

「ノスタルジックな反応は、（中略）明らかに保守的な傾向をもつ」と、『ノスタルジアの社会学』の著者、フレッド・デーヴィスはいう。ノスタルジアということばはもともと、「ギリシャ語のnostos（家へ帰る）とalgia（苦しんでいる状態＝苦痛）に由来している──つまり、故郷へ帰りたいと切なく恋いこがれるという意味」の医学用語、病名である。それは17世紀後半に、故国を離れて戦っていたスイス人傭兵のなかに見出された症状を指すことばとしてはじまっている。だが次第にその意味は「脱軍隊化」「脱医学化」して、ノスタルジアの語は、何か好ましい過去の出来事に対する感情を指すことばへと変転していった、とデーヴィスは述べる。「ノスタルジアはわれわれに過去の幸福と実績を再確認」させる。だからノスタルジアの世界からは、「グロテスクなものが現れる可能性が、（中略）事実上排除され」てしまうという。「暖かい、昔、幼年期、懐かしさ」といった様相のなかに過去がとりこまれてしまうのだ。[55]

過去の記憶はノスタルジアのなかで、心地よい思い出へと容易に変化してしまう。それは、内向きの自画自賛に終わりかねない。だが、たとえ過去に、あるいは記録へとまなざしが向かうにしても、そのまなざしのありかたが懐古趣味に終わらないような過去とのつきあいかたがあり得るのではないだろうか。

アーカイブとは、過去の記憶を保管し伝承する文化的装置である。過去をすべて捨てさる

55. フレッド・デーヴィス、間場寿一・荻野美穂・細辻恵子訳『ノスタルジアの社会学』（世界思想社、1990年。4、6、8、51ページ）。

ことなく、地域の文化資源として維持しながら、それを創造的活動につなげるような循環的構造は、どのようにすればつくれるのだろうか。つまり、記録を、生き生きとした「創造的なアーカイブ」にするにはどうすればよいのか。

そのためには、わたしたちが具体的につかうことができるアーカイブをつくることが重要である。震災以前の段階からメディアテークは、こうした問いについての取り組みを、積みかさねていたのである。

＊

そして、２０１１年3月11日がきた。

仙台市では震度6弱の揺れが発生した。構造的には無事だったものの、メディアテークは正面のガラスや天井などが一部破損し、さまざまな修復作業が必要となり、一時的に閉館を余儀なくされた。

メディアテークは、何らかの大規模な災害が発生したとき、仙台市の災害ボランティアセンターのひとつとして利用される予定だった。ところが、本章で述べたような特殊な構造をもつ建物であるがために、安全性の診断に少しばかり時間がかかり、ボランティアセンターになるという計画は消えた（仙台市青葉体育館がボランティアセンターになった）。未曾有の大惨事が発生した状況のなかで、公共施設であるメディアテークの緊急時の役割が、なくなってしまったのである。

「ボランティアの活動拠点っていっても、それは建物としてのメディアテークに対する期待であって、ソフトとしてのメディアテークは別に何も期待されてないのかな、と最初は思った」と、スタッフの林朋子は述懐している。単なるボランティアセンターになることは、これまでのメディアテークの活動にどう合致するのか。スタッフたちが積み上げてきた、生涯学習施設かつ芸術文化施設という独特な実践は、この状況で何かの役に立つのだろうか。

震災直後、電気・ガス・水道などのライフラインが各所で止まり、市内にも避難者が多数いる状況のなかで、自分自身も市役所で避難生活をしながら、甲斐はこう考えていたという。「この状況下、メディアテークは、いったい今なにをすべきなのか?」。

そして次章以降で述べるように、「震災を記録しその記録を継承する」ことが、これまでメディアテークが培ってきた実践感覚を生かし、さらにはメディアテークにとって大きな課題であった、現在の記録を未来への資源とし、過去の記録を未来の創造へつなぐ新たな試みの装置としての「わすれン!」を生みだす、大きなきっかけになったのである。

第2章　つくりかた①
──プラットフォームをデザインしよう

この章では、〈利用者たちが現在についての記録をつくり、その記録をアーカイブしていく〉利用者参加型・記録作成型のコミュニティ・アーカイブとしてのわすれン！について、その発案段階から、実際のしくみづくりに至るまで、詳しく報告する。わすれン！というコミュニティ・アーカイブをひとつの事例に、利用者がその記録作成と、活動のありかたに深く関わっていくタイプのアーカイブについて、基本的なしくみと、具体的なつくりかたについて述べる。

本章の内容を簡潔にいえばこうなる。

① 利用者参加型・記録作成型のコミュニティ・アーカイブをつくるためには、記録活動を支えるしくみを、まずはデザインすること。

② 記録をつくる作業のためのプラットフォームは、具体的には、参加者へ向けた明快なメッセージ、参加者の活動を促すさまざまな機能、活動を支援するスタッフなどで構成される。

③ 一方、アーカイブ全体の設計（保管対象の範囲や、データベース化、公開方法など）は、記録がある程度できあがってからでも遅くはない。というか、急ぐ必要がある時、細部にわたる全体設計は、あとまわしにしてもいい。

④ まずはアーカイブへインプットされる記録内容の充実を最重要とし、それ以外のことは、完成する記録の中身に応じて構築していこう、という臨機応変さが大事。

わすれン！は、アーカイブ活動全体についての詳細な設計図を完全につくりこまずにスタートした。欠けている部分は、プラットフォームを動かし、走りながら、ダイナミックに出来上がったり、変更されていくことを良しとした。

設計に（よく言えば）柔軟性があり、状況の変化に応じて成長し、その後の記録の質もダイナミックに変化する可能性を残すというやりかたは、「全体設計」を重視する一般的なデジタル・アーカイブづくりのマニュアルには、ほとんど書いていない例外的なものだ。

そこで本章では、このように「例外的な」つくりかたになった経緯を述べた後、そもそもアーカイブの違いを区別する方法として、①記録をつくるかどうか、②可変的なアーカイブかどうか、③市民参加の程度という視点が必要なのではないか、と提案する。

本章末尾には、参加型・記録作成型のコミュニティ・アーカイブをつくるために最小限必要な人の役割やモノのリストもまとめている（➡本章5を参照）。

1　基本構想

それではわすれン！の場合について、具体的に見ていこう。ここからは、一気に具体的な話に入る。

基本コンセプト

アーカイブづくりの出発点であり、核となるのが基本的なコンセプトである。わすれン！の出発点となるコンセプトは、つぎのようなアイデアだった。

今この震災をさまざまな場面で経験している「ふつう」[1]の市民が、自分たちについて、あるいはまわりの人たちについて、さまざまなメディアを自由につかって、記録し発信すること。現場の感覚を、ことばやイメージに変換し、同時代の人びとに向けて、現場から伝えていくこと。そうした記録と発信の活動をサポートする場を、とりわけ映像記録をサポートする場をつくり、そこに記録を集めていくこと。そのとき、その記録の群れは、アーカイブとして独自な価値をもつ。

このアイデアが生まれたのは、震災直後、メディアテーク企画・活動支援室室長（当時）の甲斐賢治のあたまのなかでである。

テレビ的映像への違和感

２０１１年3月11日。仙台市内で被災した甲斐は、それから数日間、仙台市役所で避難生活を送っていた。そのとき甲斐が思い出していたのは、１９９５年の阪神・淡路大震災のことだ。

当時大阪にいた甲斐は、被災の様子を伝えるテレビのニュース映像と、神戸の友人などの状況とに、ズレがあるように感じていた。アナウンサーの国谷裕子さんは、テレビ報道のもつ危うさとして、以下の３つを指摘しているが、これは震災報道にも、そのままあてはまる。

1. ここでいう「ふつう」とは、何か「平均的」で「正常」で「規範的」な状態を意味しているのではないことに注意してほしい。ここでの「ふつう」とは、（言語学や記号論でいう）「無徴 unmarked」の概念を、文化的・社会的に転用したものである。つまり、何らかの意味で社会的に目立った特徴を「持つ」とはされないこと、それが「ふつう」だ。したがって「ふつう」とは、消極的にしか示されないきわめて受動的な概念であり、可変的なものである。本書全体を通し「ふつう」の語は、以上の意味で用いられる。

① 事実の豊かさをそぎ落としてしまう
② 視聴者に感情の共有化、一体化を促してしまう
③ 視聴者の情緒や人びとの風向きに、テレビの側が寄り添ってしまう[2]

テレビ報道は、震災という出来事の深さや複雑さをそぎ落としてしまう。視聴者に同意を求め、視聴者の意見に流されてしまう。もちろん、速報性や客観性を必要とするジャーナリズムには、独自の役割がある。しかし、こうした映像だけでは、被災した人たちが実際に感じ、経験していることが、必ずしも映像を見る人に伝わらないのではないだろうか[3]。

『ビデオ・ダイアリー』

テレビ報道とは対照的な映像として、甲斐が思い出していたものがふたつある。ひとつは、北海道洞爺湖サミットでの経験であり（➡第1章2）、プロのジャーナリストと異なる独自の視点から情報発信が行われ、個人がつくる映像に社会的な場が与えられることで、これまでにない力を映像が持った、あの出来事である。G8でできたのなら、この震災についてもできるはずだと甲斐は考えた。

もうひとつは、かつて甲斐が1994年にNHKのテレビ放送で見た『わが国アルバニア——ある医師が撮ったビデオ日記』である。原題は、“VIDEO DIARIES : The Man Who Loves Gary Lineker”。これはもともと、イギリスのBBCが制作していた「ビデオ・ダイアリー」という1990年にはじまったシリーズ番組のひとつである。毎回ひとりの一般市民に、簡単なつかいかたを説明した後でビデオカメラを貸して、かれらの視点から自由に日常生活を撮影してもらったあと、BBCスタッフに助けてもらいながら映像を編集、それを

2. 国谷裕子『キャスターという仕事』（岩波新書、2017年、12ページ）。
3. 医療人類学者のアーサー・クラインマンは、現代社会において、災害や病気に苦しむ「他者の苦しみ」の姿が、消費される映像商品となっていることを指摘している。苦しそうな顔をして、つらい状況を生きる〈被害者＝被災者のイメージ〉は、消費者たちが「自分はかれらよりはましだ」と感じて安堵するために求める「苦しみの商品」として、一種のパッケージとして提示されている、とクラインマンらはいう。A・クラインマンほか『他者の苦しみへの責任』（みすず書房、2011年）を参照。

番組として放送するというものだった。そのうちの一回が、１９９０年代はじめに社会主義政権が崩壊し、市場経済へと移行したものの、経済的混乱と物資の欠乏に苦しむアルバニアの様子を、ユーリ・ハサーニというひとりの医師の視点から映像にまとめた『わが国アルバニア』だったのである。

当時、アルバニアの様子を国外に知らせる報道は少なく、それだけでも貴重な映像だったが、この映像が画期的だったのは、物資の不足と経済の混乱に苦しむ当事者自身がカメラを持っていた、ということだった。撮影者自身が、自分の声で語りながら歴史的な状況を記録し撮影した映像は、甲斐がそれまでに見たことのない種類のものであった。

ハサーニはビデオ撮影の主体であると同時に、歴史的なプロセスの目撃者だった。彼はカメラの前に立つ被写体であると同時にカメラマンであり、自分自身を観察すると同時に見られてもいた。彼は、根本的に変化した境界線によってつくられた［撮る側と見る側を隔てる新たな］分割の両側に立っていた。歴史的な瞬間の表現が、視聴者とビデオ制作者によって、視覚的表象としていかにコントロールされうるものであるかということを、彼は認識していた。映像は石で鋳《い》られてはいないのだ。[4]

複製技術時代の集団的創造

複数のカメラがとらえた映像を並列的に見ることによって、何か新しい創造的なものが生まれてくる。市井の人がカメラを持つことで、それまでに見たことのない映像が生まれてくる。一人ひとりが見たものを映像として記録し、それを集積させていくという甲斐の構想は、ヴァルター・ベンヤミンが「複製技術時代の芸術作品」で論じた、「集団的創造」という問

4. Ron Burnett (1994) *Cultures of Vision: Images, media, and the Imaginary*. Indiana University Press, pp.776-778.

題とも接近していた。
19世紀から20世紀の変わり目において、技術と社会と芸術の関係を考えていたベンヤミンは、カメラが現実をとらえる写真以後の時代にあっては、機械の目による「非個人的な知覚」が、社会にとっての知覚のありかたを変えると考えていた。写真をつかえば、画家でなくても誰もが見たことを記録できる。

このなかでもし芸術作品が生まれうるとすれば、「偉大な作品は、もはや個人が生み出すものとは見なされない。それは集団によって作られるものとなった」と考えざるを得ないだろう。「集団によって作られる」とは、字義通り共同で制作することを意味するのではなく、集団的な人間の知覚をもとに生まれてくるということであった。[5]

ベンヤミンが言うのはこういうことだ。たとえば新聞の投書欄では、「すべての労働者は、その労働の経験や、苦情や、ルポルタージュなどをどこかに公表するチャンスを、基本的にもてるようになっている。（中略）こういったすべてはほとんどそのまま、映画の分野に移して語ることができる。（中略）ロシア映画に登場する俳優たちの一部は、ぼくらのいう意味での俳優とは違っていて、〈自分〉を——しかも何より、労働過程のなかにいる自分を——演ずるひとたちなのだ[6]」。

ここでは映画が、自分自身であろうとする人たちの集団的創造としてとらえられている。それは必ずしも全員で同じひとつのものをつくることではない。各人が各人であることの集積が、ひとつの作品をつくるのである。

5. 多木浩二『ベンヤミン「複製技術時代の芸術作品」精読』（岩波現代文庫、2000年、54ページ）。
6. ヴァルター・ベンヤミン、野村修訳「複製技術時代の芸術作品」、多木前掲書、168-169ページ所収。

前例がないから、失敗しない

震災についての、市民による集団的な知覚を並列させていくこと。その活動こそ、メディアテークの「文化活動支援とそのアーカイブ」というアイデアの延長線上にある、今メディアテークがやるべきことではないか。

甲斐はこのアイデアを「ペラ一枚の企画書」にまとめて、3月22日に、仙台市の所管部署の担当者と、長年地域のさまざまな文化情報をアーカイブする活動に取りくんできた、メディアテークの佐藤泰副館長（当時）に相談した。

そして、「前例がそもそもないのだから、失敗しようがない。やろう」という方向性が決定された。

具体的にイメージされたのは、「放送局」[7]と「スタジオ」[8]という、ふたつの機能をもつプラットフォーム（⬇コラム参照）だった。「放送局」から発信された内容と、市民が取材し「スタジオ」で編集した記録内容が、アーカイブされていくというイメージだった。ここではまだ、「アーカイブ」が前面に出ていないことに注意したい。

7.「放送局」　インターネットをつかった動画配信の収録スタジオ。震災復興の支援活動の情報発信のみに限定せず、さまざまな内容の「番組」を配信し、リアルタイムでの情報発信活動を行う拠点とする。動画配信用のビデオカメラやマイク、コンピュータなどを備える。

8.「スタジオ」　テーブルや編集機材を備え、震災からの復興のプロセスを記録し取材する活動のための汎用的スペース。

コラム
なぜ「プロジェクト」ではなく「プラットフォーム」なのか

なぜわすれン！は、「プロジェクト」や「アーカイブ」ではなく、自らを「プラットフォーム」と呼ぶのか。その理由は主に3つある。

第一に、「プロジェクト」ということば*には、しばしば、誰かが決めた目標に向けて、それに共感する参加者が活動するという図式がともなっている。プロジェクト自体が前に向かって推進していくことが大事で、その目的が達成されることが最終目標。プロジェクト自体に目的があるのだから、プロジェクト本体の停滞は許されない。参加メンバー個々人の成長というより、プロジェクト本体の進展が重要視されかねない。これはわすれン！が目指すところではなかった。

第二に、わすれン！がはじまったのは、東日本大震災から53日後。十分な設計準備期間を経てはじまってはいない。そのアイデアは震災後の混乱のなかで生まれたものであり、約1ヶ月半で新たな事業を立ち上げるのは、公共施設としては異例の早さ。そのためには、はじめから活動の目標を定め、そこに向けて全体を設計する「プロジェクト」より、活動の舞台としての「プラットフォーム」をまず立ち上げ、活動の具体的な進展に応じてそのつど目的を再設定し、後から追加できる方が安全だった。「プロジェクト」では活動の目的も内容もデザインされているが、「プラットフォーム」では活動の環境が提供されるだけで、それ以外はオープンにできる、という点が重視されたといってもいい。震災直後の混乱期には、目標に向かってがむしゃらに活動するプロジェクトをまたひとつ追加するより、活動を支える「安定した／安全な場所」としてのプラットフォームの方が重要だと考えたのである。

第三の理由は、もともとメディアテークが行ってきた事業のありかたが「プラットフォーム」的だったからである。第1章で述べたように、メディアテークは活動の目標ではなく環境を提供することを重視してきた。わすれン！は、メディアテークのそれまでの事業に接ぎ木するようにはじまったものなのだ。これまでの事業のなかに、プラットフォーム的な活動というアイデアがすでに準備されていたのである。

＊ project の語源は「前方に pro ＋投げ出す jacere」であり、「企画」「計画」「課題」などの意味を持つ。古くは「設計図」の意味である。

2 具体化段階

2-1 予算・しくみ・根拠・共感

甲斐たちはすぐ、アイデアを具体化していく段階に入っていった。

企画段階から、具体化する作業に移るためには、組織としてのメディアテークにおける、そして市民が参加する活動としての、実現可能性を検討しなければならなかった。具体的には、①予算、②しくみ（人的な実現可能性）、③政策的根拠、④市民の共感、の4点である。

(1)予算：ゼロ円でもできることをする

動かせるお金は限られていた。震災は年度末に起きたのでその時点での予算残高は少なく、全市挙げての復興にかかるなか、いったん「予算凍結」の措置もとられていた。メディアテーク全体として、新年度からの事業計画を見直す必要もあり、次年度予算も流動的だった。震災に対応する活動が多数進むなか、この事業はたとえ予算がなくても進められる必要があった。

そこで、「メディアテークが持っている機材・経験・環境を活かして、その延長でなんとかゼロ円でできるんじゃないか、というところから発足」（当時のわすれン！リーダー兼機材・技術担当スタッフ、齋藤一浩）すべし、ということになる。[9]

「放送局」と「スタジオ」機能のためには、カメラやマイク、コンピュータやネット環境などの機材が必要だが、「地震の影響もあって、館内のいろんな書類やなにやらが散乱しているところを、いろんな機材を集めに、まるで泥棒に入ったようなイメージ」（齋藤一浩）で、

9.「誰もがつかえる機材で記録し、誰もがつかえる文房具で展示物をつくる」というのは、わすれン！スタッフがよく口にすることばである。たとえば、わすれン！では、簡単な展示であれば、専門の展示業者には頼まない。インクジェットプリンターで印刷した写真やパネルを、マスキングテープで、シナベニヤの板に貼る。家庭にもよくある日用品で、展示物をつくるのだ。チラシやパネルの印刷にも、メディアテーク内にある簡易印刷機（リソグラフ）や、大判プリンターをよくつかった。DIYスピリットである。

ひとまずメディアテークの内部からかき集めることにした。それでも「数」が足りなかったが、最終的に5月3日の時点では、ありあわせの機材だけでひとまず開設し、スタッフの人件費をのぞけばほとんど費用をかけずに、わすれン！はスタートしている。[10]

(2)しくみ（人的な実現可能性）

新しい事業をたちあげるとなると、当然スタッフはとまどう。震災によってすでに十分混乱しているのに、さらなる混乱を課すわけにはいかない。

メディアテークの通常事業のなかにあり、すでにスタッフの身体に馴染んでいることをベースにして、それを延長させるかたちで事業をはじめた方がいい。「身がまえ」をちょっとだけふくらませていくことで、人的・ソフトウェア的な意味での実現可能性はあがる。「スタッフのみんなは、7階のスタジオ活動でやっていることをそのままやればいい」と説明すれば、頭でも理解できるし、身体も動く。「すでにある・できること」の延長線上に、新しいことをはじめるように留意した。[11]

ただし、人材に関する問題がないわけではなかった。それは、アーカイブをつくる専門家がわすれン！にはひとりもいなかった、ということである（**➡本章4－2「わすれン！の独自性」**）。

(3)政策的根拠

メディアテークは公共施設なので、行政組織としてこの活動をどう位置づけるのかも重要である。メディアテークを所管するのは、仙台市教育局生涯学習部生涯学習課だ。生涯学習施設である以上、わすれン！の活動も、学校教育ではない場所での「学び」をうみだすもの

10. 機材については5月以後も、メディアテークの活動ですでに関係ができていた各所に寄贈やレンタルを呼びかけ、東京藝術大学や東北大学、ソニー、ニコン、カシオなどのカメラ・メーカー、そしてオランダ政府などから、最終的に、機材提供や資金援助を受けることができた。「こうした活動がしたいので機材を貸与・提供していただけないでしょうか」と呼びかける手法は、クラウドファンディングの手法に似ている。身近なところで必要な資源を集められなくても、ひとまず手持ちの道具と技術をブリコラージュしたり、足りないものは借りたり、もらってくる方法を探すことで、少しずつ環境を整えていくことも考えられるだろう。

11. 前例がない仕事を進めるためには、不確かなもの、不明瞭なもの、根拠がないものに対しても、仕事を進めていけるスタッフが必要である。前例がないことに対して「これじゃあダメだ！」と批判しても仕方がない。基本的な考え方に違いがあっても、他者を批判するのではなく、他者たちとつくるこのプラットフォームをよりよくする方法を考え、動けるスタッフが求められた。ちなみにこれは、階層的に制度化されていない芸術集団や、アナーキズム的な社会運動における、組織化のやりかたに似ている。簡単にいえば、意見が違っても相手と別れるのではなく、意見の違いをこのプロジェクトに活かすための方法を考え、見つけることだ。これは、「単になんでもあり」とも違う。「ア

でなければならなかった（これまでの事業との継続性をどう担保するかということでもある）。

そこでわすれン！を、「市民によるメディアを用いた記録・表現活動を通じた学びのためのプラットフォーム」として位置づけることにした。活動のテーマは震災の記録・発信だが、全体的な生涯学習のパースペクティブでは、わすれン！の活動はこれまでのメディアテークの事業と同様、生涯学習政策のなかに位置づけられデザインされている。

(4) 市民の共感

最後のポイントが、市民にも共感してもらえるようなアイデアかどうか、ということだ。公共施設たるメディアテークが震災を受け「新しくこういう事業をします」と公表したとき、市民に「あぁ、それならわかる」と共感してもらえなければ、活動への参加は望むべくもない。

そのためには、事業の打ちだし方をシンプルにする必要があった。3月14日の仙台市担当者、メディアテーク副館長との打ち合わせを経て、翌日から連日会議が続いた。[12]その結果3月22日にまとめられたのが、「震災の記録を市民が残す」という明確なコンセプトだった。『そうだね』って、みんなすぐに『うん』って言えるものだったから、異論を挟む余地がなかった」（齋藤一浩）というところまで、コンセプトが絞り込まれていった。

同日夜。つかいはじめてまだ間もなかったTwitter上で、甲斐はじめて外部に向けて基本構想を発信した。[13]「わすれン！」という名前はまだ無い。市民みずからが震災の経験を記録・発信する文化活動の拠点となるという震災後のメディアテークの活動方針は、このとき公に動きはじめた。

ナーキスト的理論化とは、他者の基本姿勢の過ちを証明する必要性にもとづくのではなく、それらがお互いに強化しあうようなプロジェクトを見いだそうとする運動なのである。諸理論がある側面で訳通不能（incommensurable）であるということは、だが、それらが存在し得ない、あるいは強化し得ない、ということを意味していない。それは、諸個人が独自の訳通不能な世界像を持っているということが、彼／彼女らが、友人、恋人になれない、共通のプロジェクトにかかわれない、ということを意味しないのと同じである。だからアナーキズムが必要としているのは、ハイ・セオリーではなく、むしろ『ロー・セオリー』とでも呼びたいものなのである」（デヴィッド・グレーバー、高祖岩三郎訳『アナーキスト人類学のための断章』、以文社、2006年、43-44ページ）。

12. 3月22日にはわすれン！開設に向けた最初のスタッフ会議が行われ、コンセプトの絞り込みは急ピッチで進められた。

13. id@kai_sendai（posted at 19:19:40 3月22日 2011年）「せんだいメディアテーク。市民によるメディアセンターを立ち上げる。記者会見ブース、映像ブース、ラジオブース、テクストブース、翻訳ブース…etc。そしてすべてを復興アーカイブにする。関わりたい人準備を。#sendai #sendai_restoration #smt_again」

2-2　名称・ロゴ・空間設計

名称とロゴ

この事業の名称についても、事前に、慎重な検討が重ねられた。

市民参加型の活動において、名前は決定的に重要である。それは、活動の名称そのものが、社会に対するある意味で最大のメッセージであり、インターフェイスだからだ。

活動に参加したいという気持ち（まだ言語化されていない感情としての情動）を触発するためには、自分たちが考えていることが「ことば」化されたような、受け手にとってのなじみやすさ（寛容さ）とともに少し先をいく感じ（新しさ）が同居しているような、魅力的な名づけがいる。抽象的すぎてもダメで、名前だけで何をしているかが一瞬でわからないといけない。ロゴ・書体・ネーミングは、一体化して印象を生むので、デザインも慎重に検討した。

名称として、当初の企画書では「震災復興アーカイブセンター」や「震災復興メディアセンター」という案が上がっていた。２０１１年4月20日のスタッフミーティングでは、「漢字をつかった名称は公的すぎて遠い存在に感じる」「『アーカイブ』や『メディア』というカタカナもどこかドライな印象になる」という意見が出され、「３・11を忘れないためにセンター」という名称が候補のひとつとしてあげられた。

5月3日の開設前日までに、さらに以下のポイントが検討された。

- ２０１１年4月1日の閣議で「東日本大震災」という名称が正式に決定されたが、この名称は、公的で大きなことがらを扱うという印象をもつ。個人個人が些細なことがらを記録するというこの事業に入れるにはふさわしくないのではないか。

- 「3・11」は、端的に事象を現す語として良く用いられているが、今回のように大規模で複合的な災害を「3・11」と記号化し、ひとくくりにすることには違和感がある。土地によって、一人ひとりごとに、被害の内実は異なるはず。千差万別の震災体験がある中で、それらの違いや度合い（隔たり）を、公共施設がすべてわかったかのように単純化することはできない。
- むしろ単純化とは逆の方向、名称を口にするときに、一人ひとりの体験の違いを確認できるような方向性が望ましい。
- そのためにも、声に出して読めるように、名称をひらがなで表記したい。
- 阪神・淡路大震災を大阪で体験したスタッフが、地震から「年月が経つにつれて、忘れたくないけど、忘れていってしまっている自分に気がついた」という経験をミーティングで口にしたことをきっかけに、すでに今回の震災について、震災から1ヶ月後の2011年4月であっても、地震直後の細かな体験や気持ちや感情などを少しずつ忘れていっている自分たちに、スタッフ自身が気づいた。
- 時間が経つと自分自身が忘れてしまうことがあることを認めるとともに、忘れることを前提に「記録してみませんか?」と呼びかけるために、「わすれないために」ということばをつかうことにする。

こうして最終的に「3がつ11にちをわすれないためにセンター」という名称が決まった。メディアテークのスタッフたちは、そこに、何か根本的に新しいことがはじまっていることを示すと同時に、誰でも参加できるという思いを込めた。鉛筆を握って何かを書きとめようとする手のイメージと、手書き風の字体をつかったロゴもデザインされた（図3）。むずかし

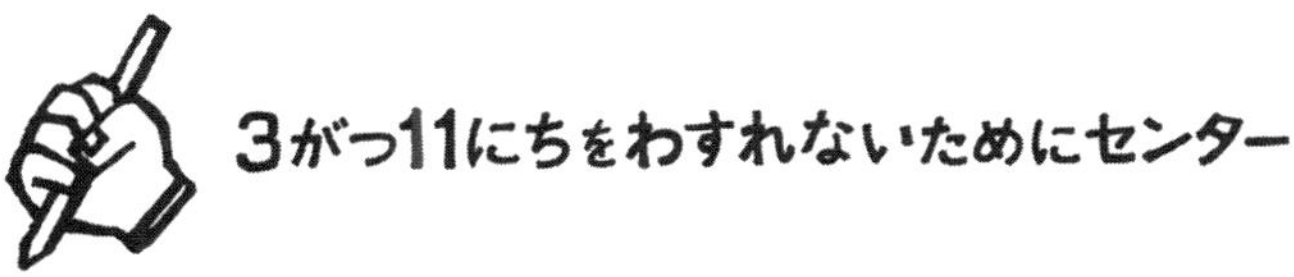

図3 「3がつ11にちをわすれないためにセンター」ロゴ

く理念を説明しなくても、この名称とロゴだけで何かが伝わってほしいと考えた。[14]

空間設計

こうして、2011年5月3日、「3がつ11にちをわすれないためにセンター」は、せんだいメディアテークの2階にオープンした。メディアテークにすれば「前例をみない」スピードではじまった事業であった。

オープンしたといっても、物理的にはあまり大したことはない。1階に説明パネルを展示し、わすれン！の存在を誰もが目にするようにした。7階が一部破損してまだつかえなかったので、活動のための「スタジオ」（メディアテーク7階にあるスタジオと同じ機能を想定している）と「放送局」（という名前のインターネットをつかった動画配信コーナー）を並べて設営した。[15]

最初、スタジオがある7階は、吊り天井が落ちて、使用できなかったため、その機能をライブラリーがある2階に設けたんです。2階南側の空きスペース半分が放送局で、半分がスタジオというように。（スタッフ・清水チナツ）

すぐ隣には、震災の影響で7階から避難してきたメディアテーク全体を管理する臨時の事務所があった。[16] スタッフは基本的にこのオフィススペースにいるので、隣接したカウンターを介して、スタッフたちはスタジオを利用したり相談に来たりする来館者やわすれン！参加者にすぐ対応することができる。

写真を見てもわかるように、「スタジオっていっても何もない。イスとテーブルと機材だけがあって、ミーティングか作業ができる場所ってだけ」（齋藤一浩）の空間であった（図4）。

14. この名前をほめてくれたのが、当時内閣総理大臣の諮問にもとづき設置された東日本大震災復興構想会議の委員であった内館牧子さんである。読売新聞『内館牧子の仙台だより』、2011年7月31日付朝刊13面。
15. 全館再開した2012年1月27日以後、「スタジオ」と「放送局」の機能は、7階スタジオに移動した。
16. 館全体を担う事務所も7階にあったため、暫定的に2階にその機能を移設し、一部開館された。

機材は当初、映像編集用にMacが1台、Windowsが1台、チューブを取りかこむように置かれていた。「放送局」でつかう動画配信用のPC（Ustreamを用いていた）には、マイクやビデオカメラなど、いろんなものがつながっていて、複雑な配線ゆえ開設初期には機器に詳しい人でないとつかえないものだった。

これらが、プラットフォームとしてのわすれン！の、目に見えるハードウェア的な部分を構成していた。

2階スタジオの様子（撮影：2011年6月10日）

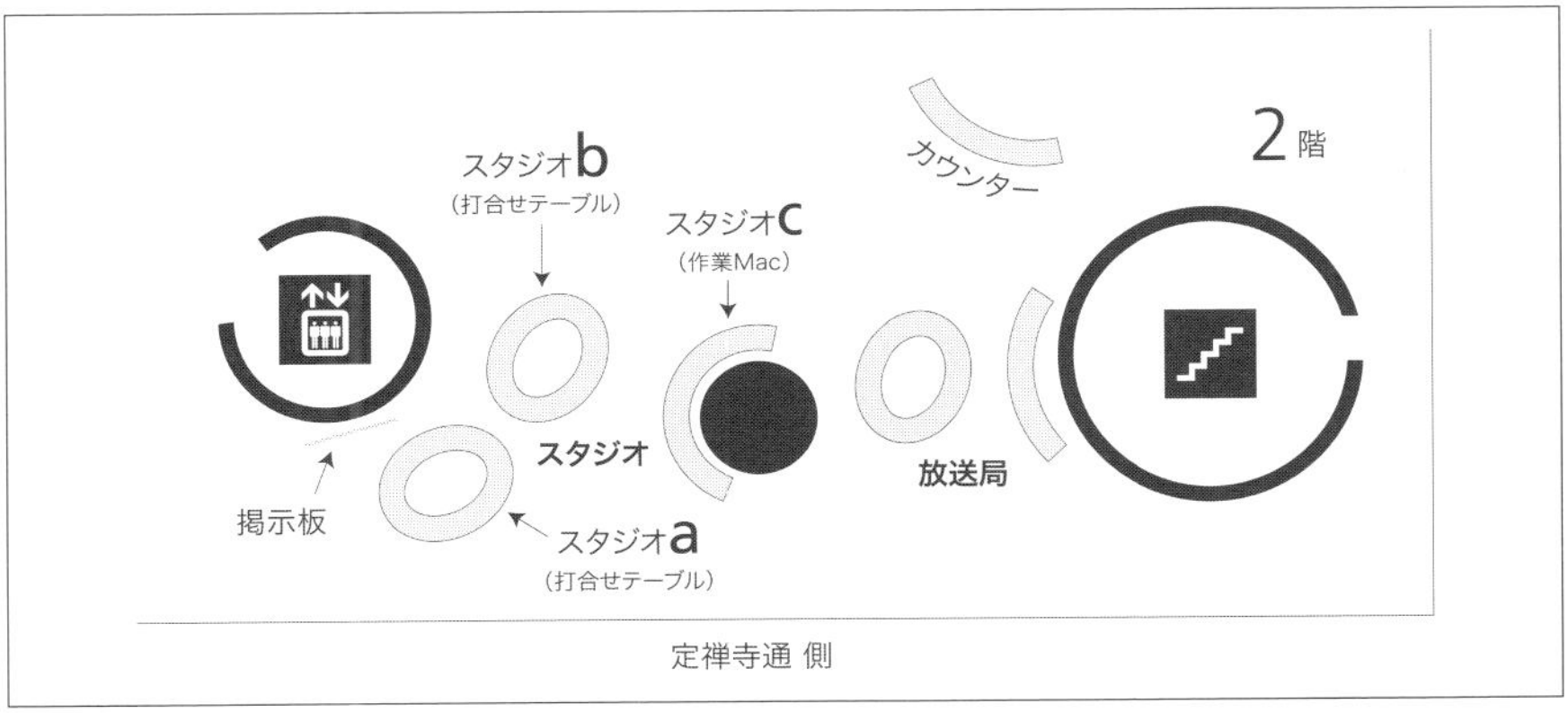

図4　2階に設置された「わすれン！スタジオ」と「わすれン！放送局」平面図

3　基本的なしくみ

もっとも重要なのが、ソフト的な部分、つまり、活動の土台となるプラットフォームが、どのような活動を触発しようとしていたかである。ここについても詳しく検討を重ね、開設までに設計作業が進んだが、設計をつくりこんだ部分と、つくりこまない部分とが存在する。

3-1　参加者中心主義

わすれン！というプラットフォームのデザインにおいて、もっとも重要なのは「参加」というコンセプトである。

図5は、わすれン！開設時に公開された、「わすれン！のフライヤー」だが、そのポイントは5つにまとめることができる。

①　誰でも参加可能な、震災についての発信・記録活動を支援するプラットフォームをつくる
②　参加者は、震災からの復興のプロセスについて、発信ないし記録する
③　記録の方法・内容・メディアは問わない
④　発信・記録されたデータは、震災アーカイブとして保存する
⑤　参加登録が必要で、その際にはメディアテークとの同意事項についての署名と、活動成果の公表についての理解を求める

3がつ11にちをわすれないためにセンター

発信は
さまざまな支援活動を応援し、
記録は
未来への財産となるように。

この度、東日本大震災による甚大な影響に対し、ともに向き合い考え、復興への長い道のりを歩き出すために「3がつ11にちをわすれないためにセンター」を開設します。

このセンターでは市民、専門家、スタッフが協働し、復旧・復興のプロセスを独自に発信、記録していきます。さまざまなメディアの活用を通じ、情報共有、復興推進に努めるとともに、収録された映像、写真、音声、テキストなどを「震災復興アーカイブ」として記録保存します。

センターには「スタジオ」と「放送局」があり、スタジオは情報収集やビデオカメラ等取材用機材の提供の他、テキスト執筆、映像や写真の編集、インターネットへの配信などにご利用いただけます。放送局ではインターネットを介した番組の収録と配信をおこないます。

さまざまなメディアを通じた支援活動の応援、震災の記憶の蓄積にぜひご参加ください。

参加方法など

時間　9：00 − 20：00
参加いただく際には、事前登録が必要です。

●登録の条件
・センターの趣旨に沿った非営利の市民活動をおこなう個人、団体であること
・またはそれを促進・支援する活動であること
・所定のルールに則り、ほかの参加者とも協働し、活動すること
・活動の内容や記録、作品などの活動成果を公開すること
・著作権等の確認をおこない、せんだいメディアテークからの情報公開を承認すること

●申込手続き
参加する際には、連絡先や企画を記入する所定の申込用紙をご提出いただきます。この申込書をもとにせんだいメディアテークで活動内容・スケジュールなどの審査をおこない、結果をお知らせします。審査に2週間程度かかる場合があります。登録後は、利用予約が必要です。当センター、受付・相談カウンターにお申し込みください。

お問い合わせ

せんだいメディアテーク
sendai mediatheque
企画・活動支援室
〒980-0821 仙台市青葉区春日町2−1
TEL：022−713−4483
FAX：022−713−4482
E-mail：office@smt.city.sendai.jp
http://www.smt.jp/

この用紙はリサイクルできます

図5　わすれン！参加者募集のチラシ（このチラシは、2011年の開設時のもの。その後、随時更新され、使用されている）

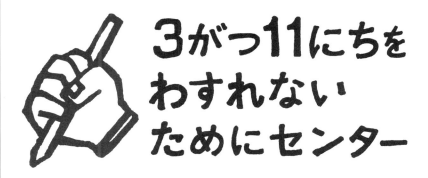

ここで極めて重要なのが「参加」「参加者」ということばである。わすれン！の活動は、わすれン！の趣旨に賛同した「参加者」たちの、記録・発信活動を軸に展開する。参加者たちが発信・記録したことがらが、わすれン！にアーカイブされていく。センターを運営するメディアテークスタッフの役割は、参加者の記録・発信活動を支援することにある。記録者たちのための場をつくることがその主な仕事なのだ。いわば参加者中心主義である。

しばしば誤解されているが、わすれン！では、震災についてすでに記録されたモノ（書かれた日記や、すでに撮られた写真・映像など）の収集は、必ずしも拒むわけではないが、積極的には行っていない（その姿勢をわすれン！スタッフは「消極的収集」と呼んでいる）。[17]「集まった記録者たちのための活動の場」がわすれン！なのだ。参加者がいなければわすれン！は存在し得ない。

「生涯学習の機会提供」は、メディアテークのもっとも基本的な目的である。参加者それぞれの思いや考え、創意工夫が多様にあり、それらが存分に発揮される活動が生まれること。その活動から学びの機会がそれぞれに得られること。それをわすれン！も目指している。一般的なアーカイブが行うような資料の収集が、重要なことながらも二次的な目的となるのは、それゆえなのだ。

3-2　記録対象を指示しない

第二に極めて重要な点は、参加者に対して、どこで何をどのように記録すべきか、つまり何をアーカイブするのかという点について、わすれン！スタッフは、話し相手となるような

17. 開館当初よりメディアテークは、美術作品などの収集を活動の目的としてはいない。が、地域の文化にまつわる映像などのデジタルデータに限り、それらを「情報」としてとらえ、図書館同様、収集・保管・利活用することを基本的な活動としている。また、それらをメディアテークが主体となって行うのではなく、市民との協働を通して達成されることが目指される。

対応をしつつも、決して「指示しない」姿勢を維持することである。

参加者それぞれの好きなようにする／させるというのは、単に放置するということではまったくない。それはひとつには、震災という出来事があまりにも大きな出来事であると同時に、一人ひとりはそれを個別に経験していることからくる。「こう記録すべき」という正解が、誰にもわからないのである。とすれば、あくまで参加者個人が、ごく個人的な経験・思い・意思を起点として記録活動に入って、そのなかでどのように記録すべきかを模索することが望ましいのではないか。そしてその過程で、震災という出来事がはらむ社会性や、記録することの公共性についても考えていくことに期待することが望ましいのではないか。それが、参加者にとっての学びの機会にもなるのではないか。そう考えたのである。

大事なことだから言いかえよう。まずは個々人それぞれに、「記録する」という活動への動機があるだろう。と同時に、その行為について社会的・公共的にも共感・理解され、後押しされるような状況が期待できるとき（「個人的であることが社会的な意味をもつ」ような機運が形成されるとき）、「記録する」という活動は、通常にはない飛躍的な学習の場となり得るのではないか。

このように考えたからこそ、わすれン！は、震災についてのアーカイブを構築する上では一見効率的にも思える、「指示する」という考えかたを排除したのである。

3-3 活動の基本的フロー

プラットフォームとしてのわすれン！の基本的な活動フローは、図6のように整理できる。

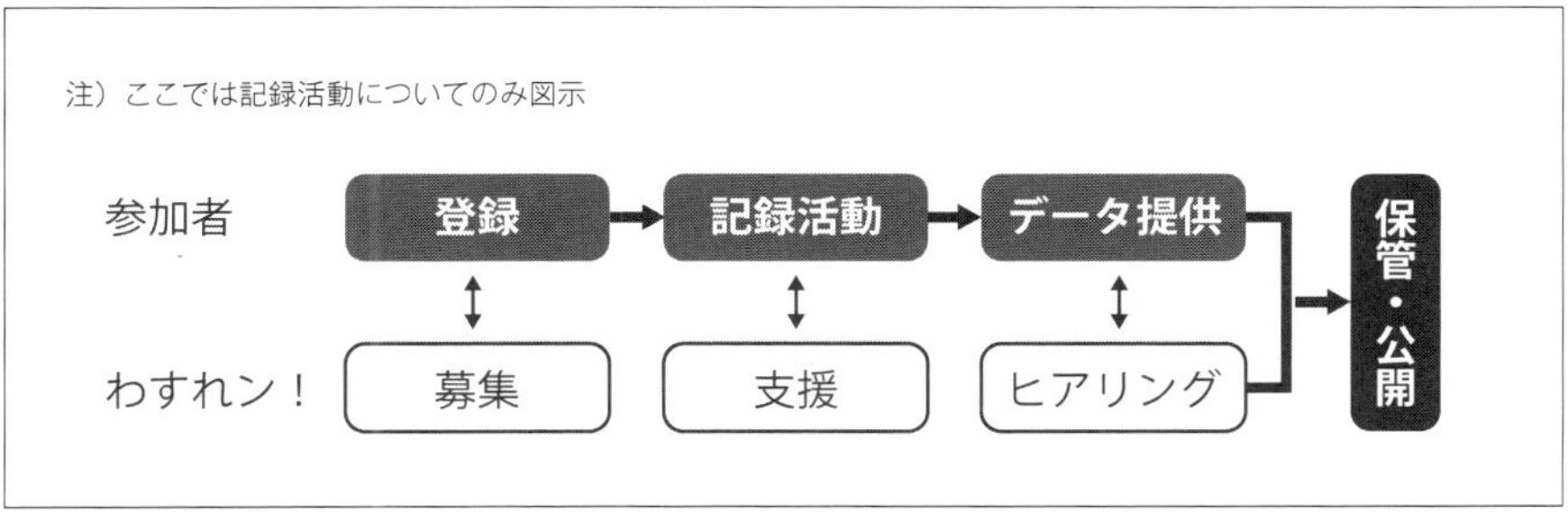

図6　わすれン！の基本的なフロー

参加者募集／参加者登録、記録活動

この図は参加者側とスタッフ側、それぞれの立場から見た、アーカイブ活動の基本的なフローを示している。

参加者から見ると、わすれン！での活動は、参加者として登録し、記録活動を開始したのち、成果物となるデータを提供することまでが、前半になる。参加者登録の際には、以下の書類などをバインダーに挟んだ「参加者キット一式」（図7）が無料で配布される。

①「参加宣誓書（別図1）」「参加申込書（別図2）」「活動の紹介（別図3）」「活動における成果資料の取扱いに関する承諾書（別図4）」など、参加者の連絡先ややりたいことなどを記す書類一式（以下、別図は章末の付録を参照）

②「3がつ11にちをわすれないためにセンターの趣旨」「取材の手引き（別図5）」「記録提出用の手引き（映像編、写真編）（別図6・7）」「スタジオの設備」など、わすれン！参加者として活動するための具体的マニュアル

③「参加者用ネームプレート」「わすれン！の名称とURLを記した名刺大のカード」「撮影・使用・配信承諾書（別図8）」など、取材現場で用いる道具

スタッフから見ると、前半の活動は、参加者を募集するとともに、「記録活動」中の参加者たちに対して、機材や活動場所の提供、さまざまな相談などの支援をする段階となる。スタッフが参加者と会ったときに雑談することも大事で、こうした会話を通じて、記録場所の復興状況、活動の近況やこれからの予定など、参加者の様子を知り、個々の信頼関係を築くことができる。

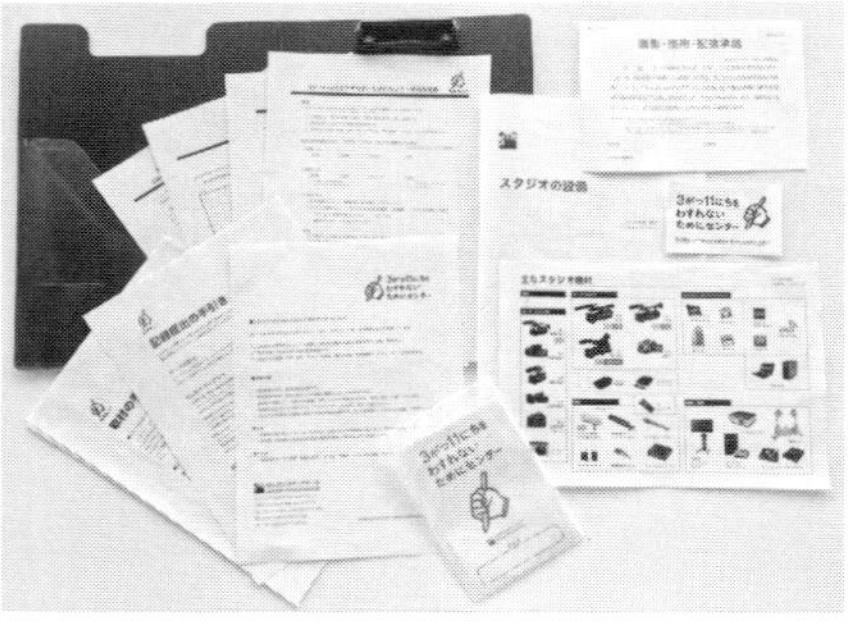

図7　参加者キット一式（詳しくは章末付録を参照）

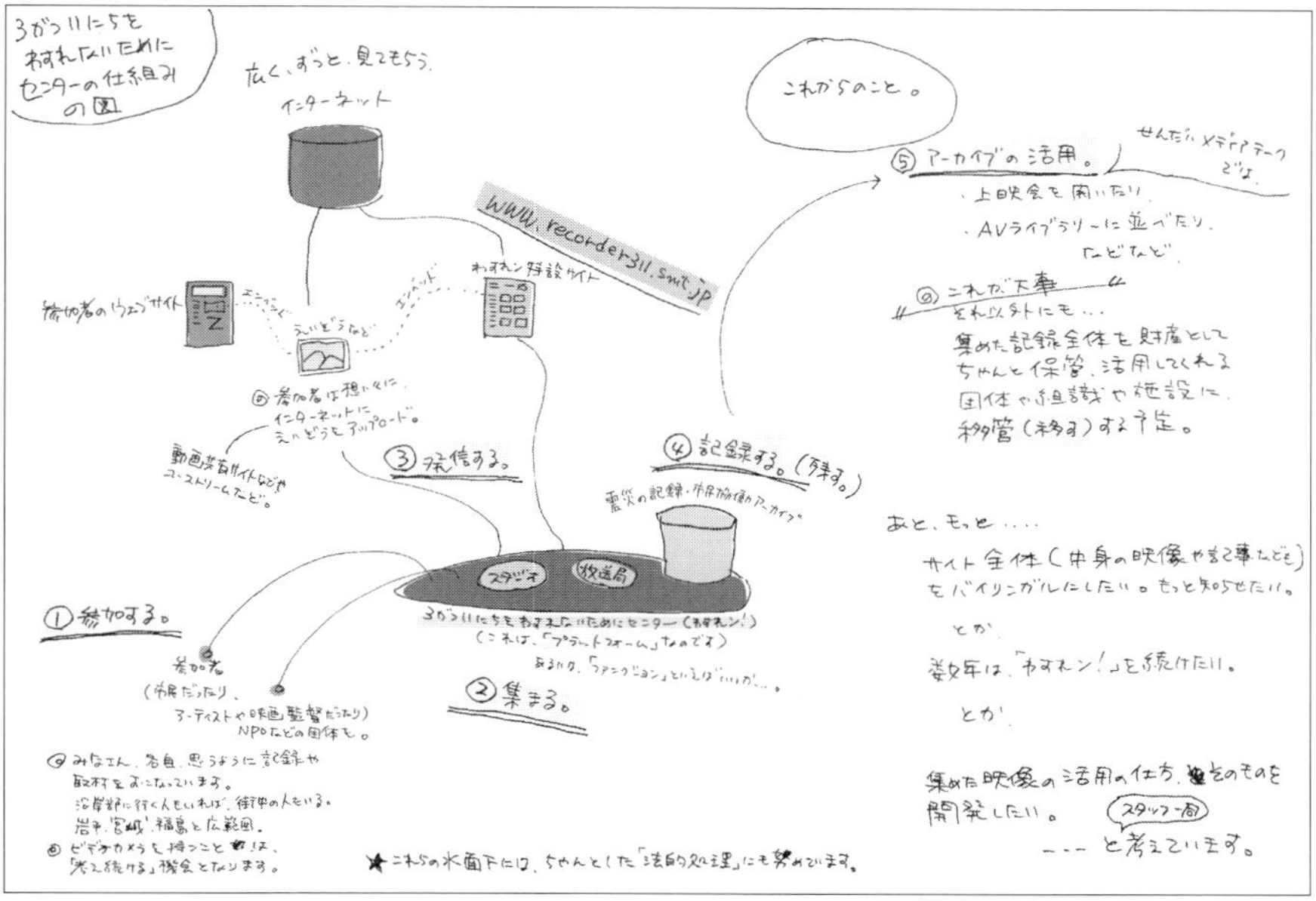

図８　わすれン！仕組みの図
わすれン！開設後の混乱を極めた時期に、スタッフに向けて、わすれン！の仕組みを説明するために甲斐が描いたもの。

受入れとヒアリング

記録活動がいったん終了した段階で、参加者は、記録したデータをメディアテークに提供するかどうかの判断を行う。記録データの提供に際しては、スタッフから参加者に、記録の内容、記録場所や記録対象、記録意図や背景など、記録にまつわる文脈情報についてのヒアリングを行う。記録された成果物がどのようなものなのか、文脈情報（いつ／どこで／誰が／なぜ／何を／どのように記録したのか…等）を聞き取るのである。

ヒアリングによって、スタッフは、個々の記録がどのような文脈のなかでつくられたのか（どのような出所をもつのか）を把握することができる。これはいわゆるメタデータの確認に近いが、ここでは、記録受入時に作成するデータベースに入力する共通項目（日付・場所・撮影者等）だけでなく、取材・記録したときの様子や参加者の思いなど、記録内容や記録活動が行われた状況についての、分類しにくい、質的な情報も聞きとられる（➡第6章3）。

こうすることで、映像ファイルや写真ファイルなどの「記録データ」そのものと、出所情報や、その他の質的な情報を含む文脈情報の双方をまとめた、〈記録〉[18]ができあがる。わすれン！へアーカイブされるのはこうしてできあがる記録であり、ここまでが、プラットフォームにとっての活動の前半部分（「入力」段階）のフローとなる。[19]

権利処理

東日本大震災の記録とそのアーカイブ活動は将来に向けた伝承を前提としており、寄せられた資料の公開や利活用可能な状態を整えることが不可欠となる。その際、とても大切なのが法的な手続きだ。これには、

18. 以下本書では、わすれン！で作成された記録については、出所情報·文脈情報を付与された記録データ(素材とメタデータを含む)をまとめて、記録の語で表記する。
19. しかし当初からそのようなヒアリングの態勢が整っていたわけではない。そのため、ある日、最低限の権利処理手続きとデータだけを預かり、その後、参加者との連絡がつかず、詳細のわからないままの映像や写真も少なからずある。

① 著作権にまつわる権利処理

② 肖像権[20]にまつわる権利処理

の2種類がある。[21]前者は、著作権者となる参加者とメディアテークとで取り交わし、後者は参加者が取材の対象となる人物に、直接、肖像権について承諾のサインをもらうことで処理を行う。

たとえば、ある参加者が震災について街頭インタビューを行い、その様子を映像で記録し、それをわすれン！に預けるとしよう。参加者は機材とともに、肖像権処理の書類（「撮影・使用・配信承諾書」（別図8））を数枚持って取材に出かける。街頭で人物を選び、「取材してもいいですか？」と許可を得た上で、質問し、映像で記録する。取材終了後、その取材対象となった人物に肖像にまつわる許諾を得るため、書類にサインをもらう。取材対象となった人物からの「どうぞ、震災の伝承につかってください」という意思表明を預かるようなものだ。そして、その映像をわすれン！に預けるときには、映像データとさきほどの肖像権処理の書類をあわせて、さらに今度は参加者自身が「どうぞ、伝承につかってください」という意思表示として、（参加者が作成した記録に関する）著作権書類にサインして添付して、提出する。

参加者は、提出してもらう記録物の取り扱いに関するルールの説明を受けたうえで（「記録物の取扱いに関するルール」（別図9））、記録物の著作権は参加者がもつけれども、その利用については、第三者へさらに利用を許諾することを含めて、包括的な利用を仙台市に対して許諾する、という書類を提出する（「包括的利用許諾書」（別図10））。

このように、記録を受け入れる際に、デジタルデータ本体とあわせて、

20. 自分の顔や姿を無断で写真絵画などに写しとられたり、それを展示されたりすることを拒否する権利。

21. 震災アーカイブの法的権利の処理については、総務省「震災関連デジタルアーカイブ構築・運用のためのガイドライン（2013年3月）」（http://www.soumu.go.jp/menu_seisaku/ictseisaku/ictriyou/02ryutsu02_03000114.html）を、特に映像の権利処理については、早乙女宜宏「震災映像資料の利用と著作権法」、『ジャーナリズム＆メディア』第8号（日本大学法学部新聞学研究所紀要、2015年、147-155ページ）を参照してほしい。

① 取材対象者からの「撮影・使用・配信承諾書」（別図8）

② 著作権者からの「包括的利用許諾書」（別図10）

のふたつを提出することで、これらの資料は法的にもすみやかに公開、利活用できるデータとなる。

わすれン！が、資料収集を主に行うのではなく、記録活動を行う参加者を募り活動する理由は、先に述べたように生涯学習に向けた取り組みであるからだが、実は同様に大切な理由としてこの権利処理の課題があった。なぜなら、震災直後から多くの写真や映像がインターネット上にあげられたが、これらのほとんどが個々の写真・映像の著作権者（撮影者）と連絡を取って使用の許可を得ない限り、勝手にダウンロードしてもその利用には法令遵守（コンプライアンス）に課題が残るからだ。たとえ撮影者から許可を得ることができたとしても、もしその映像のなかである人物が発言していたとすると、その人物の肖像についての許諾を得ることも必要となる。結果として、その人物からの許可を得られたとしても、これらの作業を経て初めて、法的にも利活用可能な資料となるわけなので、その作業にはたいへんな労力が必要となり、公開、利活用がすみやかにはなされなくなってしまう可能性が大きい。

このような法的な課題から、参加者を募り、その参加者が自ら肖像権を含む権利処理を施した上で記録を提供することで、より利活用されやすい資料の蓄積が可能となるしくみが整えられた。

保管

活動の後半は、参加者が記録活動を終えたあとの段階、すなわち、記録の保管と公開（利活用）プロセスである。

記録データ・出所情報・文脈情報を合わせた記録は、メディアテーク館内のデータベース・システムのなかに、デジタルデータとして、物理的に整理・保管される。デジタルデータの保管システムは、わすれン！以前からすでに構築されていたものを利用している[22]。

この共通のデータベースのもとで、記録データは、データ保管用のファイルサーバーに置かれている。ここには、記録データの本体が情報セキュリティポリシーに基づき適切に保管されており、スタッフのみ閲覧可能である。

ファイルサーバーにある記録本体は、もっとも重要なデジタルデータである。デジタルデータ本体はRAID5[23]を組んだハードディスクに置かれていて、それらを別のRAID5を組んだハードディスクにバックアップし、さらにそれらをテープにバックアップしている。全体として、データは三重に守られていることになる。ファイルサーバーには無停電電源装置（UPS）がつながっており、停電などのトラブルによるデータの喪失に備えている。

公開と利活用

利活用は、アーカイブ活動において、不十分だとか、改善が必要だといわれることが多いところである。記録を集めたはいいものの、その記録が使われないままに死蔵されていくことは避けねばならない。

アーカイブの利活用について考えることは、そのアーカイブが何のため、誰のために存在するのかについて考えることでもある。わすれン！というアーカイブは、誰にとっての社会

22. ただし、もともとあったファイルサーバーは、徐々にわすれン！のデータで埋まったため、その後データベースを改良し、システムや容量も増強しつつ現在に至っている。

23. 複数台のHDD（ハードディスクドライブ）を仮想的に1台とし、転送速度や耐障害性を向上させる技術をRAIDといい、続く数字はRAIDレベル（種類）を表す。RAID 5は、高速化しつつ、データ誤り訂正用の信号をHDDに追加することでいずれか1台の故障に耐える。

的な資源なのか。そしてその社会的資源が、資源として活かされるためには、アーカイブとしてどのような機能が必要なのか。

こうした点についてわすれン！では、記録活動が進んでからデザインしていくという方針をとった。開設時に決まっていたのは、ウェブサイトをつくるということくらいである。

デジタルデータで納品してもらうことは決まっているし、デジタル・アーカイブをつくることも決めていた。しかし、それ以外にどのような公開・利活用方法が考えられるのか、どのように公開・活用していくべきなのかは、どんな記録が集まるのかまだわからない段階では決められない。それは記録として集まってくるものが何かに応じて決めていこう。利活用方法については、じっくり考える余白を残したまま、アーカイブ活動をスタートさせたのだ。

あらかじめ述べれば、わすれン！では、メディアテークなどを用いた複数のタイプの展示や上映、地域の学校での利用など、さまざまな利活用方法を工夫している（現在もその工夫は進行中である）。ポイントは、「（デジタルなものを）触れるものにする」「利用者の感想や思いを記録自身に追記することで継承していく」ことなのだが、その詳細は第7章で詳しく述べよう。

ウェブサイト（デジタル・アーカイブ）

わすれン！ウェブサイト（いわゆるデジタル・アーカイブに相当する）は、２０１１年６月に日本語版、２０１２年７月には英語版が公開されたほか、２０１４年に国立国会図書館の東日本大震災アーカイブ「ひなぎく」と連携するなど、細かなインターフェイスの改善や改良を随時行って現在に至っている。

運営の基本方針は以下である。

① ひとつの記録について、ひとつのウェブ・ページを、わすれン！スタッフがつくる。

② それぞれのページには、いわゆるメタデータだけでなく、自由記述によるテキストを加えて「記事」にする。このときに役立つのが、ヒアリング時に聞き取った文脈情報である。

③ 記事部分のレイアウトは、テキスト・写真・映像・音声などを自由に配置できる「落書き自由帳」として設計されている。テンプレートは固定されておらず、記録の内容や特徴に合わせて、記事を自由につくることができる。

デジタルアーカイブのインターフェイスは、一般的にサムネイルとメタデータのみが表示される無味乾燥なものになりがちだが、わすれン！ではこうした方針をとらずに、スタッフがブログのように自由に更新できる方式をとっている。前述のようにスタッフは、参加者から記録を受け入れるとき、さまざまな文脈情報をヒアリングする。いつ、どこで、誰が、何を記録したかだけでなく、どのような思いで記録したか、そのとき何を考えたか、そしてその記録を見た人が残した感想なども、ウェブサイトにどんどん追記、更新できるようになっているのだ（➡詳しくは第7章2を参照）。

4　参加・記録作成型アーカイブ

このように、わすれン！においては、アーカイブ活動を開始する以前に明確につくりこんだ部分と、つくりこまなかった部分がある。

つくりこんだのは、参加者との「やりとり」が発生するインターフェイス部分とウェブサイトである。

つくりこまなかったのは、記録の対象・範囲・方法、そして記録の利活用方法だ。

設計に「余白」を残し、アンダー・コンストラクションとするわすれン！のつくりかたは、一般的なアーカイブのつくりかたとは少し異なっている。その違いを比較しながらプラットフォームとしての、わすれン！の独自性について最後にまとめよう。

4-1 一般的な構築プロセスとの比較

事前設計の重要性

一般に、デジタル・アーカイブをつくるにあたっては、つぎのような構築プロセスが想定されている（図9）。

① アーカイブ対象の確定 ⇐

② アーカイブ化全体のプロセスを立案・設計 ⇐

③ 記録活動（デジタル化や取材）⇐

④ データベース化 ⇐

	笠羽（2004年）	谷口（2014年）
① 対象の確定	現物層：文書、資料、史料、有形・無形文化財、文化活動、地域の暮らしなど	デジタル・アーカイブの対象範囲を決定
② 全体設計	計画層：将来の使用・活用目的を配慮したアーカイブの立案と設計	デジタル・アーカイブ化の計画と調査：今後の管理、利用という視点から、デジタル化の計画・立案・作成をマネジメントする
③ 記録活動	記録層：撮影・複写・記録（法的配慮を含む）	文化資料・文化活動の記録：対象に対する法的配慮を含む記録
④ データベース化	データベース層：記録されたデータを活用できる形式に分類。メタデータを付与する	記録資料の情報化・データベース化：デジタル化された資料の内容をデータベース化する。資料の分類の仕方・カテゴリー・記載項目などの検討。メタデータの記載および作成・記録
⑤ 公開・利活用	プレゼンテーション層：利用者にとって価値のある作品を制作	情報検索・流通、利用を考慮した作品等の制作

図9　デジタル・アーカイブの構築プロセス　出典：笠羽晴夫『デジタルアーカイブの構築と運用』（水曜社、2004年）、谷口知司『デジタルアーカイブの構築と技法』（晃洋書房、2014年）。

⑤　公開・利活用

ここで注目したいのは、記録活動（多くの場合それは既に収集された資料のデジタル化である）の前に、アーカイブ全体の設計をすべきとされている点である。

デジタルアーカイブ化の計画と調査を行う際、今後それをどう管理するのかという視点だけでなく、利用者がそれをどのように利用するのかという視点から、利用に配慮したデジタル化の計画・立案と制作をマネジメントする必要がある。

具体的には①利用目的、②管理（保管）方法、③公表（発表）の仕方、④成果物の提示方法、⑤デジタル化の方法の技術的検討、⑥対象についての知識、調査（著作権、特許権等の知的財産権や所有権の調査を含む）、⑦交渉（権利の譲渡や使用・活用にあたっての権利の調整、許諾に関する交渉を含む）などが必要になる。[24]

全体計画を事前に立てておくことの重要性は、震災についてのアーカイブづくりでも同様にいわれている。総務省がまとめた震災アーカイブのガイドライン（２０１３年）には、「調査・収集」などのステップに先立って、まず「ステップ０」として「全体の計画を立てる必要」が説かれている。

震災関連デジタルアーカイブを構築する際には、まず、アーカイブの目的や公開するコンテンツについての考え方、想定する利用者、公開の方法など運用ポリシーを考えるとともに、検討体制を整えるなど、全体の計画を立てる必要があります。[25]

24. 谷口前掲書、16ページ。

25. 総務省『震災関連デジタルアーカイブ構築・運用のためのガイドライン（2013年3月）』、9ページ。http://www.soumu.go.jp/main_content/000225069.pdf

震災の場合、記録資料はすでにあるものだけでなく他の機関、自治体、NPO、個人などから収集することもある（写真や映像、音声記録の収集も想定されている）。その場合でも、「全体の計画」をまず立てるべし、というのである。

比較の視点

比較のために、ここでアーカイブを区別する、3つの視点を導入したい。

⑴記録保管型／記録作成型アーカイブ

第一の区別は、記録をつくるかどうかによるものだ。

（1）記録保管型：アーカイブする対象となる記録がすでに存在するアーカイブ
（2）記録作成型：これから記録をつくるアーカイブ

記録保管型とは、歴史的史料や、行政や企業の業務活動などから生まれた、すでに存在する記録を整理・保管するアーカイブである。[26] これに対して記録作成型アーカイブとは、災害体験や戦争体験などのように、語りを聞き取るなどして記録をつくった上で、アーカイブをつくるものだ。後者の例には、たとえば、阪神・淡路大震災後20年以上にわたって書き続けられた手記を集めて刊行し、時間の経過のなかで変化する手記の内容を見つめてきた市民たちのグループ「阪神大震災を記録しつづける会」がある。[27] ちなみに、記録作成型アーカイブの原型のひとつは、1950年代を中心に盛んとなった、工場労働者や家庭の主婦の間で自分たちの生活を自分自身のことばで書き、サークル内の仲間同士で読みあった「生活記録運

26. いわゆる非現用資料。つまり、かつては実際に業務で使われ、今は使用されることはないけれども、保管する価値をもつ記録のアーカイブという考えかたである。

27. 「阪神大震災を記録しつづける会」の活動については、高森順子「手記集を介したコミュニティ― 市民の震災活動記録と、神戸と東北の繋がりについて」、『LiNK【地域・大学・文化】』第4号（神戸大学大学院人文学研究科地域連携センター年報、27-35ページ）を参照。ウェブサイト（http://www.npo.co.jp/hanshin/）には、1995年からはじまった記録の全文が公開されている。2015年には、冊子『阪神・淡路大震災　わたしたちの20年目』（高森順子編、阪神大震災を記録しつづける会発行）も刊行された。

動」に求めることができる（➡第5章4を参照）。

(2) 静態的／動態的アーカイブ

第二にアーカイブを、

（A）静態的アーカイブ

（B）動態的アーカイブ

に分けることができる。

この区別は、2011年10月に行われた震災アーカイブについてのシンポジウムに登壇した、歴史学者のアンドリュー・ゴードン（ハーバード大学ライシャワー日本研究所教授）が提唱したものである。

彼は現代の技術が可能にする、常に変化し、誰もが参加可能なアーカイブを「動態的なアーカイブ」と呼んで、完成後は基本的に変化しない、専門家がつくる「静態的なアーカイブ」と区別した[28]（図10）。

現代の技術を用いれば、アーカイブされる対象となる出来事と同時進行で、記録をつくることが可能である。その記録が、公開されていくことで、進行中の出来事にたいしてアーカイブが影響し変化すら与えることができるようになる。そうゴードン教授は指摘する。

アーカイブとは、「過去」つまりすでに起きたことについて、専門家たるアーキビストがつくるものだと考えられているが、今やアーカイブは過去の保管庫ではなく、現在を記録しながら現在に変化を与えうる、というのである。

静態的なアーカイブ	動態的なアーカイブ
専門家がつくる	誰もが参加可能
完成後は変化しない	常に変化する
つくる側とつかう側が分けられている	つくる側とつかう側の区別がほとんど、あるいはまったくない
その出来事が終わった後につくられる	出来事と同時進行でつくられる
その出来事に変化を与えることは不可能	出来事に変化を与えることができる

図10　静態的なアーカイブと動態的なアーカイブ

28. 311まるごとアーカイブス「シンポジウム『東日本大震災の記録とその活用～311まるごとアーカイブスの目指すもの～』（2012年）」http://311archives.jp/fbox.php?eid=16959。

(3)利活用型／投稿型／参加型アーカイブ

第三にアーカイブを、市民の参加度の度合いから、

（ⅰ）利活用型：利活用のみ
（ⅱ）投稿型：（ⅰ）に加えて、記録の提供・投稿
（ⅲ）参加型：（ⅱ）に加えて、記録づくり・記録の利活用方法・アーカイブの運営などに参加

に分けることができる。

（ⅰ）の〈利活用型〉とは、市民の参加が、アーカイブの利用・活用に限定される場合である。専門家によって管理されているアーカイブであり、市民参加の余地はもっとも小さい。ゴードン教授のいう静態的なアーカイブに近いが、専門家がつくるアーカイブであっても、ダイナミクスを維持することは不可能ではない。

（ⅱ）の〈投稿型〉とは、市民が主に「記録（写真やモノなど）を提供する」かたちで参加するものである。震災に関するアーカイブでいうと、「未来へのキオク」（Google）[29]や「東日本大震災　写真保存プロジェクト」（Yahoo!）[30]など、数多くの〈写真・動画投稿型アーカイブ〉がこれにあたる。

これらの例では、インターネットで公開されているデジタル・アーカイブに、利用者が直接、写真・動画・テキストなどを投稿できる。市民ができることには一定の制限が与えられているが、その枠内では自由に活動できる。設計の観点から見れば、ユーザーの活動を促すオンライン・プラットフォームを、どれだけつくりこめるかが鍵となる。アーカイブの中身となる記録自体は利用者が生成する（User generated contents）ので、アーカイブの動態性は

29.「未来へのキオク」https://www.miraikioku.com/
30.「東日本大震災　写真保存プロジェクト」https://archive-shinsai.yahoo.co.jp/

一定程度高くなる。

（iii）の〈参加型〉とは、規定の方法で投稿するだけでなく、記録を独自の方法で作成したり、アーカイブの利活用や運営などにも、市民が参加するアーカイブである。アーカイブ全体のテーマは一定程度限定される必要があるが、参加する市民の自発的な活動が、アーカイブづくりの根幹に位置する。動態性はきわめて高い。

震災・まちのアーカイブ

参加型アーカイブの例として、これも阪神・淡路大震災について、記憶の表現の仕方に取り組んできた、詩人・主婦・学生・研究者たちからなる市民たちのグループ、「震災・まちのアーカイブ」[31]がある。

かれらは、記憶を伝えるためには何らかの表現が必要であることや、震災についての記録はどこか一箇所に集積されるのではなく、それぞれの町などに小規模分散させて保管されるべきだと考えて、アーカイブとは、震災とは何だったのかを、自分の体験・自分の生活に近いところで思い返すための場所であると考えていた。記録をつくり、記憶に表現というかたちを与えることに取り組み、それを実践する展覧会も開いていた。だからこそ、市民一人ひとりがアーカイブの中身をつくるだけでなく、アーカイブの運営をすべきと考えていたのである。「震災・まちのアーカイブ」は、記録を継承するだけでなく、そのつかいかたについて深く考え、実践してきた稀有なアーカイブであり、わすれン！の活動にも多くのヒントを与えている（➡**第6章3を参照**）。

31. 「震災・まちのアーカイブ」の活動については、震災・まちのアーカイブ『サザエさんたちの呼びかけ　阪神大震災・瓦版なまず集成　1998-2008』（震災・まちのアーカイブ発行、2008年）、笠原一人・寺田匡宏編『記憶表現論』（昭和堂、2009年）、および八ッ塚一郎「阪神大震災を契機とする記録ボランティア活動の勃興と変遷」『実験社会心理学研究』47(2)（日本グループ・ダイナミックス学会、2008年）、146-159ページなどを参照。かれらの活動は現在も続いている。http://archives-kobe.cool.coocan.jp

4-2 わすれン!の独自性

このように、アーカイブといっても、さまざまなタイプが存在する。〈記録保管型/記録作成型〉、〈静態的/動態的〉、〈利活用型/投稿型/参加型〉、それぞれの項目が組み合わされることで、アーカイブは多様なものとなり、それに応じて、そのつくりかたも変わる。

アーカイブの典型例は、〈記録保管型/静態的/利活用型〉(既存の記録を、専門家が整理・保管し、市民も含めた利活用に提供する)アーカイブであろう。とすると〈記録作成型/動態的/参加型〉アーカイブであろうとしているわすれン!が、これまでとは異なるつくりかたになるのも、不思議ではないのである。

まとめよう。以上から、わすれン!の独自性は、つぎの3点にまとめることができる。

(1) 参加者中心主義

最大の特徴は、アーカイブされる記録を、市民である参加者がつくる、ということ。アーカイブとしての成功も失敗も、この参加者の活動にすべてかかっている。

そのつくりかたのポイントは、参加者たちが集まり、そして参加者たちの動機や活動を支援できるようなプラットフォームを、いかに・どこまでつくれるか、という点にある。そこで、以下のように、参加者や社会とわすれン!が接するインターフェイス(境界面)部分を、まずつくりこんだのだ。

- 参加者を募集するにあたってのロゴ・名称

- 何を呼びかけるか（募集の文面）
- 参加登録の方法
- 参加者の記録活動に必要な、情報交換や交流のための場づくり（空間設計）
- 品質や機能性においてほどよい機材・環境
- データ提供時の書式と手順（どのような形式で、どのような書面を交わして受け取るか）
- 受け取った記録を、ひとまずどのような形で一般に公開するか（ウェブサイトの仕様）

アーカイブされる記録は、参加者が自発的につくるものとしてプラットフォームはデザインされている。わすれン！から、記録対象・方法（映像だけでなく、どんなメディアに記録するのかを含めて）を指示することは決してない。すべては参加者の自発性と創造性にゆだねられる。指示しないことによってこそ記録の〈質〉が上がるはずだというのが、わすれン！における記録活動のキモであり、その可能性の中心である。

(2) 包摂性の高さとリスク管理

わすれン！は、参加者がつくった記録はどのようなものであれ、基本的にすべてを受け入れる。内容についても寛容第一で、包摂性はきわめて高い。[32] 何をアーカイブに残すべきか、記録の内容や上手下手で選別評価することもない。参加者の側からすると、記録のつくりかたを自分で考えねばならず、到達レベルや目標も設定されていないから、ある意味では大変だ。しかし、だからこそ参加者にとっては、活動に余白＝のびしろがある。参加者自身にも、メディアテークの側にも、設計＝予測できない発見や発明の可能性がある。

ただしこうした方式には、持ち込まれる記録が非論理的な場合でも、それを排除しない＝

32. したがって、この方式によっては記録の〈網羅性〉や〈客観性〉は少なくなるかもしれないし、その〈質〉も低いかもしれないし、積極的に収集するアーカイブに比べて、記録の〈量〉も減るかもしれないという問題はある。実際、わすれン！に保管された写真の数は、54467枚（2017年11月時点）であり、投稿型アーカイブに比べて圧倒的に少なかった。

できないという、リスクがある。そこで、基本的にすべての記録は質を問わずに預かることを原則とするが、記録のアウトプットに関しては、わすれン！側がディレクションして、上映会、展示、ウェブサイトの記事作成やデザインなどを行っている。つまり、何を公開し、何を公開しないかはわすれン！が全権を担っているのである。もちろん公開にあたっては、参加者と相談・協働・確認しながら進めていくことは言うまでもなく、また参加者自身の判断でわすれン！とは別の方法で公開・頒布することも当然のことながら自由にできる。

(3) 専門家の不在

最後に、わすれン！には、アーキビスト（アーカイブの専門家）がいなかった。わすれン！最初期のスタッフは、甲斐や北野央、清水チナツ、齋藤一浩など6名。北野（建築計画学を専門とし、地域映像アーカイブ活動を担当する予定だった）と清水（市民と協働して映像をつくった経験もある学芸員[33]）は2011年度採用の新人で、清水は震災後に仙台に引っ越してきたばかりだった。メディアテーク全体をみれば、写真やフィルムをアーカイブした経験をもつスタッフはいたが、この6人には「アーカイブの専門家はひとりもいない。『スタジオ担当は初めてです』とか、『仙台に来て数日です。はじめまして』とか、そういう人ばっかり。そういうグループ」（齋藤一浩）だったのだ[34]。

清水は当時「文房具のようにカメラをつかうことが重要であり、学習装置としてビデオカメラがあるんだっていうことは、これまでの経験から何となくイメージできた」というが、北野は「そもそもこのプロジェクトがうまく行くとはまったく思っていなかった」とすら述べる。

33. 清水チナツは、2009年に開催された「ヨコハマ国際映像祭2009 CREAM」でキュレーターの遠藤水城のアシスタントを務めていた。また、2010年よりremoのメンバーとなり、ワークショップを開催するなどの活動を行っていた。

34. ちなみに、このメンバー全員がはじめて顔をそろえたのは2011年4月17日。わすれン！の開設は、メディアテークの再開とタイミングを合わせて、2011年5月3日だから、甲斐の頭にアイデアが閃いてからセンターを実働させるまで50日弱、スタッフ全員が顔を揃えてからわすれン！開設まで、2週間少ししかなかった。

震災直後には、今よりもっと何もできない状況に自分がいたので、一次支援のように直接的なことはできないけれど、せめて、記録に関わることには、やる意味や意義を感じてはいました。ただ、震災の記録をとることはできても、「その成果をまとめた」ホームページの更新なんてできないでしょうと思っていました。（北野央）

2011年当時は、デジタル・アーカイブのつくりかたに関する参考文献が限られていたことも、不安材料のひとつであった。

課題は山積みだった。メタデータのつけ方といった技術的課題、記録対象となった人たちの権利をどう処理するかといった法的問題、他のデジタル・アーカイブとの連携をどうするか。

となれば、わからないことは聞きに行くしかない。勉強するしかない。

2011年4月、わすれン！スタッフは神戸にある「人と防災未来センター」に連絡をとって、宇田川真之さんのアドバイスを受けている。肖像権や二次的利用権など、法的権利の問題については、防災科学技術研究所（当時）の長坂俊成さんに連絡をとり、6月9日に直接会って相談している。こうした勉強の成果は、プラットフォームとしてのわすれン！の設計に、どんどん投入されていった。

専門家もいない。アーカイブをつくった経験も、前例もない。開設以前の段階では、アーカイブが実際にどんなものになるのか、詳しいところは誰にもわからない。スタジオ活動の延長でプラットフォームをデザインすることはできても、そこから先は、かなりの程度で未知の世界だった。

僕らは猛進してたんだと思う。しくみづくりとか、そのときそのときの作業に。紙を切ったり、説明したり。いろんなツールもいるし、どうブースを割るかとか、スタッフの役割をどうするかとか、オープンしてからずーっと、走りながらつくっていく。メディアテークのコンセプトブックに書かれていることばだけれど、まさしくずっと「アンダー・コンストラクション（工事中）」でした。（甲斐賢治）

わすれン！スピリット

専門家もおらず、経験もなく、その場ごとに仕様を変更するというやりかたは、実際には、記録とその活用方法をゼロから模索するというわすれン！の草アーカイブ的なスピリットにとって、有効にはたらいたのかもしれない。

わすれン！開設後も、時間の経過とともに、震災と復興をめぐる状況や人びとの気持ち、生活のありかたは、徐々にではあれ変化していくことが考えられるであろう。そうであるならば、記録の対象と方法を厳密に定めず、こうした状況に対応できる余地を設けておく方がいい。

記録活動が進んでいけば、先行する参加者たちがつくった記録を見て、後続の参加者たちは、それらを参考にして、記録内容や方法を変化させるかもしれない。たとえば、震災当時とそれ以後の復興の記録だけでなく、被害を受けた場所に、震災以前はどのような暮らしがあったのか。震災以前の様子を示す記録を掘り起こす必要を感じる人が現れるかもしれない。

プラットフォームを立ち上げる前に記録の形式や性質を決めるのではなく、動きながら考えること。自分たちにできなければ協力を仰ぎ、わからないことは聞きに行き、必要に応じてしくみに手を入れ、新たな要素を追加することも辞さないでいること。その一方で、参加者や社会とのインターフェイスについてはブレないという、プラットフォームの構造自体は堅持すること。

わすれン！の設計は、一定の遊びと余白を残すことによって、そのときどきに、生き生きと用いられるような道具＝アーカイブになることを目指していたのである。

5 コミュニティ・アーカイブ最小限キット

コミュニティ・アーカイブをつくるのに必要なものは、

(1) アーカイブを運営する人（スタッフ）
(2) アーカイブづくりに参加する人（参加者）
(3) なんらかの場所
(4) 記録や発信のための機材
(5) その他

である。

(1) アーカイブを運営する人（スタッフ）

アーカイブを運営するスタッフは、最低（のべ）5人いればよい。すなわち、

①　記録の技術を支える人
②　記録の活用をになう人
③　編集をになう人
④　資料の整理をになう人
⑤　ファシリテーションをになう人

である。

①「記録の技術を支える人」

かんたんにいうとビデオカメラに詳しい人である。デジタルカメラやビデオカメラ、録音機材や動画編集のためのソフトなど、記録のために必要な機材に詳しく、それをつかえる人、そのつかいかたを教えることのできる人。もっともミニマムな形態としては、iPhoneのつかいかたに習熟している人、でもいい（スマートフォンなら、デジタルカメラにもビデオカメラにも録音機材にもなり、動画の編集や字幕づくりも、フリーソフトで可能だ）。ただ、思いのほかむずかしいのが音声の記録だが、そこは経験を重ねることで乗り切っていくしかない。

②「記録の活用をになう人」

アーカイブに蓄積されていく記録を発信し、資料として活用してもらうための技術、ウェブサイトやブログやSNSに詳しく、サイトの管理や更新ができる人。記録を閲覧できるサイトをつくる、動画をYouTubeなどの動画共有サイトにアップして自分たちのサイトのブログに埋め込む、SNSを通じたコミュニケーション、広報活動ができる、といったスキルがあるといい。グラフィックデザインの技術や印刷発注の経験もあるとなおよい。

③「編集をになう人」

蓄積されてくる記録に「文脈」をあたえることができる人。ひとつひとつばらばらな記録に、分類の目印となるメタデータやエピソードをつけ、時間や場所や内容など、ある視点で記録を結び、ひもとくことができるようにする役割をになう。記録技術と活用技術のあいだをとりもつ。アーカイブ活動全体のソフトウェアを担当し、アーカイブ全体を見渡す、ディレクター的役割でもある。

④「資料の整理をになう人」

編集をになう人がアーカイブというデータベースの設計を担当するとすれば、アーカイブの運営に必要なデータの入力・資料の管理・データのアップデートといった、実際の事務作業をになう人である。コツコツていねいにものを整理するのが好きで上手な人が適している。

⑤「ファシリテーションをになう人」

コミュニティ・アーカイブをたちあげるということは、たくさんの参加者の、いろんな要求や悩みにも対応することを意味する。アーカイブとその外との接点で、実際に生身のインターフェイスとなって、話をしたり記録活動を促したりする役割の人である。コミュニケーションに長けた人が適している。

(2)アーカイブづくりに参加する人（参加者）

「アーカイブをつくろう」という呼びかけに応えて、記録活動に参加する人である。アーカイブの目的や規模・活動の期間にもよるが、30人くらいの人がアクティブな参加者としてセンターに連絡先を登録し、常時10人弱が活発に記録活動に従事している程度でも、十分に健全な状態といえるかもしれない。参加者には、ビデオカメラの技術や経験の有無にかかわらず、個人がとらえたできごとの断片を映像、写真、音声、テキストなど、好きな媒体で主体的に記録することが求められる。

(3)場所

デジタル・アーカイブをつくるのにも、活動の拠点となる物理的空間があったほうがいい。参加者とスタッフが話したり、参加者同士が出会ったり、映像の上映会をしたり、ついでに情報提供しあうなど、オンライン上では不可能なことが、実際の空間ではいっぱいできる。常設のスペースがあればいいが、なければ公共施設の会議室やいっそ喫茶店でもいいかもしれない。スタッフのミーティングをオープンにして喫茶店でやれば、あらたな参加者に気軽に会うことができるし、なじみの喫茶店ならチラシを置いてもらうこともできるだろう。

(4)機材

記録をつくり、それをアーカイブとして保管・活用するために必要な機材である。ピンからキリまである。もっともミニマムな機材としては、スマートフォンでもコミュニティ・

アーカイブははじめられるが、現実的なチョイスとしては、以下のような機材があれば十分だ。

①　コンピュータ
②　外付けハードディスク（大きいほどよい。バックアップ用に複数台あればなおよい）
③　デジタルカメラ、ビデオカメラ、録音機材
④　インターネット接続環境

①のコンピュータは、記録の保管、アーカイブ用データベースの運営、動画の編集、ウェブサイトの作成、広報活動など、アーカイブ活動に関わるあらゆる活動に使用する。
③のカメラ・録音機材は、別個にあってもいいし、動画が撮れるデジタル一眼レフ1台とマイク、といった組み合わせも考えられる。つかう人のことを考えて、それぞれのケースにあったものを選ぶといい。

(5)その他

以上のほかに、記録を公開するための権利処理や、参加者とのあいだで取り交わす書類など、事務的な書類が必要である。

もし手持ちの機材をつかい、スタッフをボランティアとし人件費を支払わないのであれば、アーカイブの作成とその公開は、ほとんどお金をかけなくてもできる。しかし、印刷物の作成やハードディスクの追加など、どうしてもお金がかかる場合には、どうやって資金を捻出するかは問題である。申請可能な助成金をさがしたり、すでにある組織の活動の一部に組み

込むなど、ケースバイケースで考えてほしい。ただし、コミュニティ・アーカイブ活動の推進を目的とするような助成金など、今のところ国内には見当たらないので、申請には創意工夫が必要だ。

また、なによりもいかにそのアーカイブを人びとが関心を寄せたくなるようなものとするか、記録や利活用の参加者のモチベーションを促すものとするか、ゆっくりな歩みであってもしっかりと育てられるようなしくみを持つかなど、たとえ小規模なアーカイブ活動であってもその趣旨や設計するという考え方がとても大切なこととなる。このあたりについては、本書に書かれていることがすべてではまったくないが、参考にできることもあると思うので、他の章にも目を通して欲しい。

付録

※これらの書類は作成当時のものである

3がつ11にちをわすれないためにセンター参加宣誓書

わすれン!

趣旨

・３がつ１１にちをわすれないためにセンターは以下の趣旨に沿って活動しています。
（以下、「わすれン！」といいます）

１）市民自らが、東日本大震災の復旧・復興の過程を取材、発信、記録する。

２）発信を通じ、さまざまな支援活動を促進する。

３）収録された映像、写真、音声、テキストなどを「震災復興アーカイブ」として記録保存する。

私は上記の趣旨に沿い、わすれン！において以下の活動を行います。

（※該当する項目に☑してください。複数選択可。）

□記録したい

□映像　□写真　□テキスト　□音声

□発信したい

□映像　□写真　□テキスト　□音声

□放送（USTREAM）
□クリップ（Youtubeなど）

□インターネットラジオ
□その他（　　　　　）

□手伝いたい

□取材活動のサポート（情報収集、取材補助、ドライバーなど）

□スタジオ活動のサポート（USTREAMの技術的補助、映像編集・アーカイブ作業等のPC操作）

どのくらいの頻度で関われますか？　（例：土日のみ

使用可能なPCソフトを教えてください　（　　　　　）

登録の条件

・当センターの趣旨に沿った非営利の市民活動をおこなう個人、団体であること
・またはそれを促進・支援する活動であること
・所定のルールに則り、他の参加者とも協働し、活動すること
・活動によって得られた成果物（映像、写真、テキスト、音声など）を提出すること
・著作権等の確認をおこない、せんだいメディアテークからの情報公開を承認すること
・当センターでの活動において以下の行為をおこなわないこと

１）館内の安全をおびやかす行為

２）誹謗・中傷など他人の名誉を毀損する行為

３）公序良俗又は法令に違反する行為、またはその虞（おそれ）があると当館が判断した行為

・取材時の事故やトラブル等について、当センターは責任を負いかねます。予めご了承ください。
＊当センター利用については、「３がつ１１にちをわすれないためにセンター利用の手引き」をご覧ください。

私は以上の登録条件を順守し、センターの活動に参加します。

年　　月　　日

お名前

wasuren form 3.8

別図１　参加宣誓書

3がつ11にちをわすれないためにセンター参加申込書 わすれン!

年　　月　　日

せんだいメディアテーク　館長 宛

３がつ１１にちをわすれないためにセンターの活動に参加したいので、下記の通り申し込みます。

申込者氏名

住所 〒

tel　　　　　　　　　　　　fax

mail　　　　　　　　　　　　メディアテークメールニュース配信を希望（する・しない）
わすれン！メールニュース配信を希望（する・しない）

所属団体（あれば）　　　　　　団体に関する資料があれば、添付をお願いします

当センターで予定している活動の内容をお書きください

※参加登録の承認には、2週間を要することがあります。あらかじめご了承ください。

以下のアンケートにご協力ください。わすれン！について知ったきっかけに○をつけてください。

１、チラシ　　　　　　　　　　４、新聞、TV
２、ウェブサイト　　　　　　　５、知り合いや家族から聞いた
３、メールニュース　　　　　　６、その他（　　　　　　　　　）

わすれン 記入欄

受付	年　月　日	カウンター受付者	
判断者印		連絡者	入力者

参加者ＩＤ	

wasuren form 3.8

別図２　参加申込書

活動の紹介

わすれン!

1）わすれン！ウェブサイトやスタジオ掲示板であなたの活動をご紹介します。
自己紹介や当センターで予定している活動の内容などを140文字以内でご記入ください。

紹介文

20

60

80

140

※この紹介文は「参加申込書」に記入された所属団体（あれば）と併せて公開されます。
団体名を非公開にしたい方は右にチェック☑を入れてください→□

2）ご自身のホームページやtwitter、YOUTUBE のアカウントがあれば教えてください。
※公開可能な範囲で結構です

※記入して頂いたtwitterアカウントは「３がつ１１にちをわすれないためにセンター」のアカウント@recorder311でリスト登録し、みなさんの活動の情報共有ができるようにしたいと思います。
参加者のみなさんもこの活動についてツイートする場合にはハッシュタグ #recorder311 をご利用ください。

wasuren form 3.8

別図３　活動の紹介

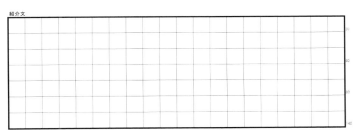

3がつ11にちをわすれないためにセンター 活動における成果資料の取扱いに関する承諾書

わすれン!

せんだいメディアテーク指定管理者
公益財団法人仙台市市民文化事業団　理事長　　　様

1．（利用許諾）　私（当団体）は，せんだいメディアテーク（以下，「smt」といいます。）の3がつ11にちをわすれないためにセンター（以下，「わすれン！」といいます。）を利用するにあたり，当該活動において制作した成果としての著作物（以下，「成果物」といいます。）を，smt指定管理者（以下，「指定管理者」といいます。）が以下の通り取り扱うことを承諾します。

① 東日本大震災関連の記録として電子媒体に複製し，smtにおいて保存すること
② 成果物が公表されていない場合，これを公表すること
③ 成果物をsmt内で上演，上映若しくは展示すること
④ 成果物の全部又はその一部をsmtが運営し又はアカウントを持つウェブサイト上で公衆送信すること
⑤ 成果物を電子媒体に複製した物を公衆に貸与し，smt内で視聴させること
⑥ smtの教育及び文化振興活動又はこれらの 活動の広報のために，成果物を利用（トリミング等の必要な改変を含む）した印刷物を作成し，公衆に頒布すること
⑦ 上記②～⑥のうち承諾した取扱いを，指定管理者の指定する者に行わせること
⑧ 指定管理者の指定する者に，放送メディアによる公衆送信を行わせること
⑨ 仙台市及び東日本大震災に関連した自治体や組織に対し，本著作物にかかる著作権の全部（著作権法第２７条及び第２８条に規定する権利を含む，以下同じ。）を移転すること。ただし、仙台市及び著作権を管理する者は、原著作者に対して、本著作物の全ての形態における利用を許諾する。

2．（必要な協力）　私（当団体）は，指定管理者に対し，成果物を固定した媒体を貸与する等，１．で承諾した指定管理者による成果物の取扱いに必要な協力をします。

3．（活動中の変更）活動の登録内容において、成果物や組織構成の変更が発生した際は、所定の手続きにて、すみやかにsmtへ報告します。

4．（二次的著作物制作における原著作物の権利処理保証）　成果物が第三者の著作物を利用している場合，あらかじめ当該著作物の権利者に対し，１．で承諾した指定管理者による成果物の取扱いを説明し，当該取扱いにつき許諾を受けていることを保証します。

5．（誠実協議義務）　本書に定めのない事項につき疑義を生じたときは，私（当団体）と指定管理者は誠意を持って協議の上，円満に解決するものとします。

6．（地位の移転）　私（当団体）は，将来において指定管理者が交代した場合には，新たな指定管理者が現在の指定管理者の有する１．～５．に定める地位を引き継ぐことを承諾します。

以上の項目に同意した上で，わすれン！利用を申請します。

平成　　　年　　　月　　　日

（氏名／団体名及び代表者氏名）

wasuren form 3.8

別図４　活動における成果資料の取扱いに関する承諾書

わすれン!

取材の手引き

■これから記録に向かうみなさんへ

「3 がつ 11 にちをわすれないためにセンター」（略称：わすれン！）は、東日本大震災による甚大な影響に対し、ともに向き合い考え、復興への長い道のりを歩きだすために開設された市民メディアセンターです。みなさんが記録した映像、写真、音声、テキストなどは「震災復興アーカイブ」として長期保存され、これからの防災学習や研究資料として貴重な資料となります。以下に取材活動の注意点をまとめましたのでご活用ください。

■現地へ

活動しやすい服装

基本的に動きやすく、よごれてもよい服装で。長袖、長ズボン、カッパ、帽子や日焼け止めクリームなど。また、取材先によっては、底が丈夫な靴（被災地では安全靴、または踏みぬき防止の中敷が安心です）や、マスク（一般的にはインフルエンザ対応などの使い捨てマスクで十分です）も用意しましょう。

迷子にならない

現地ではランドマーク的な建物が流出し、位置情報が確認しにくいことがあります。地図のほかに、カーナビやスマートフォンの活用も効果的です。

浸水区域が広がっています

今回の地震・津波で地盤沈下している地域での活動は、大潮時期や満潮時刻に注意しましょう。内陸部でも雨で道路が冠水する路線もあります。潮汐表なども参考にしてください。（http://tide736.net/tohoku/）

常にラジオで情報収集

被災地では現在も余震が続いています、特に沿岸部では緊急時に備えてラジオを携行しましょう。地元の災害 FM ラジオ（巻末に一覧表あり）では地域の様々な動きを知ることもできます。受信できない場合には NHK ラジオ第 1 放送などもあります。

1

※スタジオカウンターで携帯型ラジオの貸し出しを行っています。

■取材中は

取材中は必ず参加者パスを

名前入りのパスで自分が何者であるかを明らかにし、身分を問われた場合には、自分の活動を分かりやすく説明できるようにしましょう。

周りの迷惑にならない

現地では被災物の撤去、復旧作業、ボランティア活動が続き、市民生活も営まれています。取材、撮影、駐車の際などには周りをよく確認しましょう。

相手のプライバシーへの配慮

撮られる方のプライバシーには十分配慮をしてください。撮影の際には個人が特定できないような撮影方法が必要になる場合もあります。（後ろ姿、横顔、遠めに小さく撮影する等）

必要に応じて承諾書に署名をもらう

肖像に関する処理は各自で行ってください。人物を撮影する場合には「【緑色の紙】撮影・使用・配信承諾（承諾書・撮影者持ち帰り）」に署名が必要です。その際には、承諾書の控えとして「【白い紙】カメラ・ビデオで撮影して情報発信します！」に、日付・あなたの名前・連絡先を記入し相手に渡してください。このひと手間が、記録を未来に残すために大切な作業となります。用紙が無くなった場合はコピーして使用してください。

↑【白い紙】を渡して趣旨・撮影について説明する、了承のうえ【緑色の紙】に署名してもらう。
※白い紙に記入したあなたの連絡先が、その取材に関する問い合わせ先となります。

2

個別の取材に対する対応はご自身でお願いします。

↓承諾書の不必要な例（マナーとして、付近に居る方への声掛けや、イベントや施設内での撮影では事前に主催者等への申出が必要な場合もあります）

↓肖像に関する承諾書が必要な例

ちょっとした気遣いを

取材先では、カメラを向けられたり、取材者が地域に入ることを嫌がる方もいらっしゃいます。私有地に立ち入っての撮影は原則行わないでください。些細なことがトラブルにつながりかねません。

取材中はメモ魔になろう

撮影時には、日時、位置情報、聞いたこと、感じたことなどメモをとっておきましょう。取材の成果物をまとめるときに役立ちます。

災害エフエム一覧（H23 年度 6 月時点）

県名	局名	周波数
岩手県	はなまきさいがいエフエム	78.7MH z
	おうしゅうさいがいエフエム	77.8MH z
	みやこさいがいエフエム	77.7MH z
	IBC 山田災害臨時ラジオ	76.7MH z
	おおさきさいがいエフエム	76.4MH z

3

宮城県	とめさいがいエフエム	76.7MH z
宮城県	いしのまきさいがいエフエム	76.4MH z
	いわぬまさいがいエフエム	77.9MH z
	やまもとさいがいエフエム	80.7MH z
福島県	みなみそうまさいがいエフエム	79.5MH z
	すかがわさいがいエフエム	80.7MH z
	そうまさいがいエフエム	76.6MH z

NHK 第 1 放送（AM）周波数

県名	局名	周波数
岩手県	盛岡	531KH z
	岩泉	792KH z
	宮古	1026KHz
	釜石	846KH z
	大船渡	576KH z
	久慈・遠野	1341KH z
	山田	1323KH z
宮城県	気仙沼・鳴子	1161KH z
	仙台	891KH z
	志津川	981KH z
福島県	郡山	846KH z
	原町	1026KHz
	会津若松・双葉	1161KH z
	福島	1323KH z
	いわき・田島	1341KH z
	西会津	1368KH z
	只見	1584KH z

（2011 年 8 月 17 日 作成）

4

別図５　取材の手引き

わすれン!

記録提出の手引き【映像】

みなさんが撮影した記録を提出する際に参考にしてください。

震災復興アーカイブとして長期保存していくためにご協力お願いします。

データの形式

ＤＶＤデッキ再生用にオーサリングされたデータや、web 用などに極端に圧縮されたデータではなく、なるべく圧縮の少ない設定で書き出してください。

どんなメディアで？

・DVD-R、Blu-ray などの光ディスク

オーサリングせずに、データをディスクに焼き付けてご提出ください。

返却が必要な場合は数日お預かりする場合もあります。

・外付けハードディスク

データ容量が大きい場合は、外付けハードディスクでお持ち込みいただいても構いませんが、
大容量の場合はデータコピーに時間がかかりますので、数日お預かりする場合もあります。

・DV テープ

DV テープでの提出も可能ですが、データ取り込み作業を要するため、
返却が必要な場合は数日お預かりする場合もあります。

※この他のメディアの場合は事前にご相談ください。

必要な書類

・著作権移転申出書・著作物目録

記載文章をお読みのうえ、著作権移転申出書を記入していただきます。

著作物目録には提出する記録の表題・著作者・創作日・主な内容・収録時間などを記入していただきます。用紙をお持ちでない方はスタッフにお声掛けください。

・撮影・使用・配信許諾（緑色の用紙、肖像に関する承諾書）

それぞれの映像の内容に応じて必要な場合は添付してください。

詳しくは『取材の手引き』内の「必要に応じて承諾書に署名をもらう」をご覧ください。

別図６　記録提出の手引き（映像）

わすれン!

記録提出の手引き【写真】

みなさんが撮影した記録を提出する際に参考にしてください。

震災復興アーカイブとして長期保存していくためにご協力お願いします。

データの形式

JPG・TIFF 等の汎用性の高い形式で提出してください。
RAW データの場合は現像（前途形式への出力）してから提出してください。

どんなメディアで？

・CD-R、DVD-R、Blu-ray などの光ディスク
返却が必要な場合は数日お預かりする場合もあります。

・外付けハードディスク
データ容量が大きい場合は、外付けハードディスクでお持ち込みいただいても構いませんが、
大容量の場合はデータコピーに時間がかかりますので、数日お預かりする場合もあります。

・SD カード、USB メモリなど
一般的な規格であれば受け入れが可能です。

※この他のメディアの場合は事前にご相談ください。

必要な書類

・著作権移転申出書・著作物目録
記載文章をお読みのうえ、著作権移転申出書を記入していただきます。

著作物目録には提出する記録の表題・著作者・創作日・主な内容などを記入していただきます。

用紙をお持ちでない方はスタッフにお声掛けください。

・写真の説明（1 枚ごとに、いつ・どこで・だれが？ などの情報）
写真が複数の場合は 1 枚ごとの撮影者・日時・場所・補足を記載した表を作成してください。
枚数が少ない場合は手書きでも構いませんが、なるべくエクセルやワードなどテキストデータで
作成し、そのデータを写真と一緒に 1 つのメディアにまとめて提出してください。

・撮影・使用・配信許諾（緑色の用紙、肖像に関する承諾書）
それぞれの映像の内容に応じて必要な場合は添付してください。

詳しくは『取材の手引き』内の「必要に応じて承諾書に署名をもらう」をご覧ください。

別図 7　記録提出の手引き（写真）

(撮影者持ち帰り用)

撮影者個人ID

撮影・使用・配信承諾

せんだいメディアテーク館長 殿

　　年　　月　　日 の撮影にあたり，3 がつ 11 にちをわすれないためにセンター関係者が撮影した映像における，私(私たち)の発言内容及び肖像について，「せんだいメディアテークの広報」及び「震災復興に関する記録の長期保管及び公開」を目的として，下記の用途での，加工(誤解を招く改変ではないこと)を加えての利用・公開を承諾・賛同します。

使用用途　◎震災とその復興の記録のための写真・映像を長期保管(アーカイブ)する。
◎せんだいメディアテークが仙台から情報を発信するために、上記の記録を下記の媒体で公開する。
(館内外に発信する印刷物での広報，webサイトでの公開，映像音響ライブラリーにおける視聴や貸出，館内シアターやモニタでの上映)
◎震災に関連した他の自治体などの公共事業において、インターネットや放送を含んだ公益性があるメディアへの転載や利活用。

お名前　　　　　　　　　　お電話

その他ご連絡先

別図 8　撮影・使用・配信承諾書(取材対象者向け)

3がつ11にちをわすれないためにセンター記録物の取扱いに関するルール

「3がつ11にちをわすれないためにセンター記録物の取扱いに関するルール」（以下、「本ルール」といいます）は、「3がつ11にちをわすれないためにセンター」（以下、「本センター」といいます）等での利用のために仙台市に対して提供された東日本大震災に関する写真や動画等のデータ（以下、「本件記録物」といいます）の取扱いに関して定めたルールです。

1・本件記録物を仙台市に提供する方（以下、「提供者」といいます）は、仙台市に対して、包括的利用許諾書（以下、「本件許諾書」といいます）を差し入れ、本件許諾書及び本ルールに定める条件で、本件記録物についての利用許諾を行うものとします。

2・仙台市は、せんだいメディアテークその他の関連事業において、前項の利用許諾に基づき、本件記録物を利用することができます。

3・仙台市は、次の各号に掲げる条件を満たす場合にかぎり、提供者以外の第三者（以下、「被許諾者」といいます）に対して、本件記録物の利用を再許諾することができるものとします。

（1） 被許諾者による本件記録物の利用が、東日本大震災及びその復興に関して、後世に継承し広く伝えることを目的とした利用であること。

（2） 被許諾者による本件記録物の利用が、非営利を目的としたものであること。

（3） 被許諾者が、本件記録物の利用にあたって、提供者及び第三者の権利を侵害しないことを保証すること。

（4） 被許諾者は、本件記録物の利用にあたって、法令等を遵守し、公の秩序または善良の風俗を害するおそれのある行為を行わないこと。

（5） その他、被許諾者が、仙台市が不適切と判断する行為を行わないこと。

4・被許諾者は、前項による仙台市の再許諾を受けた場合には、提供者に新たな別途の承諾を得ることなく、本件記録物を利用できるものとします。

5・被許諾者が第3項で掲げた条件を満たさずに本件記録物を利用した場合、それによって提供者及び仙台市に生じた損害については、被許諾者がその責任を負うものとします。仙台市は、被許諾者の利用に関して、故意または重過失ない限り、提供者に対して責任を負いません。

6・本件記録物の著作権は、提供者に帰属します。仙台市は、本件記録物の著作権を取得しません。

7・提供者は、仙台市及び被許諾者に対して、本件記録物についての著作者人格権を行使しないものとします。ただし、本件許諾書において、提供者が、提供者の名前の表示を希望した場合には、本件許諾書で指定された表記名で、名前を表示することとします。

8・提供者は、仙台市及び被許諾者に対して、本件記録物が第三者の権利を侵害しないことを保証します。本件記録物が第三者の権利を侵害することにより、仙台市及び被許諾者が損害を被った場合に、提供者が責任を負う場合があります。

9・提供者は、提供者が有する本件記録物に関する権利を仙台市および被許諾者以外の第三者に譲渡する場合には、仙台市に対して事前にその旨を通知するものとします。

１０・提供者は、提供者が解散等により消滅する場合には、仙台市に対して事前にその旨を通知するものとします。

１１・仙台市は、本件記録物が第三者の権利を侵害していると仙台市が判断した場合には、速やかに本件記録物の利用を中止すると共に、被許諾者に対しての本件記録物の利用の再許諾も取りやめることとします。ただし、既に本件記録物が頒布物として複製され、配布されていた場合、仙台市は、同頒布物の回収を行いません。回収を行わなかったことによって発生した損害について、仙台市は、故意または重過失ない限り、責任を負担しません。

１２・提供者は、仙台市に対して、本件記録物が記録されたメディア（ＣＤ－Ｒ等）の所有権を放棄するものとします。

１３・仙台市は、本件記録物の提供に伴って、提供者の個人情報を取得することがあります。提供者は、包括的利用許諾書の提出により、かかる仙台市による個人情報の取得に同意したものとします。仙台市は、取得した提供者の個人情報を適切かつ安全に管理します。

１４・仙台市は、被許諾者に本件記録物の利用の再許諾を行う場合に、本件記録物の利用に必要な範囲で、提供者の個人情報を被許諾者に提供する場合があります。提供者は、包括的利用許諾書の提出により、かかる仙台市による個人情報の提供に同意したものとします。

１５・提供者は、せんだいメディアテークを通じて、いつでも本件記録物の利用の許諾の終了を仙台市に対して申し出ることができます。仙台市は、かかる提供者の申し出を受け付けた場合には、速やかに本件記録物の利用を中止し、仙台市が取得している本件記録物のデータを消去するとともに、被許諾者に対しての本件記録物の利用の再許諾も取りやめることとします。

１６・仙台市は、第３項各号の条件を満たす範囲において合理的な必要性があると仙台市が判断した場合に、提供者の事前の承諾を得ることなく、本ルールの全部又は一部を変更することができるものとします。かかる変更については、適切な方法で、速やかに告知いたします。

１７・本ルールは、日本法に準拠し、日本法に基づいて解釈されます。仙台市と提供者との間で訴訟の必要が生じた場合には、仙台地方裁判所を第一審の専属的合意管轄裁判所とします。

以　上

別図９　記録物の取扱いに関する ルール

仮媒体＿＿＿＿＿＿＿＿＿＿

資料番号

包括的利用許諾書

仙台市長　殿
（事務取扱担当：せんだいメディアテーク指定管理者　公益財団法人仙台市市民文化事業団）

私（当団体）は、仙台市に対して、東日本大震災に関する写真や動画等のデータ（以下、「本件記録物」といいます）を提供し、仙台市および仙台市の許諾を受けた第三者（被許諾者）が、本件記録物を、非営利かつ震災の記録・紹介をおこなう目的で、利用（複製、上演・演奏、上映、公衆送信、口述、展示、頒布、貸与、翻訳・翻案等、二次的著作物の利用を含みます）することを、無期限かつ無償で許諾します。

この許諾にあたっては、仙台市が別途定める「３がつ１１にちをわすれないためにセンター記録物の取扱いに関するルール」の各条項が適用されることに同意します。

【本件記録物の一般公開条件】
私は、本件記録物を一般公開するにあたって、下記にチェックした条件での公開を認めます。

①公開時期
□今すぐ公開してよい。
□２０１６年3月１１日以降に公開してよい。
□２０２１年3月１１日以降に公開してよい。

②名前の表示
□表示をすること。
表記名　日本語：　　　　　英語：

□表示しなくてもよい。

年　　月　　日

住　所

電　話
e-mail
氏　名（名　称）

別図 10　包括的利用許諾書

本　件　記　録　物　目　録

（表題）

（創作の日）

（主な内容）

（収録時間）

（音声の有無）　有・無

（本件記録物を特定する事項）

（備考）

別図 11　記録物目録

第2部　つくる編：記録する・運営する・応援する

第3章　記録活動①
――個人がつくる映像記録

第2部は、実際に記録をつくる編である。第3章と第4章では、参加者がつくった映像記録について述べる。第5章では、活動が進むにつれて必要になったプラットフォームの追加部分について述べよう。

まず第3章では、わすれン！という〈記録のためのプラットフォーム〉を実際に稼働させたときに、最初にやってきた参加者たちの活動について述べる。

1　開設直後の様子

1-1　開設

わすれン！が開設されたのは2011年5月3日である。

震災初日から閉館していたメディアテークはこの日、5・6・7階をのぞいて部分的に開館した。

再開を記念して、5月3日から7日まで、復興イベント「歩きだすために」が開催された。

哲学者の鷲田清一（2013年からは、メディアテーク館長となる）や、メディアテークを設計した建築家の伊東豊雄さんらによるトークイベントが連日行われ、本格的な活動がスタートした。

その二本柱となるのが、「3がつ11にちをわすれないためにセンター」と「考えるテーブル」だった。

「考えるテーブル」は、「人が集い語り合いながら震災復興や地域社会、表現活動について考えていくための場」であり、オープンな対話のイベントとしてはじまった（➡第5章2を参照）。考えるテーブルは、主に1階のオープンスクエアで行われ、わすれン！は2階の図書館横にスタジオと放送局を設置し、スタッフの相談カウンターも常設された。

参加型・記録作成型のアーカイブ活動が、本格的にはじまったのだ。

1-2 参加者の動向

以下（図11）に、２０１１年5月のわすれン！開設後、２０１４年3月までの、月ごとのわすれン！参加登録者数と、その内訳（県内／県外）を示す。

最初にたくさんの人が来た

開設直後は、主要新聞がわすれン！について報じたこともあり、たくさんの人がやってきた。5・6月は毎月10名以上、夏休み期間にはさらに倍の人たちが、わすれン！参加者として登録した。

わすれン！を訪問する人たちのうち、誰が実際に参加者登録するかはわからない。参加者になるつもりはないが、わすれン！に興味をもっている人。潜在的な参加希望者、活動にた

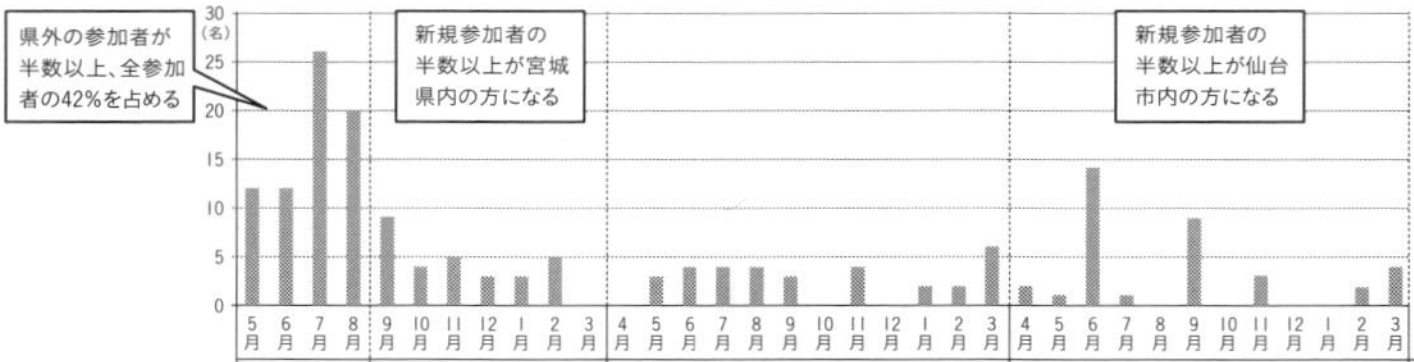

		2011年度		2012年度	2013年度	合計
合計		70名(42%)	29名(17%)	32名(19%)	36名(22%)	167名
内訳	宮城県内	32名(46%)	17名(59%)	22名(69%)	31名(86%)	102名(61%)
	宮城県外	38名(54%)	12名(41%)	10名(31%)	5名(14%)	65名(39%)

図11　わすれン！参加者数の変動

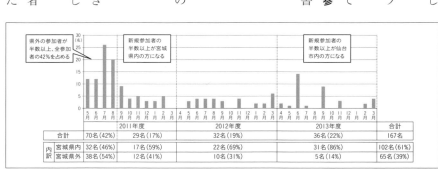

いする共感者、未来におけるアーカイブの利用者、などもいる。

スタッフは、わすれン!を訪れる多くの人たちに、わすれン！とは何であり、何を目指し、参加者に何をしてほしいと思っているかを説明し続けた。てんてこまいの日々である。6月にはあまりの忙しさに、スタッフのひとりが体調をくずしたほどだ。[1]

アーカイブへの参加者を募る場合、一般的には、広報の規模や対象に応じて、参加者数や動向が変わる。これまでに文化活動を続けてきた実績と、メディアテークが震災について何をするのかという興味も市民にはあったはずだ。県外で、震災について何かしたいと考えた人たちにとっても、メディアテークは、そこに行けば何か情報が手に入りそうな場所としてイメージされていたと思われる。

初期参加者の特徴

２０１１年の5〜8月（これをわすれン！の活動初期とする）に登録した参加者は、合計70名。そこにはつぎのような特徴がある。

- 初期参加者70名のうち、32名が県内、38名が県外から
- 仙台市内からの参加者が27名（39％）
- 関東地方からの参加者が29名（41％）（仙台＋関東で全体の80％を占める）

短期間でメディアテークにやってきたという意味で、これらの初期参加者たちは、比較的「強い動機」をもっていたということができる。とくに、初期参加者のなかには、わすれン！があったから映像を撮りはじめたのではなく、わすれン！以前から自発的に、映像記録

1. わすれン！開設時のスタッフ数（他業務との兼務を含む）は6名だったが、2011年6月から新たにスタッフ5名を追加し、2011年度後半は総勢11名体制で運営。2012年度はスタッフ数を8名に減らし、その後は年度によって上下はあるものの、現在に至るまでおおよそ4名程度のスタッフで運営されている（この4名はわすれン！専任ではなく、メディアテークの他の業務も兼担している）。

をはじめていた人たちが含まれていた。

　かれらは実際どのような人たちだったのか。かれらはどうして、何を、どのように、映像で記録しようと思ったのか。そしてかれらはなぜ、わすれン！に映像を預けようと考えたのか。具体的に紹介しよう。

2　初期参加者たち

2-1　「誰かの目になりたい」

高野裕之

　地元からの参加者登録第1号（2011年5月9日に登録）は、高野裕之さん（1980年仙台市生まれ、仙台市在住）である。

　高野さんは、学生時代は映画サークルに所属し、映像の仕事や仙台短編映画祭の活動に関わった経験もあるが、本業は土木建設会社の若き経営者だ。

　彼は震災直後から、建設関係の仕事——沿岸部での瓦礫撤去——を通じて、津波被災地に入っていた。当時の様子について、高野さんはこう語っている[2]。

高野：瓦礫撤去の仕事に最初に入ったのは、3月14日でした。撮影をはじめたのは3月中です。
　［瓦礫撤去の現場で見たことは］ことばで表現ができない。家族とか友人に現場の様子を

高野裕之『どうか記憶よ離れないで』
撮影場所：宮城県名取市・仙台市若林区、福島県新地町、撮影期間：2011年5月－2012年2月、制作：2011－2012年、52分（わすれン！DVDパッケージ）http://recorder311.smt.jp/information/26111/

伝えたいなと思ってことばで表現しても、伝わらないんです。「瓦礫」自体、一個一個見ていくと、個人の生活があふれているんです。作業している人間のなかには、結構ナーバスになる人もいました。壊れた墓石とか、幼稚園がぐじゃぐじゃになってるところとか、一戸建ての家に、防風林の太い木がグサッて刺さっているのを見ると、その家の人はほんとうにショックだろうなと思いながら、作業していました。自分も含めて、やってる人間もきつかったと思います。

でも、瓦礫撤去の現場ってめまぐるしく変化して、文字通り撤去されていくんです。自分で消してるんですけどね。仕事として。そこから想像すると、たぶんあっという間に、何もなかったかのようになるんだろうなっていうのが、自分の仕事柄、感じられたんです。

「それなのに」瓦礫撤去の映像を撮ってる人は、全然いなかったんです。びっくりするぐらい。ひとりも見ませんでした。マスコミとか、もっと入ってきてやってるものなのかなと思ったんですけど、いないんですよ。なんでなんだろうというのがすごく不思議でした。

高野さんは、期せずして被災地という現場に立つことになった。そこで直面したのが、自分たち自身が被災地の風景を日々消去しているという現実だった。

ひとつひとつに個人の生活の痕跡があふれた、おそらく当事者にとってはかけがえのない「もの」である「瓦礫」[3]。それが消えていく、それを自分たちで消していく現場に、高野さんたちはいた。

そこで高野さんは映像による記録をはじめるのだが、そのときに考えていたことは、主にふたつあったという。

2. わすれン！参加者の発言は、断りのないかぎり、筆者らによる聞き取りにもとづいている。聞き取りの日時については、371ページを参照のこと。

3. リアス・アーク美術館の山内宏泰学芸員はこうした視点から、「瓦礫」ではなく「被災物」ということばをつかうことを提案している。山内宏泰編『東日本大震災の記録と津波の災害史　リアス・アーク美術館常設展示図録』（リアス・アーク美術館、2014年）。

①　被災体験の真ん中にいる人たちは、今この破壊された光景を見ていたいとは思わないだろう。でもいつか、そのなかの誰か、今自分が瓦礫を撤去しているこのあたりに住んでいた人が、この風景をあらためて見てみたい、と思う時が来るかもしれない。その人の目になって、この光景を記録しておこう。

②　この現場で自分が見ていること、経験していること、瓦礫撤去という仕事について、家族に話してもこちらが感じていることは、ほとんど伝わらなかった。ことばで表現ができない。できないというより、表現しても伝わらない。マスコミも記録していないのなら、いつかの誰かの目になることに加えて、今この現場を知らない人たちに伝えるためにも、この風景を映像にとどめてはどうだろうか。

「自分は誰かの目になっている気持ちで撮影していた」と、高野さんは述べている。最終的に彼の背中を押したのは、業界関係者からもらった義援金だった。「同じ建設業界の人から、義援金ですって10万円もらったんです。そのお金でヨドバシに行ってビデオカメラを買って、撮影しはじめました。撮ることで、自分自身が落ち着く部分があったんです」。

記録者の戸惑いの記録

しかし、いざビデオカメラを構えてみても「現場では何を撮ったらいいのかわからなかった」という。

高野：何を撮ったらいいかわからない。大学のときに、自主映画をつくったこともあるので、カット割りとか分かってはいるんです。でも、そういうところに「思いが」至らない。RECボタンを押してはみたものの、段取りが全然組めない。結局は、歩いたままを撮ることに至ったんです。だから、作品にするとかどうこうするとか、まったく考えていませんでした。

プロフェッショナルな職業的ジャーナリストなら、こうした迷いをどこかで切り捨て、伝えるべきポイントを押さえ、人物のコメントを入れて「わかりやすい」ニュース映像にまとめるのかもしれない。一般市民でもある高野さんにとっては、映像記録を撮ることは仕事ではない。「わかりやすい映像をまとめよ」という〈要請〉も当然、存在しない。だからこそ、迷い、戸惑いが生じる。

高野：誰にも頼まれてないからかな。安易に切り取れないっていうか、焦点を絞れないんですよ。欲求でいえば「この状況を全部撮んなきゃいけない」って思うわけです。あらゆる角度から、遠くからも近くからも。車からのカメラでは、何回も撮ってるんですよ。でも、歩いて行く、歩いて撮るっていうのが…遠くから見てもすごいし、近くで見てもすごい。尺度が変わってもすごさが変わらないんです。なんていうんでしょうかね。

別の視点からいえばここには、どうやって撮るべきかを考える機会が発生している。迷いと戸惑いは、高野さんにとって、映像を〈書く〉という意味での、映像メディア・リテラシーを鍛える学習機会でもあった。

後に高野さんは、津波被害を受けた沿岸部で「ただ歩いたままを撮った」映像を記録し、わすれン！で公開しているが[4]、その映像からは、「瓦礫」と撮影者の近さと、高野さんがそ

4．撮影はすべて、かつて高野さんが訪れたことがある場所で為された。「知らない土地を撮るわけにはいかないと思った」と高野さんはいう。下記から、その一覧を見ることができる。http://recorder311.smt.jp/user/takano

のなかをゆっくり歩いていく遅さが感じられる。何を撮ったらいいのかわからないので、ただ呆然としながら、浜を一時間歩いたという。その様子が、ことばとしてではなく、映像のなかのカメラの動きと、映像そのものの長さを通じて、感覚的に伝わってくるのである。

説明も、ことばも、音楽も、何もない。「瓦礫」の中を歩いている高野さんが受けていた衝撃が、じわじわと感じられる。記録者の戸惑いが、さまよう視線として、そのまま映像に記録されている。[5] そして映像は何らかの結論を提示するわけでもなく、唐突に終わる。

「撮った映像を自分で持ってちゃだめだ」

ひとまず何のあてもないけれど、今自分が見ていることが、もし他の誰の目にも触れないことが明らかであるならそれを記録しておこう。そう思うことは、きわめて個人的で、ある意味で孤独な欲求である（「なんかしなきゃって言うよりは、自分の欲求みたいなものを［撮影することに］落としこんでいた」と高野さんは言う）。

しかし、この個人的な動機はそのなかに、一種の公的（パブリック）な動機を含んでいる。そして、今まさに消えていくこの風景を、誰かのために残しておきたいという気持ちは、「撮った映像をどうするんだ」という問いに直面する。高野さんがわすれン！に出会ったのは、そのときだ。

高野：撮影しながら一番問題だったのが、撮ったものをどうするんだ、っていうことです。撮影するからには、家族に見せたり友人に見せたりっていうだけで終わらせたくない。でも、自分でYouTubeにあげて誰かに見てもらえるかっていうと、見てもらえるかもしれないけれど、それが残っていくことなのかなぁと思って。「残る」っていう

5. ことばで「衝撃を受けた」と表現することと、映像の動きや音の変化がそれを伝えることのあいだには、決定的な違いがある。これは、フィールドワークの結果をことばで書くことと、映像でまとめることの違いにも似ている。より正確には、ある出来事における、言語化困難な感覚的〈質〉を、言語以外の媒体も駆使して記録・伝達しようとする試みの可能性が、ここでは探求されているのである。

それは、感覚的〈質〉を、映像や音を含むさまざまな方法をつかって保持しようとする試み、たとえば、ハーバード大学の「感覚民族誌ラボ The Sensory Ethnography Lab」（https://sel.fas.harvard.edu/）や、ヴィンセント・ムーンの「実験的民族誌 experimental ethnography」（https://www.vincentmoon.com/）の活動に近いといえる。

特に、映像と音をつかったライブレコーディングのさまざまな可能性を追求している映像制作者・音の探求者であるヴィンセント・ムーンの活動は、その撮影／記録規模の小ささ（たいていひとりあるいは数人で記録する）や、記録対象や地域との関係のとりかたにおいて、わすれン！やコミュニティ・アーカイブの活動に対して多くを示唆している。

のは、インターネットのどこかに単にずっと残っていくって意味じゃなくて、誰かに見られることで残っていく、ということです。

そう考えたとき、自分で持ってちゃだめだなと思いました。そしたら、預かってくれるところが立ち上がったっていうのを友人に聞いたんですよね。「わすれン!」ができた、みたいなことを。それでホームページを見て、5月9日に参加者登録に行ったんです。

今はこの現場を見たくないけれど、いずれそれを見たいと思うかもしれない人がいつか見られるように、いずれ現れるかもしれないその人たちの目に触れる場所に、この映像は置かれていなければならない。[6]高野さんがわすれン!参加者となったのは、こうした考えによるものだった。

高野さんの映像は、ただカメラを構えて撮られたものでも、明晰で客観的な報告でも、私的な映像でもない。高野さんがその場で感じたとまどいと、私的なだけにとどまらない公的な視点を含む映像である。それを、まだ知らぬ誰かのために残しておくための場所とはどこなのだろうか。そう考えた高野さんの目に触れたのが、わすれン!のアーカイブ活動だったのだ。

2-2 主観的な記録/客観的な記録

ビデオダイアリー、わたしの記録

高野さんと同様に、わすれン!開始以前から映像を撮っていて、その後わすれン!に記録を納めた人物に、末武保政さんと木村グレゴリオさんがいる。

6. 高野さんが記録した映像は、わすれン!ウェブサイトで見られるほか、2012年3月には、震災直後の沿岸部の様子と1年後の風景を映像でまとめたものが、わすれン!DVDとしてせんだいメディアテークより発行されている。その後も高野さんは、建物の解体や下水道復旧工事の様子や、沿岸部をドローンで空撮した映像などを制作している。

末武保政さん（1924年北海道旭川市生まれ、仙台市在住）は、アマチュア・ホームムービーの愛好家である。昭和39年から、自分の生活記録をホームムービーとして撮り続けてきた。8ミリフィルムの時代から映像を趣味とし、地元の映画サークルにも所属している。

被災者としての自分たち夫婦の生活を、震災直後から末武さんはビデオカメラで記録した。電気や水やガスが止まり、不便ではあるが工夫しながら、ろうそくの灯りのもとで料理し食事をする様子や、街の風景、近隣の宅地で見られた地割れや建物の損壊した様子なども撮影されている。それらの映像を末武さんは、「こういうものを撮ったので」と、5月6日にわすれン！に持参した。その後この映像素材は、末武さんの妻によるナレーションも加えた「ビデオ日記」作品として、末武さんによって編集され、わすれン！DVDの第1巻として、メディアテークの映像音響ライブラリーに配架された。

もともと末武さんは「自分が関係した、自分が撮りたいと思ったものしか撮ってこなかった」という。でも撮りっぱなしではなく、人に見せるため、共有するために、必ず編集作業は行ってきた。この映像についても、仙台市中心部の一個人が震災時にどう生活したか、その個人の生活だけを記録した映像として、貴重なのではないかと末武さんは述べているし、実際の報道でも沿岸部の津波被害の様子が多く報じられ、地震による宅地被害の様子をとらえたものが少なかったことからも、貴重な記録であるといえる。ここにもまた、映像に撮られなければどこにも残らなかった出来事に、公的な価値を見いだそうとする考えかたがある。

末武さん自身は、わすれン！に参加者として登録しなかったため、正確に言えばこれはわすれン！の参加者がつくった映像ではない。だが映像を残す場として末武さんがわすれン！に自分の映像を託したことから考えれば、これもわすれン！にアーカイブされた映像記録と考えてよいだろう。ちなみにわすれン！スタッフは、長年にわたって映像をつくり続けてき

末武保政『2011 東日本大震災　仙台一市民の記録』
撮影場所：宮城県仙台市青葉区、撮影期間：2011 年 3－8 月、制作：2011 年、27 分（わすれン！ DVD パッケージ）http://recorder311.smt.jp/information/26075/

た末武さんに興味を抱き、インタビューを行っているが、その様子もわすれン！にアーカイブされている。[7]

車載カメラ映像、機械の目

木村グレゴリオさん（1971年岩手県久慈市生まれ、仙台市在住）も、震災直後から自発的に撮影を行っていた人物である。

地元サッカー協会との関わりから、木村さんは震災後、仙台市内中心部から沿岸部の塩釜へと、支援物資を運ぶ機会があった。車で仙台を出発し、物資を運び、戻って来る。映像制作にたずさわった経験をもっていた木村さんは、何かを記録すべきだとは考えたが、「人にカメラを向けるのは無理だ」と感じたという。

そこで選択されたのが、車の運転席に据えられたカメラ（いわゆる「車載カメラ」「ドライブレコーダー」）で、その道のりを記録することだった。その理由について木村さんは、「カメラの存在が頭を冷静にさせ、現実を客観視する手助けをしてくれた」ことに関連づけている。[8]画面に木村さんの姿は現れない。撮影時期は2011年の3月から6月。「現実としての車窓の風景を何とか受け止めながら、無駄に路上を右往左往し、角材の一本も片付けない自身を恥じ、逡巡しながらそれでも冷静さを保とうとしていた時期の車載映像」と木村さんは述べる。[9]

ナレーションと編集が施された末武さんの映像とは対照的に、木村さんの撮影した車載映像には、ほぼ何の編集も施されていない。車載カメラで撮ったまま。撮影者のことばも字幕も音も、何ひとつ追加されていない。カメラのレンズにある前のものが、機械的・自動的に記録されている。無編集の「ログ」的な映像である。

7. 「記録者・末武保政さんインタビュー」http://recorder311.smt.jp/movie/4924/
8. わすれン！DVD第3巻・木村グレゴリオ『車載映像 2011.3.27 仙台ー塩竃ー仙台港ー仙台』映像制作者コメントより。http://recorder311.smt.jp/movie/26089/
9. わすれン！DVD第7巻・木村グレゴリオ『車載映像 2011.6.10 多賀城ー七ヶ浜・汐見付近ー海岸沿い』映像制作者コメントより。http://recorder311.smt.jp/movie/26122/

映像は、車が駐車場を出る場面から始まり、同じ駐車場に車が戻ってきたところで終わる。車＝カメラは市街地をただただ走っていくだけで、説明は皆無だから、人によっては退屈なものに見えるかもしれない。

けれども、映像から何かのストーリーや情報を読みとり続けることをやめて、この映像につきあおうと決めると、映像が少し違って見えてくる。市街地から沿岸部までの距離を移動する実際の時間の長さに身をゆだねるように、車窓の風景を見るような心持ちで、やや距離をとるように映像を見続ける。すると突然、ある瞬間に、映し出される空間がすでに「被災地」[10]に変わっていくことに気づくのである。

日常的な風景そのものだった国道の路肩に、ガソリンを求める車の列、片付けられた被災物や破壊された車などが、突然あらわれる。その「いつのまにか」感は衝撃的である。カメラを載せた車が、いつ「被災地」とそうでない場所を隔てる境界を越えたのか、「被災地」と「非被災地」を分ける境界線がどこにあったのか、気づくことはほとんどできない。見えない境界線を越えると、そこには明らかに「被災地」にしか見えない光景が広がっている。帰り道では逆のことが起きて、カメラはいつのまにか「被災地」ではないところに戻ってくる。

テレビやネットの映像では、一瞬にして「被災地」や「被災者」を見ることができる。視線は一気に「被災地」へジャンプする。そのとき、「かれら」と「わたし」との距離は映像を介して消去されるが、映像のこちらと向こうのあいだにある物理的・身体的な距離の感覚は失われてしまう。

対照的にこの映像からは、ここあそこのあいだに距離があること、しかも両者は切れ目なく連続していることが示される。この映像の長さこそが、「被災地」とそうでない場所とをわける「隔たり」の距離なのだ。木村さんの映像における退屈な長さは、津波災害の現場

木村グレゴリオ『車載映像 2011.3.27　仙台ー塩竈ー仙台港ー仙台』
撮影場所：宮城県仙台市宮城野区・塩竈市・多賀城市、撮影期間：2011 年 3 月、制作：2011 年、91 分（わすれン！DVD パッケージ）http://recorder311.smt.jp/information/26089/

とそれ以外を隔てるものが何かを考えさせてくれる。

震災直後には道路が寸断され、被災した地域へ「向かう」こと自体が困難な時期があった。道路が整備されると、津波被災の現場を「見に行く」こと自体は容易になるが、特定の「用事」がなければ、「被災地」をむやみに訪れるべきではないのでは、という心理的な壁もはたらいた。「被災者」とそうでない自分とをへだてる感覚とは、言いかえれば、震災と復興の、当事者と部外者を分ける感覚である。木村さんの映像は、「被災地」と「非被災地」とが、実際には明確に分けることのできない、連続的な風景としてあることを具体的に示している。木村さんはそうした映像を、無編集のまま記録して、わすれン！に届けたのである[11]。

3 県外からの参加者：当事者と部外者

初期参加者70名のうち、41％（29名）は、前述のように首都圏からの参加者だった。かれらのほとんどは、前節で紹介した高野さんや末武さんや木村さんのようには、東北での震災に直接まきこまれてはいない。家屋の損壊や津波、原発事故による強制避難などの直接的で明確な「被災」体験を持たないという意味では、首都圏からの参加者は震災・復興の「部外者」である[12]。

そうした人びとがわすれン！に加わったのは、どのようにしてなのか。その道のりは、地元からのわすれン！参加者たちと、どう異なっているのだろうか。あるいは似ているのだろうか。ここでは2人の映画監督、濱口竜介さんと酒井耕さんの足どりをたどってみよう[13]。

10. わすれン！の活動のなかでは、「被災地」や「被災者」ということばも、なるべく使わないように気をつけているため、ここではそれらのことばを「」に入れている。
11. 木村グレゴリオさんの映像は、わすれン！ウェブサイト及びわすれン！DVDで見ることができる。http://recorder311.smt.jp/user/kimura
12. ここでは東北という地での被災の当事者であることを問題にしていて、首都圏の住民が被災の当事者ではないということを意味しない。首都圏在住者は首都圏在住者として東日本大震災を経験した当事者である。濱口竜介さんが仙台入りした2011年5月当時は、まだ首都圏でも余震が続き、原発事故による放射性物質の被害実態が不分明だったころである。この当時は首都圏住民を含めた多くの人びとが、「震災の当事者性」を高く感じていたというべきだろう。
13. 県外からの参加者には、短期間だけ東北に滞在して記録活動を行う人もいれば、長期間にわたって宿泊できる滞在先を東北に確保し、じっくりと記録活動に関わる人たちもいる。濱口さんと酒井さんは後者である。

3-1　なぜ東北へ来たのか

濱口竜介と酒井耕

濱口竜介さん（1978年神奈川県生まれ）と酒井耕さん（1979年長野県生まれ）は、ふたりとも、東京藝術大学大学院映像研究科出身の映画監督である。かれらは、震災以前から何本もの映画[14]をつくってきた。濱口さんは、震災後の2015年、それまで演技経験をまったく持たなかった女性たち4人を主役とした映画『ハッピーアワー』を発表、彼女たちがロカルノ国際映画祭の主演女優賞をとったことでも話題になった[15]。

濱口さんがメディアテークにやって来たのは、わすれン！開設後約2週間後のこと。7月には酒井さんが活動に合流。ふたりは2013年3月まで仙台市に滞在しながら（これは「移住」といってもいい長さであり、実際濱口さんと酒井さんはふたりともこの期間、東京の自宅をひきはらっている）、わすれン！参加者として、震災からの復興プロセスについての映画『なみのおと』『なみのこえ』と、その制作経験を経て「物語り」の根源的営みをとらえた『うたうひと』を、2011年から13年にかけて制作した[16]。酒井さんはその後も仙台に残り、今もさまざまな活動を続けている。

東北へ入る

濱口さんが最初に東北に来たのは、東京藝大から「わすれン！に参加しないか」と声をかけられたことがきっかけだった。

濱口：仙台に行ったのは2011年の5月21日です。メディアテークに、でっかい

遠方からアーカイブ活動に参加しようという人たちについて、どのように受け入れ態勢を整えるか（あるいは整えないか）は、それぞれの場合ごとに判断が分かれる点だろう。一般的に、ある地域やコミュニティについてのアーカイブをつくるとき、外部の視点を含めてアーカイブをつくるほうが、より記録が豊かになると考えられる（文化人類学はそのことを証明する学問分野である）。わすれン！の場合、県外からの参加者には一種のレジデンス施設や取材用の自動車などが整えられたが、その受け入れ主体となったのは、メディアテークではなく、remoや全国から寄付を集めたアート系NPOのネットワーク組織「NPO法人アートNPOリンク」、また震災後仙台に移り住んだインデペンデントキュレーター長内綾子さんらの連携によるものであった。現在もそのひとつが「全部・穴・会館 ホール」として長内さんの管理のもと運営されている。こうした際に、外部から訪れる旅人をどれだけ受け入れる余地を常日頃からその都市や町や村や施設が持っているかという視点も、必要である。

14. ここでは、映画館で上映されるフィクションとしての映画、劇映画を意味している。

15. 濱口さんは、同作品によってシンガポール国際映画祭最優秀監督賞を、そして芸術選奨文部科学大臣新人賞も受賞している。

リュックを背負って。以前、東京藝大の映像研究科に在籍していたんですが、そこがわすれン！に関わることになって。誰か記録映像を撮りに行ってくれないかということで、僕のところに話が来たんです。

もともと自分は劇映画の作家だという認識の方が強いのですが、ちょうどその頃、単純にもっと社会のことを知らないといけない、東北にも自分で一度行ってみたいと思っていました。その矢先にこの記録の話が来て、何かタイミングが合致したんですね。

その当時［2011年春］震災の映像はたくさん見せられるけれども、基本的に悲惨な映像しか流れていませんでした。そんな状況のなか、記録するとはいっても、地元から頼まれてもいないのに行くっていうのは、まったく緊張しました。

わすれン！は開設時に、映画づくりを教える大学や専門学校に、記録活動への参加を呼びかけていた。東京藝術大学もそのひとつで[17]、その呼びかけに応えたのが、濱口さんだったのだ。5月下旬に仙台入りした濱口さんは、しかし、車なしでは仙台市と沿岸部の被災地のあいだを移動することすらできない状況に直面する（車の免許を持っていなかったのだ）。濱口さんは友人の酒井さんに電話をかけて、東北に来ないかと誘う。

濱口：仙台から沿岸部への行き帰りは、車がないと移動できないんです。いやほんとに、この「何しに来た」感が圧倒的にありまして、それで酒井［耕］に来てもらいました。酒井はもともと［東京］藝大の映像研究科の先輩です。1学年上で、仕事ぶりも知っていたので、当初は制作全体のことを手伝ってもらおうと思ったんですけど、話していたら、自分と全然違う、でも必要な視点を持っている人と思ったので、じゃあ一緒に［監

16. 東北記録映画三部作と総称される。『なみのおと』（2011年、142分）、『なみのこえ　新地町／気仙沼』（2013年、109分+103分）、『うたうひと』（2013年、120分）、いずれも監督：酒井耕・濱口竜介、配給：サイレントヴォイス。『なみのおと』は山形国際ドキュメンタリー映画祭（2011年）「東日本大震災復興支援上映プロジェクト『ともにある Cinema with Us』」参加作品およびロカルノ国際映画祭（2012年）招待作品、『なみのこえ』は山形国際ドキュメンタリー映画祭（2013年）インターナショナルコンペティション応募作品、『うたうひと』は同映画祭日本プログラム参加作品となったほか、現在も各地で上映され続けている。

17. 東京藝大はビデオカメラなどの機材提供を通じても、わすれン！に協力している。

督を」やろうかって話になりました。

酒井さんは、一度はこの依頼を断るのだが、すぐに発言を翻して東北行きを決めている。自分を呼んだ理由について酒井さんは、「［外から来た人間が、被災地で映画をつくるためには］単純に頭が足りなかったんだと思いますね。今起きている状況に対して、自分の頭だけでは出来ないから」と述べている。

行かない理由を探す思考回路

ところで、震災当日は東京にいたけれども、その直後から撮影の仕事で富山県にひと月ほどいた酒井さんには、「東京が暗かったとか、コンビニに何もなかったとか、節電しようみたいなことの実感」がまったくなかったという。「5月ぐらいに［東京に］帰ってくると、みんなすごく大変だったみたいなことを言われるんですけど、よくわからない。震災もわからないし、離れていた東京のそういう感覚もわからない感じ」だった。

酒井さんは、東北の被災者にも、東京の雰囲気にも、馴染むことができずにいた。それは東北へ「行かない理由」を考える日々でもあった、という。

酒井：行きたいとは思ったし、行こうと思えば行けたんですが、行けないという気持ちが働いて。インターネットで見ると、何かすごいことが起きていることはわかるけれど、自分は何か「外側」なんじゃないか。実際に今現地に行ってボランティアはやれるけれど、自分の生活にも余裕がない。何かしようと考えてネットを調べるけれど、自分が役に立てるかみたいなことを考えてしまう。いわゆる「行かない理由」を探してしまうよ

酒井耕・濱口竜介『なみのこえ　新地町／気仙沼』（撮影場所：宮城県気仙沼市、福島県新地町、撮影期間：2011－2013年、制作：2013年、制作・配給：サイレントヴォイス）

うな回路に陥ってしまって…。[18]

6月に濱口さんから電話がかかってきたときも、前述のように最初はその依頼をやんわりと断っている。

酒井：切った瞬間に、ああって思ったんですよね。なかなか説明できないんですけど、決定的に何か間違った判断をしたってふうに感じたんです。あんまりこういう感覚はないんですけど、未来に対してすごい間違った判断を今俺はしたんだみたいな感覚があって。それはもう、いろんなものを犠牲にしても取り戻さなきゃいけないみたいな感じで。仕事も投げ捨てて、すみません俺行けないです、この仕事途中だけど投げ出しますっていう説明を、各方面に頭を下げてして。東北行きたいですって言って行きました。

すぐに翻意した理由はよくわからないが、「もっと言えば、その前から行きたかったたってことだったたと思う」と酒井さんは言う。

被災者と自分を切り離す感覚

しかし、そもそもなぜかれらは東北に来たのだろうか。

濱口さんは「世の中のことを知らないといけないと思った」と言う。だがそれなら震災でなくても良かったはずだ。酒井さんは自分は「外側にいる」と感じていた。もともとふたりとも劇映画畑の作家である。馴染みが薄いドキュメンタリーに関わらなくてもよいはずだ。濱口さんはこう述べている。

18. ふたりは2011年7月23日から、わすれン！放送局をつかって、映画の制作と同時進行でそのプロセスについて語るUstream放送番組、「かたログ」をはじめた。これはその第1回での発言からである。2011年7月23日「かたログ(1)なみのおとプロジェクトとは？」(http://recorder311.smt.jp/movie/2116/)での発言より。

濱口：これは微妙な問題なんですが、僕は東京にいて、東京にも一応地震の波は来て、東京にいる人にとってそれは今まで経験したことのない大きな揺れでした。ただそれは、東北の震源地に近い場所、被災地から比べたら、心情的にはまったく被災者とは言えないという気持ちが、僕にはあったし、僕の友人・知人にもありました。こういう気持ちというのはいったい何なんだろう、というのがまず最初にあって、こっちに来たんです。このもやもやした気持ちとしか言い切れないんですけれども、もやもやした気持ちの出所はなんなんだろうということで、仙台に来たんです。

それで思ったのは、実は、仙台の市街地の人たちも同じようなことを感じていたんじゃないかな、ということです。仙台の市街地の被災の度合いは、東京よりはずっと高いんですけど、そこに住んでいる人の話を聞いて見たら、いや、わたしの被害なんて大したことはない、被災地に入りませんよ、って言うんです。

これはいったい何だろうか。僕は、外から、ここがある種の中心だと思って来た人間なんで、不可解な感じがしたんです。これは何なんだろう、と。それを解き明かしたいというのが、根底のモチベーションとしてあるんです。[19]

明らかに「被災者」であると思える人ですら、自分を「被災者」だと語れない。それは言いかえれば、自分が体験したことを、なぜそのまま語れないのか、ということだ。[20]自分は揺れと地震を経験した。しかし「誰しもが『想像上の自分より強く被災した他者』への配慮[21]」から、「被災者」として語ることをためらっている。それは首都圏の人間たちだけではない。仙台の市街地の人たち、家を流された沿岸部の人たち、津波にさらわれ九死に一生を得た人でさえ、家族や知人を失った方、そして亡くなった方たちと自らを比較して、

19. 注18と同じ。

20. 中心に近づけば近づくほど、被災の体験を誰も語ることができなくなっていくというこの問題は、精神科医で医療人類学者の宮地尚子が論じた「環状島モデル」と同じである。

「環状島」とは、トラウマ的な出来事について語る者の、ポジショナリティ（立ち位置）を理解するためのモデルであり、隠喩である。島の中心部が（火山の爆発等で）吹き飛び、真ん中が海になったドーナツ状の島を想像してほしい。これが環状島である。環状島の中心には「犠牲者の沈んだ領域」があり、島の「内斜面」にはその出来事を生き残った当事者、そして島の「外斜面」には、出来事の直接の被害を受けた「当事者ではないが支援者や関心をもつ者」がいる。中心に近いほど当事者性が高いのだが、「被った被害や抱える負担」もそれにつれて大きいので、語ることが困難になる。そして中心には、発言することができない死者がいる。

「私たちはしばしば、暗黙の前提として、受けた被害が大きければ大きいほど、そのできごとについての発言権をその人はもち、実際に雄弁にその問題について語りうると考えている。（中略）けれども、実際には被害が大きすぎた

つまり最終的な想像上の――なぜなら死者は語ることができないから――「被災の中心部」と自分を比較して、自分は大したことなんてないと思ってしまう。

「ほんとうの被災者」と自分を区別し、前者への配慮から「口をつぐんでしまう」ことは、一見道徳的である。だが「津波襲来の常習地にいて『被災者』と『自分』を切り分けて考えてしまうことのリスクは否定しがたい」。なぜなら、その配慮ゆえに、軽重さまざまな被災の体験を語りにくくなるムードが生じるとすれば、誰も被災体験を語らなくなってしまうからである。だから「『被災者』と『自分』を切り離されたイメージとしてとらえる感覚こそが問題なのだ」と濱口さんはいう。[22]

これは、仙台や三陸海岸に限ったことではないし、地震や津波に関することに限ったことでもない。自分に関わりがあるにもかかわらず、自分は当事者ではないと切り分ける感覚は、あらゆる場所で作動している。[23] この感覚が継承されるとき、人は忘れてしまうのではないだろうか。自分は当事者ではないと感じてしまうことの出所はどこにあるのか。「関わらない理由を探してしまう思考回路」は、どこから来るのか。それを知りたいという感覚が、かれらの東北行きの根底にある。それは内発的なもの、かれら自身が当事者として持った理由なのだ。

3-2 「語り」との出会い

おもむろに語られる体験

濱口さんと酒井さんは、知り合いの知り合いの…と人をたどり、沿岸部で津波を経験したさまざまな人たちに会っていった。そこでかれらは、かれらの記録活動に決定的な影響を与

人は死んでしまって、発言する機会をもたない。また生き延びたとしても、発言するためにはある種の条件、能力や資源が必要になる。(中略)資源としてはまず、話したり、書こうとしたりする気力、体力、発話を可能にする身体機能が必要である」。宮地尚子『環状島=トラウマの地政学』(みすず書房、2007年、14ページ)。

ちなみに宮地自身が述べるように、このモデルの源流は、アウシュヴィッツ収容所からの生存者、プリーモ・レーヴィである。「ラーゲル[収容所]の歴史は、私もそうであったように、その地獄の底まで降りなかったものたちによってのみ書かれたと言えるだろう。地獄の底まで降りたものはそこから戻って来なかった。あるいは苦痛と周囲の無理解のために、その観察力はまったく麻痺していた」。プリーモ・レーヴィ、竹山博英訳『溺れるものと救われるもの』(朝日新聞出版、2000年、11ページ)。

21. 濱口竜介・野原位・高橋知由『カメラの前で演じること　映画「ハッピーアワー」テキスト集成』(左右社、2015年、31ページ)より。

22. 濱口前掲書、33ページ。

えた出来事を経験する。それは、被災した人たちが、誰に頼まれたわけでもなく、ふとおもむろに、何かを語りはじめるという現場に遭遇することであった（この時点ではまだカメラは回していない）。

最初の例は、石巻の避難所での出来事である。

濱口：その方がおもむろに、津波の体験というのを語りはじめた瞬間というのがあって。そのときに、引き込まれるというか、もちろんそこで津波が起きているということとは違うんだけれども、その人が語ることによって、何かが起きている。僕だけじゃない、その場に10人くらいの人がいたと思うんですけれども、みんな感じていたと思うんです。何か、ある種、津波っていうものに、その体験にすごく迫ったように初めて感じられた瞬間があった。[24]

もうひとつは、2011年7月、東松島の被災地での話である。70代のおじいさんと、瓦礫が片づけられて何もなくなってしまった町のあとを歩いていたときのこと。おじいさんは、家の基礎だけになってしまった何もない空間を指さしながら、「あそこには誰それの家があって」と語りはじめた。濱口さんと一緒に「残骸」の中を歩きながらその話を聞いた酒井さんもまた、そこで語りの力を体験する。「何か語りというモードに入ったときに、ふだんは見えないものが、何かによって拡張されて、まわりを巻き込むような効果がある」ように感じた、と酒井さんは言う。

これらの語りはどちらも、人が自身の経験を語ったものだ。濱口さんはそのおじいさんが語ろうとした「ふるさとがなくなった」という語りのなかに、「歴史」とはそもそもこうい

23. たとえば、沖縄やパレスチナの問題に、それおかしいよねと共感することからはじまり、徐々に知識を得ていくことでその問題について語りはじめる、そのような道筋があり得ないのであれば、あらゆる問題について、当事者以外の誰も語れなくなるはずである。
24. 注18と同じ。

う語りのことを指すのではないかと感じた、とも言う[25]。一人ひとりにとっての思い出が、他人との被災の度合いで測るのではなく、何に妨げられることもなく語られているように感じられたのである。

映像による語りの記録

津波や震災は過去に生じたことだから、今から撮影することはできない。しかしこうした語りは、今ここで起きている現実である。それは、目の前で起きることだ。だから、撮影可能なはずだ。

立ち現れる語りに接したときに自分たちが覚えた感覚を、もし映像に記録することができれば、その映像を見る人たちにも、地震や津波という出来事に迫る体験を与えることができるのではないか。そうやって、一人ひとりの語りを記録できれば、誰と比べられるのでもない一人ひとりの被災者がいて、かれらと「自分」が連続していることもまた示されるのではないか。つまり、被災者と非被災者を切り分けるのではない映像をつくることができるのではないか。

こう考えてかれらは、語りを記録するという方針を立てる。

濱口：個人個人が抱えてしまったものというのは、物理的な距離とか被災の度合いに関係なくあるはずであって、それを［報道］メディアでは報道できないことも非常によくわかる。メディアは、みんなにとって最大公約数的に意味のあることを伝えなくちゃいけないから。でも別に自分たちの場合は、それこそ誰に求められてるわけでもないので、そういう、会った人に話を聞くっていうことができたらいいなということになっていっ

25. 注18と同じ。

たんです。

「われわれの目の前で起きたことを、ちゃんとカメラでとらえることができたら、きっとそれは今ある映像とは違う役目を担えるはずだという確信」[26]が、こうして抱かれたのだ。

みやぎ民話の会

語りを記録しようという方針は固まったのだが、まだいくつか問題があった。

① こうした効果を及ぼす語りを、実際どのようにして記録の現場に生じさせるのか

② どのようにすれば、その語りを映像にとらえることができるのか

③ どのようにすれば、その映像を見る人にも語りの効果が及ぼされるか

①について。かれらはこれを「いい声」を聞くと表現している。[27]カメラを構えれば常に「いい声」が聞けるわけではない。ただ「津波の経験を聞かせてください」と言っても、そうした話がはじまるわけではない。ではどうすれば良いのか。

そのヒントは偶然、わすれン！スタッフから紹介された「みやぎ民話の会」との出会いからもたらされた。

みやぎ民話の会は、宮城県を中心に、40年以上にわたって、人びとが語り継いできた民話を「採訪」（語り手のもとを訪ね、民話を聞かせてもらう活動）してきた団体である（顧問は小野和子さん）。民話の会は2011年の8月に、東日本大震災で被災した民話の語り手たちの話を聞く会を企画していた。南三陸町で行われるその会の様子を映像で記録してくれる人はいな

26. 注18と同じ。
27. 濱口前掲書、34ページ。

いだろうかという相談が、わすれン！に寄せられ、わすれン！スタッフが濱口さん・酒井さんに、その撮影をしてみませんかと依頼したのだ。

濱口：民話の会の方たちが、映像で記録をしたいという相談をわすれン！にして、［津波で被災した人の話を聞くという］目的が合致したので僕もそれを受けた。でも、実はもっと深いところで、［民話の会の活動と］僕たちがやっていることは似ている。突然訪ねていって、話を聞かせてくださいと言って、話を聞く。「採訪」というそのやりかたが、僕たちがやっていることと単純に似ている。そして民話の会の人たちの「聞き力」というか。

酒井：聞く側の力をすごくつかっている。語り手に対して聞き手のフォーカスが合う、と濱口くんは言っていましたけれども。聞く人たちは体をその人に向けて、身体全身で聞く。

濱口：［避難所で］話を最初に聞いた時にも、同じことを感じたんですよね。語りというものによってその空間が変わる。それは聞くことによって起きる。津波の被害を受けた語り部の方が、わたしはすべてを失ったけれども、わたしの身体のなかには民話が残っている、その民話とのつながりがあると言っていたんだけれども、語りというのは語り手だけでできることではないというのが、その場ですごく明らかになったと思うんです。聞く側の態度、それは襟を正すということではなくて、わたしは聞いていますよ、という相手に対してフォーカスを合わせることです。

酒井：語り手には語る技術があり、聞く側には聞く技術がある。

濱口：語る身体というものがあり、聞く身体というものがある。それもたぶん、ある程度複数の聞く身体が、ばっとフォーカスを語る身体に合わせたときに立ち上がる、語りの空間というものがあるんですよね。[28]

語る身体と聞く身体

哲学者の鷲田清一は、語る側のことばが聞く側に届くときには、「停電の暗闇のなかでも机のまわりの物はほとんど不自由なく掴むことができもする」関係が、両者のあいだにあると述べる。そこには「自他の身体がともにそこへと住み込んでいるような運動空間」が成立しているのではないか、というのである。[29]

ここで濱口さんがいう「語る身体にフォーカスを合わせる」というのは、そうした運動空間が、聞き手たちの身体によってつくられていることだ、と言いかえることができるかもしれない。それはまた、その場においては、語り手が自由に語ることができる空間を、何らかのかたちで現場につくることだともいえるだろう。

語りは、語りを聞こうという人たちぬきには成立しないが、語りさえすればその声が相手に届くというわけではない。しかし、あるやりかたによって、こうした独特な空間を、実際にその場に出現させることは可能であることを、民話の会の活動は示していた。かれらはそこから「空間を変質させるためには、感情を帯びた、感情を伴った身体が必要」だというキーワードをとりだしている。[30]

立ち現れる語りの記録

あとに残るのは、どのようにしてその出来事を、その映像を見る人にも語りの力が届くようなものとして撮影するのか、という問いである。カメラをどのような位置に置き、どのよ

28. 2011年8月5日「かたログ(2)沿岸部での記録を終えて」http://recorder311.smt.jp/movie/3792/
29. 鷲田清一『「聴く」ことの力　臨床哲学試論』(阪急コミュニケーションズ、1999年、74-75ページ)より。
30. 2011年8月27日「かたログ(3)今までの活動を振り返る」(http://recorder311.smt.jp/movie/5262/)より。

うな映像をつくるのかという問題は、映像の暴力性というもうひとつの問題にも関連する。

濱口：カメラを人に向けるということは、そもそも暴力的だと思うんです。［震災発生直後は］それが暴力的なことだっていうことが、すごくあらわになりやすい状況でした。そしてそういった暴力的な映像を見て、映像を見ているこっちも傷ついたりする。そんなカメラの向け方をするなよといった傷つきかたを、僕だけじゃなくて結構多くの人が実際はしていると思います。そんなふうにカメラを向けなくてもっていうのがあるんです。でも［東北に行った自分たちも］カメラしか持ってないわけです。どうやって人にカメラを向けたらいいのか、どういうカメラの向け方をしたらいいのかっていう問題がありました。

この問題に対してかれらが選んだ方法は、驚くべきものだった。その様子は、わすれン！でのかれらの活動から生まれた3本の映画の第1作『なみのおと』（2011年10月8日、山形国際ドキュメンタリー映画祭で初上映）で明らかにされる。ではかれらは、どのような方法で語りを映像に記録したのか。その効果は映像を見る人にも伝わるものであったのか。詳細についてはあらためて、第6章「わすれン！的記録の特質」で述べることにしよう。

4　映像のデモクラシー：個人を発信源とする映像の価値

本章では、地元および県外からの初期参加者の活動を紹介してきた。その内容をふりかえり、参加型・記録作成型アーカイブに参加する人びとの活動と、アーカイブとの関係について整理しておきたい。

4–1　初期参加者の映像

(1) 自発的多様性

第一に、初期参加者たちの映像には、はじめから、多様な種類の映像が存在していた。手持ちカメラで現場を無言で歩いたり（高野さん）、ビデオ日記をつくったり（末武さん）、車載カメラで記録したり（木村さん）、わすれン！に届けられた最初期の映像には、はじめから、自発的な多様性があった。直感的にカメラのスイッチを入れてAUTOで撮影したままの映像でもない。テレビ的な映像（⬇第2章1）とも異なるかれらの映像には、独自の工夫が随所にちりばめられている。

> 最初期に集まってきた映像のなかに、すでにテレビの報道には見られない多様性があって、これならわすれン！というプロジェクトが進んでいけると思いました。そのことを、集まってきた映像が語りはじめていたんです。

とスタッフの清水チナツは言う。何も指示しないことが記録を豊かにするというわすれン！のコンセプトに可能性があることを、かれらの記録は例証してくれたのだ。だから、初期参加者の映像は、のちに続く参加者たちに、「好きな方法で好きな対象を記録して良い」ことを示す例にもなっていった。

参加者の話を聞いていると、頭で考えていることのイメージを映像にしようとしたときに、テレビの「文法」をなぞろうとする人が少なくなかった。だから、「いや思ってるまんまでいいんじゃないですか。こういう映像もあって、これもわたしたちは受け入れていいます」と言って、それぞれが思っているやりかたで進められるように、他の参加者の映像を見せながら、話していました。（清水チナツ）

(2) 参加した動機

第二に、初期参加者の動機については、地元参加者と県外参加者とで以下のような違いが見られる。

高野・末武・木村

- 今記録しなければ永久に失われる風景の中にいた
- 自分たち自身の生活を記録しようと思った
- カメラで撮影することで、気持ちが落ち着いた

濱口・酒井

- テレビやネットの被災映像を見続けて、違和感を感じた
- 社会的なことについてもっと知りたいと思っていた
- 何かしたいと思ったが、何をすればいいのかわからなかった
- どうして自分が「被災者」として語れないのか疑問に思った

(3) 私的活動の公共性

第三に、初期参加者の記録活動には、きわめて私的な行為をなしつつ、公的なことがらを強く意識するという二重性がある。

高野さんや末武さんや木村さんは、自分たちが今ここで私的に見ている風景を、公的なもの――万人が見ることのできる記録――として保管したいと願っていた。かれらの映像が、きわめて私的な記録に見えながら、一種の公共的な価値をもつのはそれゆえである。私的に撮影しつつ、その映像を未来の誰かの視線を通じて同時に見ている、といったらよいかもしれない。だからこそかれらは、つくられた映像を公的な施設として保管しようとするわすれン！と出会ったのだ。

自発的な記録者は、（あいまいにであったとしても）公的な次元を意識しつつ、私的に活動をはじめている。[31] 濱口さんと酒井さんは映画監督として、広い範囲の観客を意識している。公的施設が維持するアーカイブとしてのわすれン！は、かれらの市民的活動のなかにある公共性を受けとめる装置の役割を果たしているのだ。

初期参加者の活動からは、市民の自発的な活動を受けとめ、それをつぎの市民の活動に伝えていくという、コミュニティ・アーカイブに期待される役割が見えてくるのである。

4-2 当事者性と部外者性

一方で、初期参加者のなかには、違いもある。高野さん・末武さん・木村さんの3人は「被災地」にいた地元住民だ。[32] 濱口さん・酒井さんは、「被災地」を映像で見る立場にいた首都圏在住者である。両者のあいだでわすれン！に参加する動機は違う。だが両者は、それほ

31. この区別は、カントの有名な「理性の私的利用／公的利用」という区別を想起させる。カントは1784年の著書『啓蒙とは何か』で、理性の公的な利用とは「ある人が読者世界の全公衆を前にして学者として理性を使用すること」だとし、「ある委託された市民としての地位もしくは官職において、自分に許される理性使用」としての理性の私的利用と区別している（篠田英雄訳『啓蒙とは何か』、岩波文庫、27ページ）。後者は簡単にいえば、ある限定された立場や職業や専門性が許すかぎりにおいて、物事を考えたり発言したりすることであり、前者つまり、より広い市民全体ともいうべき人びとを前に考えることと区別している。

32. 震災以前に映像制作の経験をもっていたことも、この3人の共通点である。だが、スマートフォンが映像記録を極限まで単純化した現在では、こうした経験がもつ意味は、より小さくなってきている。経験は資源だし「映画を見た本数」のような、映像読解経験の量も、文法的多様性をうむ背景にはあるかもしれない。けれども、テレビを見たり、スマホでビジュアルにコミュニケーションすることが日常的に展開している現在では、たとえ映画をつくったことがなく、映画をそれほど見ていなくても、映像に関するセンスを人びとが自然に備える機会が日常のなかに埋め込まれているともいえる。わたしたちはすでに、空気のように映像を呼吸しているかもしれないのである。

ど大きく異なっているのだろうか。

メディア被災と負い目の感情

「僕らも東京で映像だけを見ていて、何が起きているのかは知っているけれども、何もしてない負い目みたいなもの」があったと濱口さんは述べている[33]。だが、被災地に対して何もしていないという「負い目」の感覚は、首都圏住人に特有のものではない。沿岸部に比べれば自分の被災は大したことないという感覚は、仙台市中心部の人たちも持っていた。「考えるテーブル」のひとつである「てつがくカフェ」が、第2回（2011年8月7日）のテーマに「震災を語ることの負い目」を掲げたように、仙台に住む人たちのなかにも、この震災について語ることの「負い目」はあったのである。

そう考えれば、首都圏在住者と、仙台中心部の住民とのあいだには、一種の連続性をみとめることができる。両者は距離がそう感じさせるほど、互いに遠くはない。そしてこのことは、コミュニティ・アーカイブにおける「コミュニティ」とは誰のことを指すのか、ということにも関係する。

同じ地図の上に存在すること

濱口さんと酒井さんは「自分たちは自分たちの部外者性を大事にした」と述べている。

酒井：僕らはもともとドキュメンタリーでずっとやってきた人間ではないので、対象との距離感って絶対的に埋められないもんだっていう諦めが、早い段階であったと思います。カメラって、対象と同化するよりは切り離す機械として機能してしまうし。僕らも

33.「直接被災せず、被災地にいなかったからこそ（中略）見ることのできた震災の映像を大量に見ることによる混乱」を、精神科医で医療人類学者の宮地尚子は「メディア被災」と呼ぶ。それは「自分だけ『安全地帯』にいること」の「罪悪感」と表裏一体である。困っている人がたくさんいるのに、自分はここに座って見ているだけで何もできない。「目撃しながらなすすべがないという無力感は心理的負担を非常に高め」、「負い目」という感情になって表われる。宮地尚子『震災トラウマと復興ストレス』（岩波書店、2011年、41ページ）。

決して被災者にはなれないし、東北の人のことを最後の最後の部分では絶対理解することはできないだろう、お互いそこはもう諦めようって感じだったと思いますね。当事者にはなれないので。どこかでずっと、僕らは外から来た人間だっていうことを保とう、むしろ当事者じゃないことを大事にしようと思っていました。[34]

かれらが自分たちの部外者性を大事にしようとしたのは、「部外者」としてのかれら自身が（話の聞き手として）映画の中に登場することで、「自分たちがまったくの部外者として何も知らない人が聞いてる、教えてもらうっていうシチュエーションが入っていた方がいいだろう」（濱口さん）という判断もあってのことだったそうだが、実際に問題なのは、当事者ではないかれらと「当事者」のあいだに、共通のものが立ち現れるような出来事がなぜ起きるか、ということである。

多くの恋人同士は互いを心底まで理解しあうことはないが、それはかれらが恋という出来事の当事者でないことを意味しない。アウシュヴィッツの生存者であるプリーモ・レーヴィは、収容所で非人間的な扱いを受けて人間性と生きる気力を失っていった人びと（「回教徒」と呼ばれた）を、ほんとうの意味では理解できないと述べる。[35]だからといってレーヴィが、アウシュヴィッツの当事者ではないことにはならない。5歳の息子を病気で失った詩人の気持ちにわたしはなることができないが、その詩人の気持ちが今わたしが自分の子どもに対して抱く感覚と無関係なら、なぜその詩人のことば[36]がわたしの胸を打つのだろうか。

重要なのは、かれらとわれわれが同じ地図の上に存在しているという洞察である、とアメリカの批評家スーザン・ソンタグはいう。

34. 注18と同じ。
35. プリーモ・レーヴィ前掲書。
36. 高階杞一『早く家に帰りたい』（夏葉社、2013年）。

同情するかわりに、かれらの苦しみが存在するその同じ地図の上にわれわれの特権が存在し、或る人々の富が他の人々の貧困を意味しているように、われわれの特権がかれらの苦しみに関連しているのかもしれない——われわれが想像したくないような仕方で——という洞察こそが課題であり、心をかき乱す苦痛の映像はそのための導火線にすぎない。[37]

初期参加者たちの活動は、誰もが記録者として記録したいと思うものに出会う可能性を示している。そこで大事なことは、被災者と自分たちとを分ける感覚を疑いつつも単に同情するのではなく、かれらとわたしとのあいだに、ソンタグのいうようなひとつながりの地図をつくっていくような作業なのではないだろうか。一足飛びに対象と同化したり、一人ひとりがバラバラで良いと言う前に、カメラをもって隔たりを越えようとすること。そこから豊かな記録が生まれてくることを、かれらの活動は示している。

37. ソンタグ前掲書、102ページ。

コラム
放送局「わすれンTV311」

「放送局」ではどのようなことが行われたか？

ここでは、“番組”という大枠を設定し、さまざまな放送がなされていた。

放送局「わすれンTV311」は、ビデオカメラ、音響ミキサー、パソコンなどを用いて、Ustream や YouTube を介したインターネット配信（情報発信）と収録（記録）をすることができる。

2011年は、参加者と協働で番組内容を企画・制作し、わすれン！スタッフがそれらの機器を操作し、配信していた。配信番組の内容は、大きくふたつに分けられる。

ひとつは、一人ひとりの震災体験や支援活動について語る定期配信番組*である。この中には、障害がある人びとと支援する人びとが震災体験を語る「障がい者グラフィティ」や、まちづくりを専門とするNPOスタッフや大学生が主に津波の被害を受けた沿岸部のまちづくりに対する地域の人びとの声を紹介する「リアルふっこうボイス」、そして、被災地で支援活動を行っている市民団体やNPOやNGOの方々をゲストに招き、支援活動について考える「支援のかたち」などがあった。これらの番組は、発災直後、参加者がビデオカメラを持たなくても記録でき、さらに、映像編集作業の時間を省いて発信することができるため、2011年には多くの番組が配信された。

もうひとつは、震災後、NPO、NGO、ボランティア団体、当事者グループなど、さまざまな団体が東日本大震災の復旧や復興、支援活動などについてのシンポジウムや話し合いの場である。これらの様子をインターネット配信をすることで、この催しに地理的や時間的に行ったり、見たりすることができない人びとへ、内容を届けていた。これにはメディアテークの館内のイベントを対象としたものもあったが、放送局開設当初は、要望に応じて、館外に機材を持ち込み、インターネット配信することもあった。このイベント配信には、例えば、支援活動に携わる団体の連絡組織「東日本大震災支援全国ネットワーク（JCN）」の現地会議や、建築家による復興支援プロジェクト「帰心の会」などのシンポジウムなどがある。

この他にも、震災について言葉で語るだけでなく、絵や音楽を用いた配信番組もあった。例えば、「つれチャンゆれゆれ311」では、主に内陸部にいた人びとがどのように地震の揺れに遭い、その後、どのように暮らしたかについて語り合いながら、同時にそれぞれの体験がイラストに描かれる様子を配信していた。また、東北のDJたちが音楽を届ける配信番組「うぶこえストリーム」では、毎回最後にそれぞれのＤＪが「レクイエム」だと考える曲をかけた。**

* ２０１１年５月22日に、東北大学で行われた「第４回 ふっこうカフェ　復興まちづくりの経験者からの報告～中越地震の復興スキーム・外部連携を参考に～」（主催：ふっこうカフェ）が最初の Ustream 配信だった。

** シリーズ化された配信番組（番組名／配信期間／回数／協働団体・個人）

１ 定禅寺ジャーナルウェブ版 ディベート編／２０１１年６月14日～２０１２年３月３日／19回／定禅寺ジャーナルウェブ版

２ 対話の時間 いまのいまのいま／２０１１年６月23日～２０１３年３月16日／９回／ダイアローグ！

３ おやじストリームカフェ／２０１１年７月２日～２０１２年３月30日／７回／尾崎行彦

４ 思い出サルベージチャンネル／２０１１年７月６日～２０１１年８月22日／２回／日本社会情報学会 災害情報支援チーム

５ 支援のかたち～生放送！サポセンかわら版～／２０１１年７月９日～２０１２年12月21日／15回／仙台市市民活動サポートセンター、特定非営利活動法人せんだい・みやぎＮＰＯセンター

６ つれチャンゆれゆれ３１１／２０１１年７月13日～２０１２年３月14日／８回／つれづれ団

７ かたログ／２０１１年７月23日～２０１３年10月13日／22回／「なみのおと」制作チーム

８ リアルふっこうボイス／２０１１年７月27日～２０１６年３月９日／38回／まちづくり部

９ うぶこえストリーム／２０１１年７月31日～２０１２年３月６日／９回／松竹梅レコーズ

10 暮らしのシェア／２０１１年７月31日～２０１２年３月18日／９回／小さな街

11 てつがくカフェ カウンタートーク／２０１１年８月７日～２０１３年２月17日／14回／てつがくカフェ＠せんだい

12 なんとがなっぺ project／２０１１年８月22日～２０１１年11月14日／２回／なんとがなっぺ project

13 障がい者グラフィティ／２０１１年10月26日～２０１４年３月１日／29回／ＮＰＯ法人ゆにふりみやぎ、被災地障がい者センターみやぎ

第4章　記録活動②
——獲得される当事者性

この章でとりあげるのは、はじめから記録を目指していたわけではなく、徐々に記録者になっていったわすれン！参加者たちである。前半では映像制作の経験がない2人を、後半では映像や文字などの表現における専門性をもった3人について述べる。

震災と復興の記録をつくり、公共施設に半永久的に預けるというのは、決して簡単なことではない。自分が被災したわけでもなく、ましてや離れた場所に暮らしているなら、アーカイブ活動に参加しようと思わない人がほとんどだろう。

わすれン！の趣旨に賛同した人がみな、記録活動に、一直線に邁進できるわけでもない。学校や仕事や生活のあいだに、時間をつくり、その隙をぬって記録活動に参加する人がほとんどだ。撮影が進んだとしても、今度は撮影した映像の素材をまとめる必要がでてくる（もちろん、無編集の素材を納品することもできるしくみではある）。後述するように、それがメディアテークのシアターで公開上映されるとなれば、記録するだけでなく「記録をまとめる」のが、大変なプレッシャーになってくる。実際、参加登録したあと、映像を納品しなかった参加者も少なくない。

だが、だからこそ、記録をまとめる、映像を編集するプロセスは重要である。ビデオカメラを持って記録をはじめるのは比較的簡単だけれど、それを編集して人に見せるものにする途中には、心が折れそうになる何かが、参加型コミュニティ・アーカイブをつくる活動の成否をも左右する、大切なことがある。

本章では、徐々に記録者になっていった5人の参加者の軌跡をたどりながら、撮影から編集へと至るアーカイブ活動を持続させるためのキモとは何か、それを浮かびあがらせていきたい。

あらかじめ、本章のキーワードとなる「獲得される当事者性」ということばについてひとこと。

いわゆる「被災者」とは、「与えられた当事者性」をもっている人たちだと考えたい。自分の意思とは無関係に、はからずも被災してしまった、という意味を指す。これに対して、震災という出来事に近づいてくることで、当事者性が「獲得されていく」ように思えることがある。それは、主体的に「獲得していく」というほど積極的に得られるものではなくて、恐々と近づいていくうちに、あるいは知らず知らずのうちに、ある種の立場がその人に誰からともなく与えられていく、というようなものである。獲得しようとして獲得するものではなく、そのような、後づけ的な感じがある。被災者ではないかもしれないが、単なる傍観者ではなく（当事者の反対語は傍観者であるとわたしたちは考える）、震災や被災ともはや無関係ではない。こうした立場性をわたしたちは、「獲得される当事者性」と呼んでいる。

1 記録と社会的責任

はじめに、映像制作の経験もなく、記録活動にあまり積極的ではなかったけれども、徐々に記録活動に近づいていき、最終的にいくつもの素材を組み合わせた記録を残した2人の参加者、川名まことさんと伊藤照手《てるて》さんが記録活動に至る軌跡をたどっていこう。

1-1 映像制作はまったく素人

川名まことさん（1960年仙台市生まれ、仙台市在住）は、ウェブ制作の仕事をしている。映画を見るのが好きで、でも映像づくりについては素人で、震災を記録するというような「社会的なことがら」にも、最初はほとんど関心がなかったという。

川名：もともと僕は、釣りとかアウトドアで遊ぶことが好きで、それを映像として残して、仙台の地元にこういうステキなところがあるっていうのを若い人や子どもに伝えたい、それを映像というカタチにしたいっていう気持ちがありました。そういう意味で、社会性というところには興味がないというか…。人に楽しんでもらって新たな喜びを知ってもらうだとか、良さを知ってもらうということをやりたい。そっちのほうを優先するっていう感じなんです。

映像制作は全然素人で、本業はウェブの制作とか企画をやっていて、大学などの教育機関や医療関係のウェブをつくるのが主な仕事です。ウェブの制作は企画とプロデュースが主で、仕事で受けるものなので、クリエイティブなことに関わってはいるけれども、クライアントの意向をちゃんと聞いていかないといけないのでストレスも溜まります。それで、仕事を離れて誰にもなんにも言われずにモノをつくりたい、それも、今までは見る一方だった好きな映像で自分の思うようにつくってみたい。それで「ことりT

V」に入ったんです。そうして、機材をお借りしたり、ノウハウを教えてもらったりしながら、さあやっていこうっていう矢先に震災が来ました。

わすれン！以前からメディアテークにあった映像制作プログラムであることりＴＶ[1]に参加し、よし、これからアウトドアスポットを楽しく紹介する映像をつくってみようと思っていた矢先に、震災は起きた。

ことりＴＶの立ち上げにも関わった甲斐は、わすれン！に参加して映像記録をつくりませんかと川名さんに声をかけたが、川名さんは最初、はっきり断ったという。

川名：震災後、ことりＴＶが再開したとき、早速甲斐さんから、「わすれン！というものをやっていくから、みなさんも震災の記録をやりませんか？」というお話があったんです。でも、ジャーナリスティックな感じは僕が望むところではなかったので、自分はわすれン！の制作に携わることはありません、っていう意思表明はしてたんです。

小さな当事者性

そんな川名さんだったが、日課である自宅近隣での犬の散歩の途中に、傾いたままの電柱が、ずっとそのままになっていることに気づく。そしてふと写真を撮る。つぎの日も、つぎの日も。

川名：毎日犬の散歩で通るんですね。毎日毎日。それで、定点観測じゃないんですけど、日々同じところで電柱を撮っていると、それが何十枚にもなっていったんです。電柱は

1. せんだいメディアテークと仙台CATVが共催するプログラムで、市民がディレクターとなってケーブルテレビの番組制作をする、というもの。2009年に前身となる「せんだいメディアテーク情報」がはじまり、2010年7月からは「ことりTV」に改称、2017年3月に終了した。

だんだん傾いていくし、道路に穴があいていたんですが日々大きくなっていって、それが放置されていることの恐怖があったんですよ。

　それで、気のせいかもしれないから、記録としてちゃんと撮っておこうと思って、電柱も傾いていくのを写真で残せば、比べればわかるから、一応撮っておこうと思って、通る度に同じ場所で撮っていっていたんですね。


自分が暮らす仙台市郊外の住宅地に[2]、住宅／宅地被害があることに気づいてから、川名さんの気持ちは少しずつ変化していった。


川名：自分が住んでいる住宅地のなかに結構な被害があって、もしかしたら僕が買っていたかもしれない土地も、直すのにたぶん2千万円くらいはかかるような被害を受けていたんです。

　当時マスコミは津波や沿岸部にしかスポットをあてていなかったんですが、「仙台市青葉区」高野原でも大きな宅地被害があった。話を聞いていくと、どうも宅地造成段階でしっかりした造成がされてなかったんじゃないかとか、仙台市がちゃんと監督してなかったんじゃないかとかっていう問題もでてきました[3]。それは問題だから明らかにしていかないといけないなと思いながら、取材をしていったんですね。建てたばっかりの家にもう住めないっていう人たちが、自分の数軒となりにいるっていう現実がやっぱりショックだったし、自分がそういう目にあってたらどうしていただろうっていうのを考えたら、ちょっと役に立つようなお手伝いができたらいいな、と。

　甲斐さんにも、「僕は自分がつくるものには、人がハッピーになる要素を必ず入れた

2. 仙台市青葉区の郊外にある、高野原地区のこと。ここは主に1980-1990年代にかけて造成（切り土・盛土）された土地に一戸建て住宅が建ち並ぶ住宅団地である。

3. 2013年5月仙台市は「造成地における切土・盛土および団地の造成開始年代などをわかりやすく4種類のマップとしてまとめた」「宅地造成履歴等情報マップ」を公開し、「今後の宅地や建物の安全を考える際の参考資料として」活用してほしいと述べている。http://www.city.sendai.jp/kaihatsuchose-chose/kurashi/anzen/saigaitai-saku/kanren/joho/

い。だからジャーナリスティックな要素はあまり興味がないんです」っていう話をしたんです。そしたら「川名さんが毎日犬の散歩しているときに被災した家や電柱を見て気になるんだったら、犬の目線で被災したところの記録をしていくっていうのはどうですか?」みたいな話をしてくれて、それはおもしろいかもしれないっていうのもありました。

もしかしたら僕がそこに住んでいたんだ、という意味で他人事ではなかったっていうことですかね。当事者意識というか。それで、コツコツ撮りはじめたんです。

「当事者意識」が芽生えたから、と川名さんはいう。「数軒となり」で被害が起きている。「もしかしたら僕がそこに住んでいた」かもしれない。「被災者」と「非被災者」という隔たり、区別は一種の偶然がもたらしたものにすぎない。今回は当事者ではないけれど、当事者だったかもしれない問題が、目の前にある。

沿岸部から遠い造成地での宅地被害には、当時マスコミも行政もほとんど注目していなかった。当事者は現実に向かうことで精一杯である。もし自分が何かしなければ、この問題は、他人の気づかない、公的には存在しなかったことになってしまうかもしれない。日々通りかかったことから生まれた小さな当事者性の感覚が、川名さんを記録活動にいざなっていった。

自由な空間

では川名さんは、なぜわすれン!参加者として活動することを選んだのだろうか。わすれン!以外にも発信方法はあるはずだ。一種の集団のように見える(実際はそうではないが)わすれン！の活動に、警戒感はなかったのだろうか。

川名：わすれン！では、人それぞれ、映像のつくりかたが違うじゃないですか。ドライブレコーダーだけだったりとか、そういうのってすごいですよね。素のアーカイブっていうのは、変に編集しないほうが力があるなあっていう気はします。ドキュメンタリーであっても、演出が入っちゃうじゃないですか、つくり手の。そうするとバイアスかかったりしちゃうから。素の記録っていうのはすごい意味があるなって思います。

第2章で述べたように、わすれン！では記録の対象・メディア・方法を指示しない。第3章で述べた初期参加者の記録は（川名さんが取材をはじめた2011年の夏には）すでに集まりつつあった。川名さんがわすれン！に惹かれたのは、こうした映像を通じて見える力やその自由さ、何の編集もされていない映像でも基本的にはそのまま保管し公開することの魅力だったといえよう。

ただし、川名さんの話からわたしたちに見えてくるのは、このような〈映像の自発的な多様性〉は、放っておけば常に勝手に発生するものではないかもしれない、ということだ。

ここで重要なのが、ジャーナリスティックなものに興味がないなら、犬の目線で記録したらどうですか、それもわすれン！ではありですよ、という甲斐のアドバイスだろう。「ハッピーなことが好きなら、そのテイストで記録をすればいいのでは」と、その人の独自な特徴をそのまま活かすことを提案する。参加者一人ひとりの独自性をふまえた支援である。

知識も技術もない自分にはとてもできないと考える人もいるかもしれない。甲斐だけでなく、清水や北野ら初期わすれン！スタッフは、おどろくほど、参加者一人ひとりを見ていた。

「参加者一人ひとりとつきあう」とスタッフはいう。これはべたべたするつきあいではない。[4] 包摂性が高い自由なアーカイブを設計して、「記録をつくりましょう」と呼びかけるだけでは不十分な場合もある。希薄でも濃密でもない関係性のなかでひらかれる自由な空間が、自発性を生んでいるのだ。

1-2 社会的責任の発生

だが、取材を続ける過程で、「素の記録」をそのまま公開することは、とてもむずかしいと川名さんは考えるようになっていった。

川名：わずかながらも人の助けになるかもしれないと思いつつ、実際に取材を進めて行くと、実は僕がそれを映像化することで迷惑する人たちもけっこういる、っていうことに気づきました。それは不動産屋さんだったり、被害を受けていない地元の人たちです。これは本格的にやっていくとすごく大変なんだなっていうところにも。

「盛り土問題」に利害関係をもつ人たちの中には、被害を受けた人のインタビュー発言を、素のままで公開することを好ましく思わない人もいるかもしれない。素の記録には、たしかにインパクトがある。けれど、それが真実だという確証はどこにあるのか（ある人がこのように語ったその内容はさておき、語ったということは事実だ、というかたちで一種の逃げを打つことはできるけれど）。そこをあいまいにしたまま、自分の記録がメディアテークに、公的に、ずっと保存され、誰の目にも触れるようになるのは、果たして良いことなのだろうか……。

4.「これは、まるでパーティの時のホストのような役回りで、ゲストたちの間をすり抜けながらも、一人ひとりそれぞれの背景をしっかり、あるいは少しばかり知っていて、タイミングを見計らい人と人をつなぎ、その場を盛り上げたかと思えば、あっという間にそこから消えているようなありかたです」（甲斐）。

ここで川名さんは、自分の記録を公表することにともなって発生する社会的責任を負えるのか、という問題にぶつかっている。記録の内容は客観的に見て確かなのか。記録の内容が、記録された人たちや、関係する人たちを傷つけたりしていないか。自分の記録が誰かの不利益になることを避けがたいとき、その重みを自分は負うことができるのか。

YouTubeの場合、投稿者には一定の匿名性があるため、良きにつけ悪しきにつけ、公開にともなう社会的責任はある程度回避される。投稿者が自分であることを、人はまず特定しないし、不都合があれば映像を削除すればいいと考え、責任を回避することもできる。

これに対してわすれン！では、記録の保管と公開に際して、記録者本人が名前の表示を希望すれば、記録者としての参加者の名前は、半永久的に残っていく[5]。

〈記録する〉ことは、（表現活動や報道に比べ）一見とてもハードルが低い。「それならわたしにもできるかも」と考えて、人びとはわすれン！の活動に参加する。社会的に認められた意義もあるし、メディアテークがやっていることでもある。しかし、そこに学びを引き出す一種の「罠」がある[6]。個人がはじめた活動が、いつのまにかプライベートとパブリックのあいだにある線を、少しであれ踏み越えることになるとき、社会的責任が発生する。それは参加型・記録作成型のコミュニティ・アーカイブ活動にとって、避けることのできない難関である。

プロ・アーカイブと責任

職業的なジャーナリストや研究者、そしてプロの映像作家やアーティストは、こうしたときの責任のとりかたに習熟している。

職業的なジャーナリストや研究者は、出来事を「客観的事実」として書くために、検証可

5. 実際には、参加者は記録を公開する際に氏名を公表するか、非公表にするかを決めることができる。どのような名前を表記するのか、その判断は参加者に委ねられており、必ずしも法的な本名である必要はないが、記録者の名前は、必ず、ひとつひとつの記録に付与される。

6. もちろんわすれン！は、こうした罠を意図的に仕組んでおいたわけではない。それは「記録」という活動のハードルの低さと、その公開に伴うハードルの高さの落差から生じる壁であり、記録を公的に残そうとする人であれば誰もが直面せざるを得ない問題である。

能な方法で調査したデータをつかったり、複数の情報ソースを用いたり、公的機関などが発した「信頼できる情報」を利用する。かれらは多くの場合、孤独な一個人ではなく、企業や組織（テレビ局、新聞社、大学、学会など）の一員として活動している。かれらの活動はこれらの組織や制度によって守られてもいるのだ。[7]

プロの写真家や映像作家、アーティストも同様である。高い表現技術、高い問題意識を感じさせる作品だからこそ、作品は公的に価値あるものとして（配給プロダクションや映画館、ギャラリーや美術館など、アートに関わる諸制度に）守られながら、公的な場に投げ込まれていく。プロたちは、個人的な行為を社会的で公的な行為に変換していくその飛び越え方を、制度化したり、あるいは洗練させることによって、いわばそれに慣れているのだ。

アーカイブ活動が専門的に行われる場合も同様だ。プロ・アーカイブでは、基本的に記録をつくるということは行わず、すでにある資料や、企業などの組織活動から発生する記録を保管していく。記録のなかに記されたことがらにアーカイブ組織が責任をもつということは（その記録の発生源とアーカイブ組織が同じでない場合をのぞいて）基本的に少ない。図書館に置かれた書物の内容がまちがっているからといって、図書館員が責められないのと同じである。記録のとりあつかいかた、アーカイブ方法も学問的・科学的に組織化されていて、１００％個人の自由な発想でアーカイブ活動を進めるというのは、基本的にあり得ない。[8]

要するに「プロ」とは、記録し発信する際の社会的責任のとりかたを、熟知した人びとである。それがかれらの「専門性」の一部になっているのだ。

コミュニティ・アーカイブと責任

これに対してわすれン！のような参加型・記録作成型のコミュニティ・アーカイブでは、

7. 当然のことだが、こうした方法や制度化は、ほころびをもち、つねに不完全である。科学がもたらす上空飛翔的な知識の弊害は、原子力発電事故に象徴される。福島以後の時代を生きるわたしたちにとっては、科学的認識のテコ入れだけでなく、哲学者の大森荘蔵いうところの「日常描写と科学描写の重ね描き」、鷲田清一がいう「専門的知性と市民的知性」の双方を含む「パラレルな知性」が必要である。大森荘蔵『知の構築とその呪縛』（ちくま学芸文庫、1994年）、鷲田清一『パラレルな知性』（晶文社、2013年）を参照。

8. アーカイブズ学についてのわかりやすく包括的な文献として、Caroline Williams (2006) *Managing Archives: Foundations, Principles and Practice*. Oxford: Chandos Publishing、およびエリザベス・シェパード&ジェフリー・ヨー、森本祥子・平野泉・松崎裕子編訳『レコード・マネジメント・ハンドブック』（日外アソシエーツ、2016年）を参照。

右のようにリスク回避するには、むずかしさを伴う。

参加者は基本的に個人。事実を記録する手法、社会的責任のとりかたに慣れていない人もいる。知識も、時間も、活用できる資源も足りないかもしれない。だが個人の名前が記録に残る限り、記録をつくった人間がその責任を問われることを避けることはむずかしい。

自分の記録が、「震災という巨大なリアリティのごく一部を切りとった主観的な記録にすぎない」「専門家の報告に比べれば事実の記録として低い価値しか持たない」などと評価される可能性も多分にある。

それなら「ややこしそうだし、記録を残すのはやめておこうか」とか、「何も編集せず、単なる素材としてだけ残そう」と考えても不思議ではないのである。

1-3 意見が対立する主題

伊藤照手さん（1990年生まれ、埼玉県出身）は震災当時、東北大学文学部の3年生で、文化人類学を学びながら、核燃料サイクルや原発政策に反対する市民活動についてフィールドワークを行っていた。映像制作については素人だったが、文字や写真だけでなく、映像をつかったフィールドワークの記録に興味をもち、震災後に見たドキュメンタリー映像（鎌仲ひとみさん[9]や纐纈《はなぶさ》あやさん[10]のドキュメンタリー）にも刺激されて、「映像で記録すること」への関心を含らませていた。

ここで伊藤さんに着目したいのは、伊藤さんが映像制作経験をもたなかったわすれン！参加者であるというだけでなく、川名さんと同様あるいはそれ以上に、異なる意見が存在する問題について記録しているからである。

9. 1958年生まれ、映像作家。主な作品に、『六ヶ所村ラプソディー』（2006年）、『ミツバチの羽音と地球の回転』（2010年）など。

10. 1974年生まれ、映画監督。主な作品に、『祝《ほうり》の島』（2010年）、『ある精肉店のはなし』（2014年）。

脱原発デモをどう記録するか

２０１１年の夏休み。伊藤さんは、わすれン！が主催した初心者向け映像ワークショップ「きろくぶ！」に参加した（➡きろくぶ！については、第5章で詳述する）。きろくぶ！は映像技術の講習を主としていたが、そこには、震災後の仙台の街・人・活動について、何を記録するかを参加者同士で話し合い、実際に撮影、撮った映像を上映しながら意見を交換する、という活動も含まれていた（図12）。講師は、映画監督の山川宗則さん[11]と根来祐《ねごろゆう》さん[12]である。このワークショップが終わった直後、伊藤さんは参加者登録するが、その主な動機は「いつでも機材を借りられるから」だった。

伊藤：わすれン！に最初に参加しようと思った動機は、自分がつかいたいときに機材を借りたいっていう、それだけだったと思います（笑）。きろくぶ！はワークショップが終われば終わりなんですけど、わすれン！に入ったら機材もいつでも利用できますよ、って言われたんです（笑）。

ワークショップ参加者は約20名。そのうちわすれン！に参加したのはわずか2人だけだった。

そんな伊藤さんだったが、２０１１年の夏から秋にかけて、映像で記録したいと思う対象に出会う。それが、仙台市内で行われていた反原発・脱原発のデモである。東京でデモに参加したことはあったが、仙台でのデモにはまだ参加したことがなかった伊藤さんは、２０１１年11月13日のデモに、ビデオカメラを持って加わった。川名さんと同じようにそれは、こんな人たちがいるということを一応撮っておこうという感じではじまっている。

11. 1971年生まれ、映画監督・俳優。代表作に『公園』（2004年）など。わすれン！参加者でもある。
12. 1972年生まれ、映像作家。代表作に『そして彼女は片目を塞ぐ』（2001年）、『HER STORIES』（2010年）など。

伊藤：最初に映像を撮りはじめたとき［2011年11月］は、［仙台で反原発の］デモをやっている人しか撮っていなかったんです。こういうデモをやってる人たちがいますっていう映像をとりあえず記録として、撮っておこうみたいな感じでした。もちろんわすれン！に残そうとは思っていたんですけど、それを人に見せようとはあまり思っていませんでした。

2011年以後、全国各地で行われた反原発・脱原発デモでは、カメラを持った人はめずらしくなかった[13]。記録の道具としてだけでなく、Ustreamで実況放送したり、妨害から身を守るためなどにも、カメラは用いられている。だからはじめての記録対象としてデモを選ぶのは、それほどハードルが高いことではなかったろう。実際、伊藤さんが参加した「さようなら原発1000万人アクション in みやぎ」の様子は、YouTubeなどに複数アップロードされている。それらの多くは、デモ参加者に近い立場から、簡単な編集のみをほどこしてデモの様子を記録したものである。

図12　きろくぶ！の様子（撮影：2011年8月）

13. インディペンデントの記録者である秋山理央は、2011年以後、全国各地で行われるようになった反原発・脱原発デモを、自己資金で取材・撮影し、その記録をインターネット上で公開し続けている。数百本に及ぶその記録は、貴重な映像アーカイブを形成している。https://www.youtube.com/user/rioakiyama/

2 プライベートとパブリックの線を越える

川名さんと伊藤さんは、主張が対立しうる問題を記録対象に選んで記録をはじめた。それから2人は、どのように記録活動を進め、どんな映像を記録したのだろうか。

2-1 市民はどう映像をまとめたか

川名まこと『傾いた電柱』

『傾いた電柱』（2012年、22分）は、丘陵地に造成された、ある新興住宅地における、盛り土の地滑り・地割れ・擁壁《ようへき》の崩壊といった、地盤および隣接する住宅への被害についての映像記録である。被害を受けた住民たちへのインタビューや、仙台市による市道・擁壁の調査や工事、補償についての住民への説明会の様子など、地道に重ねられた取材映像がまとめられている。映像は2011年3月からはじまり、2012年の3月で終わる。

映像では、丘陵地の住宅被害が予想外に多かったこと、その多くが土地を削って出た土で谷を埋めた「盛り土」地帯であることが指摘されている。仙台市内では、平成以後の造成地にほとんど被害がなかったが、この新興住宅地の盛り土部分に、被害が例外的に集中していたのである。仙台市の調査によって、そこには、通常の盛り土には使われない粘土質の土や大きな岩などが埋まっていたことが判明する。これらの内容は、住民たちの語りや、仙台市の担当者の説明などを織り交ぜながら、ナレーションを用いて明快に説明されている。

内容的には工事業者を批判するような部分もあるし、記録の視点も、限定的かもしれない。造成工事の時点で不適切な材料が盛り土に使われていたことが、強く暗示されてもいる。た

川名まこと『傾いた電柱―高野原団地 宅地被害からの復旧』
撮影場所：宮城県仙台市青葉区、撮影期間：2011年9－10月、制作：2011－2012年、21分（わすれン！DVDパッケージ） http://recorder311.smt.jp/information/26140/

だ、全編を通じて示されるのは、工事業者や行政を非難するのではなく、「今回のことを教訓にしてほしい」（ある住民のことばより）という姿勢であり、エンドクレジットにあるように、何らかのかたちでこの問題が解決することを願う姿勢であるように感じられる。

川名さんは、悩みながら、試行錯誤しながらの取材をこう振りかえる。

川名：最終的にどういう着地点で結論とするのか、映像で何を伝えるかっていうところでは、すごく困りました。半分は「怖い」っていうのもあった。僕はジャーナリストではないし、問題を暴いて今後そういうことがおこらないようにしていくだとか、今被災している人たちのサポートになるようなことができればいいなと思いながらも、別に本業がありながらそれをやっていくのはすごく体力と気力がいることです。ちょっと僕のような素人には荷が重いなあという、腰が引けた部分も、正直ありましたね。すごく悩みながらつくっていました。それで、市にも問題があっただろうし、宅地したゼネコンにも問題があったという問題提起はしているんだけれども、正面切って「いかんだろう」とは言ってないんです。[14]

伊藤照手『声の届き方』

伊藤さんがまとめた『声の届き方』（2011～2012年、40分）は、主に3種類の素材から構成されている。①2011年11月13日に仙台市内で行われたデモ風景の記録映像、②後日行われたデモ参加者2名へのインタビュー、③このデモや原発問題についてさらに後日、仙台市内の街頭で一般市民に行ったインタビューである。

冒頭でデモの様子を短く示したあと（ここまではよく見られるデモの記録だ）、「後日、市民

14. 取材を終えた2012年3月の時点では、仙台市による道路や擁壁の補修工事は、被害を受ける前の状態に戻すだけという話だったが、「その後、法面《のりめん》の端っこにコンクリートのパイルを打ち込む工事をやってくれることになって、今はそれなりの地震がきても大丈夫なように、震災前よりも補強されたので、一応被災した方たちの希望はかなえられたカタチになっている」(川名)。さらにその後高野原地区は、仙台市の「造成宅地滑動崩落緊急対策事業」の対象となり、部分的には宅地の復旧工事も行われた。

ウォークが行われたアーケードで、街の人に脱原発の市民活動に関するインタビューを行った」という字幕に続いて、市民への街頭インタビューの様子が映される。ボリュームとしてはこの部分がもっとも多い。映像の後半では、デモ参加者ふたりへの、別々のインタビューの様子が映される。こちらは喫茶店のような室内で撮影されている。これらの合間合間にデモの風景が挿入されて、全部で40分の映像になっている。

市民への具体的な質問は以下のとおり。「原発問題に関心はありますか」「仙台でも市民の人たちがデモやウォークをやっていたんですけど、ご存知ですか」「そういう活動についてどういう風に考えていますか」「自分も参加しようと思いますか」。これらが、8組16人の市民に投げかけられる。その答えは率直だ。

「自然エネルギーだとかぐだぐだ言っている連中がいるけれど、あいつらは全然わかってない。産業用の電力は、自然エネルギーではまかなえない」「暴力団とか、変な組織と一緒にやってるように見られたりするから〔デモには参加したくない〕」「今までずっと原発に頼ってきたのに、今回のことで急にコロッと脱原発というのは、〔放射線に対して〕正直過敏になりすぎじゃないかな。電子レンジからも〔電磁波とか〕出るじゃないですか」。

デモに肯定的な意見もある。「受け手も見極める目をもつことが大事だと思うんですよね。ただ行進だからとかではなくて、なぜどういう内容でこういう行進をしているのか、受け手の方も受けとめることが大事だと僕は思っています」「こういうことをしている人が少なくなりすぎていると思っているので、いっぱいやったらいいと思うんです。〔脱原発に対して〕アンチな人は、アンチなことをやったらいい。発言する場というか、パワーというか、その根本的な力みたいなものを失ってはいけないと思うので、大いにやったらいいと思います。（中略）〔デモを見ている人が〕引いてるとしたら、なんだろう、〔何かを主張する行動が〕日常的で

伊藤照手『声の届き方』
撮影場所：宮城県仙台市青葉区、撮影期間：2011年11月－2012年1月、制作：2011－2012年、40分（わすれン！ DVDパッケージ）http://recorder311.smt.jp/information/26151/

なくなってきているからかもしれないね」。

デモ参加者とのやりとりは以下のようなものだ。ある女性は、「正直あまりみなさん関心がないのかな、と思ってしまった。（中略）でも今は自分自身もわからないことがたくさんあるので、ちゃんと自分で調べたり話をしたりということは止めずに続けていきたい」と述べる。長年デモに参加してきたという男性は、「これまでは限られた層の人たちばかりだったんですけど、震災後はいろんな人たちが参加してくれるようになってきた。（中略）けど、まだ引いちゃう人が多い。それはこちらの伝えかたに工夫がいるのかなとも思いました。（中略）そこに入ることが自然になるような、醸し出す雰囲気というか、誰でもオッケーというふうにしたいけど、なかなかそこまでできていない。そこは試行錯誤です。そこの伝えかたを工夫したい」と述べている。

ナレーションがまったくないので、記録をまとめている伊藤さんからのメッセージは、直接的にはあまり感じられない。その主張がもっとも表れているのは、『声の届き方』というタイトルだろう。

2-2　他者との関係のなかで行為が引きだされる

撮影から編集に至るプロセスについて、伊藤さんはこう述べる。

伊藤：撮ったからには何か決着をつけなきゃいけないなというか、なんとなく責任があるなと思ったんですよね。撮ってることはデモの人たちも知ってるわけで、そういう人たちにも撮った形を見せたいと思っていましたし。かれらの態度をただ撮って、それをどこかに打っちゃっておくのは申し訳ないですから。

もうひとつ、そんなふうにデモの映像を撮っていたときに［スタッフの清水］チナツさんに「せっかく撮ってるんだから何か形にしない？ 上映会で上映しない？」って言われたんです。そのときに「まずい」というか（笑）。なんかやらなきゃいけないな、軽い気持ちでできないなと思って、それで背中を押される感じになったんですね。ひとりだったらたぶん、ただ記録を撮って終わりだったんですけれど、なんかしなきゃってなりました。

でも、撮ったはいいけど、どう見せたらいいんだろう、どうやってひとつのものにして人に見せたらいいのか、全然分からなかったんです。それで［「きろくぶ！」の映像ワークショップ講師だった］山川さんとか根来さんに相談をして、「デモをやってる人と、それを外から見てる人の声っていうのがわかるような要素があった方がいいのかな、っていう話になったんだと思います。

自分でもデモを見ていて、温度差のようなものが気になってました。デモをやってる人とやってない人。やっている人のことを分かってもらいたい一方で、ほんとうはどう思われてるんだろう、っていう疑問もあったので。そこで、街頭インタビューを入れてひとつのものにして人に見せようって、そう思ったときにモチベーションが変わりました。最初は記録のためのものだったんですけど、「誰かに見てもらうものにしよう」って、そこで思ったんです。

街頭でインタビューをしてみたら［撮影はデモから2ヶ月後の2012年1月］、デモをする人たちの、その声の届かなさみたいなものが、とてもはっきりしました。それが面白いというか、声が届いていないことのもどかしさみたいなものを、ひとつのものにできたのが良かったと思います。
でもやっぱり、ひとりだったら絶対、これをつくろうとは思わなかったと思います。

伊藤さんの場合、何気なく撮影した素材を編集するまでに、小さな山があったようだ。撮影させてもらった人たちに責任を感じつつ、「ひとりだったら記録を撮って終わり」だったかもしれないと伊藤さんは言う。伊藤さんがさきに進むきっかけになったのは、スタッフ清水による上映会への誘いや、映像の内容に関するきろくぶ！講師たちのアドバイスである。こうして、デモをする側の人だけでなく、デモを見る（あるいは見ていない）人たちの視点をつけ加えるという方針が定まり、デモについて仙台の人たちがどう感じているかを取材するという、貴重な記録がつくられたのだ。

記録者としての当事者性

ふたりの足跡からわかることは何だろうか。

ひとつは、一度記録活動がはじまると、主に撮影した人たちや、記録内容に関係するであろう人たちとのあいだに、一種の責任をともなう関係が発生してくる、ということだ。そこでつぎに、記録をパブリックな場に公開することが求められるようになるのだが、（異なる利害関係がある問題の場合は特に）その編集はむずかしい。記録を公にすることには、さらなる責任がともなってくる。これが〈社会的責任〉の壁である。

ふたつめに、活動が停滞しがちなときにそれを活性化させるのは、自分の映像を見る他者を想像したり、スタッフに声をかけられたり、講師に相談したり、上映会に出すと決めたりするという、さまざまな他者たちとの関係である。他者たちとの関係のなかで、つぎの活動へ向かう行為が生まれてくる。

それは、震災の記録という活動に参加することから生じる小さな責任に応えようとすることで獲得されていく、記録者としての当事者性だといえる。震災と復興の記録者になること、他者と自分とのやりとりから獲得される当事者性である。匿名の撮影行為や、組織の一員として行う記録活動からは発生しがたい、他者と自分とのやりとりから獲得される当事者性である。

他者とのやりとりによってつなぎとめられ、他者への責任によって引っぱられることがなければ、かれらが記録を完成させることはなかったかもしれない。社会的責任は、記録者のやる気をくじくものでもあり得るが、ふたりの場合はむしろ逆に、より記録を充実させねば、という方向へとかれらを誘うものとなり、かれらの記録を、より多くの人たちの視点を含んだ複雑なものへと成長させていった。

『傾いた電柱』と『声の届き方』は、2012年3月の上映会「星空と路《みち》」（➡第5章4-1）で一般にも上映された。会場はメディアテークの7階シアター。川名さんは「多くの人に見てもらってすごく光栄でした」と述べ、「これをつくりはじめてからテレビのドキュメンタリーとか意識して観るようになったんですよ」と言う。伊藤さんの映像は、メディアテークだけでなく日本各地で上映された[15]。「想像以上の反応というか、自分が思ってなかったような反応がかえってきたのはすごく面白かったです。自分が伝えたいと思ってなかったことも伝わってるというか」と伊藤さんは言う。各地からの反応が返ってくるのも、実名で公開し、記録者としての当事者性をもったからだといえる。

15. 2012年5月にてつがくカフェ＠山形（山形市）で、7月にはてつがくカフェ＠いわて（盛岡市）で、2013年4月にはSocial Kitchen（京都市）で上映された。

3 表現者から記録者へ

つぎに注目したいのは、わすれン！以前から、何らかの形で表現に携わる活動をしていた、鈴尾啓太さん、小森はるかさん、岩崎孝正さんの3人だ。

かれらは震災後、何かを「記録しよう」とか、「記録をアーカイブに収めよう」とはあまり思わず――そこには風景や人にカメラを向けることへの抵抗感、他者の苦しみを自分の表現の素材にすることへの抵抗感もあったはずだ――各々異なる思いで東北に向かった（震災の時点ではかれらは全員東京にいた）。だが、繰り返し東北を訪れるなかで、震災と復興の過程を映像で記録しようという意志を、ある段階からかれらははっきりともつようになっていく。その変容の仕方は、3人それぞれに違う。

ここで注目したいのは、このような表現者から記録者への移動のありようであり、なぜ表現ではなく、記録へと向かっていったのかということだ。そして記録へとシフトしていくなかでかれらが直面した問題、本章前半でみた2人がぶつかった社会的責任の問題とは少し異なる、「いつ記録活動に区切りをつけることができるのか」という問題である。

震災からの復興には、明確な終わりがなく、現在も続いている。では記録活動をどこで打ち切ることができるのか。そもそも打ち切るべきなのか。映像をまとめ、編集する段階に入るためのきっかけをどこでつかめばいいのかわからないという問題に、かれらは直面したのだ[16]。

16. 記録を何らかのかたちでパブリックなものとして残すことは、表現や芸術における「作品」化に近い。「アーカイブに残す」ことと「作品として発表する」ことの違いは、前者がアーカイブにとどまるのに対し、後者はいったん「ひとりだち」し、独立した「作品」として歩みはじめることにある。アーカイブに残された記録は、アーカイブ施設が存続するかぎり半永久的にアーカイブにとどまるのに対して、作品は美術館に収蔵されなければ、どこかで誰かが保管しようとしない限り失われてしまう可能性も高い。

3-1　記録者になる

(1) 鈴尾啓太：誰でもそこに行けば目にするものを記録したい

鈴尾啓太さん（1985年山口県下関市生まれ、東京都在住）は、フリーランスの映像編集者。近年はドキュメンタリー映画・劇映画・テレビ番組などの編集を手がける、映像編集のプロフェッショナルである。

2008年に大学を卒業して上京した鈴尾さんは、映画美学校[17]に通いながら、ドキュメンタリーを中心とする映像技術会社で、映像編集のアルバイトをしていた。2010年秋に映画美学校を修了、2011年の4月からは、同じ会社で、会社所属の編集マンとして、本格的に編集の仕事を続けていく予定だった。

震災が起きたとき、鈴尾さんは自分自身もその一部であるマスメディア、特にテレビが流すさまざまな情報に混乱させられたと言う。

鈴尾：震災直後東京にいて、マスメディアの映像には、混乱してばかりでした。信じたり、裏切られたり。政府もそうだし、ニュースもそうだし、ドキュメンタリーもそうでした。テレビをたくさん見たから、逆に［東北に］行こうって思ったのは確かですね。もう、わけがわからなかったんです。メディアの洪水というか、情報の洪水によって、何も信じられないというか。実際に原発は爆発しましたし。テレビの映像が、よくわからなかったんです。

報道の人たちも、懸命に必死に報道されてたと思います。しかし、個人的な見解ですが、すぐに断定しつつあった。「この震災がもたらしたものは何か」ということを。被

17. 東京都渋谷区にある映画教育機関で、「フィクション・コース」「ドキュメンタリー・コース」などがある。

害規模や被災者数は当然かもしれませんが、被災された人たちの気持ちのところまで含めて。

――「被災者扱い」ということでしょうか。

鈴尾：そうですね。「かわいそうなもの」として言語化されていたんです。

近年のテレビは、映画よりもカット単位で言語化できる映像で構成される場合が多いと思うんですけど、震災直後もそれまでとまったく同じ［出来事を言語化するという］手法で、［この震災という出来事に対しても報道を］やり続けていると思ったんです。記者たちも、必ず、絶対に混乱しているはずなのに、映像としてはうまくまとめられてしまう。僕も［編集マンとして］「やれ」って言われたらまとめられるんでしょうけど、でも「かわいそうな人たち」として整理するのは、あまりに早いんじゃないかと思ったんです。

この今の状況って、何なんだっていう混乱を、そのまま［出してもいいんじゃないか］。情報の混乱があったわけじゃないですか。そのときに、何かフィルターを通したもの［整理された情報］は、僕だけじゃなくてみんな、求めてないって思ったんですよ。「そのまま」が見たいっていうか。撮っている人、映っている人の、そのままが見たいんじゃないかと思ったんです。というか、少なくとも僕はそうだったんですね。

編集っていう仕事をしていると、切り刻んで、ナレーションとか音楽とか［入れて加工するわけです］。でも編集する前の映像では、ありのままに撮られているかもしれない。視聴者に伝えるっていうときに、こうも整理して決めつけていいものかって、ふとそんな気になったのかもしれません。

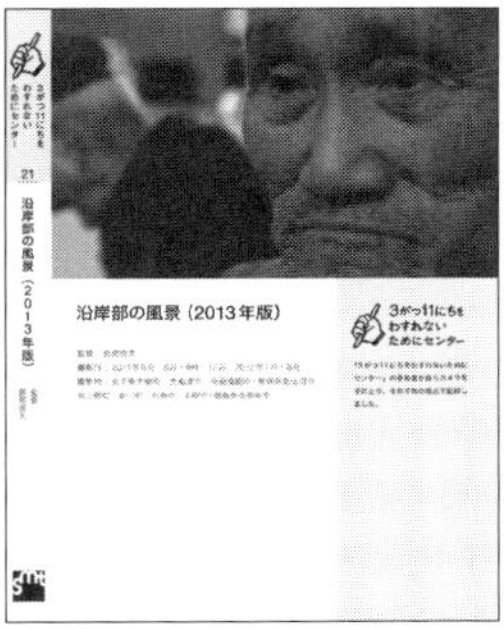

鈴尾啓太『沿岸部の風景（2013年版）』
撮影場所：福島県南相馬市、宮城県南三陸町・石巻市・名取市・女川町、岩手県大船渡市・大槌町、撮影期間：2011年6月－2012年8月、制作：2013年、96分（わすれン！DVDパッケージ）http://recorder311.smt.jp/movie/34641/

鈴尾さんが被災地へ向かったのは、マスメディアが――記者や編集マンが――言語化・加工・編集する前の「そのまま」を見たいと思ったからだ。自分たちはまだ、この出来事をことばにすることができていない。だから、言語化された映像ではなく、フィルターを通す前の「そのまま」の現地に行き、そこで起きていることを自分の目で見たい。「その場に立ちたい」と思ったからだ。

鈴尾さんは会社に所属する道を選ばず、フリーの映像編集者として、3週間働いては1～2週間東北に行くというやりかたを編みだして、東北へと通いはじめた。幸いなことに、映像編集の仕事は、集中的に仕事をする数週間と、そうでない時間のあいだにメリハリをつけることができたのだ。

こうして鈴尾さんは、初めは友人と、2度目からはひとりで東北各地に向かい、まずはボランティア活動をしていった。東北行きの理由は、記録ではなく、自分の目と身体で感じることだったからだ。

同時に、ふと、今自分がここで見ているこの風景を、誰かに見せたい、と考えるようになったという（この感覚は、第3章で紹介した高野裕之さんの、この場に立てない誰かの目になりたいということばにも通じるものがある）。

鈴尾：ボランティアが終わった夕方に、ふと、沿岸部で車から降りてまわりを見ると、そこをただ歩いている人とか、そこをただひとりで片付けをしているおじいさんとかがいたんです。これをただ人に見せたい、って思ったんですね。僕みたいな気持ちの人もいるだろうと思ったんです。

僕がそもそもなんでここに来たいと思ったのかといったら、この空気を見たい、この空気を感じたいというのが第一だった。〔被災地に関する〕情報を知りたいという人とはまた別に、〔ただこの場の空気を感じたいと〕そう思っている人はいるかもしれないと思った。今そこにいる人たちにインタビューをするとかではなくて。どういう行動をしているのか、どういう日々を過ごしているのか。

カメラっていうものは、絶対に主観が映るとは思うんです。だけど、できるだけそれを排して、「そこに居さえすれば誰しもが見るだろうもの」を撮りたいって思ったんです。東京に住んでいて、被災地に行きたくても行けなくて、空気を感じたくても感じれなくてっていう人が、そこにいさえすればきっと目にするものを、ただ撮りたいって思った。そのままの、ただそこにカメラがあったら映るであろうものを、記録したいって思ったんです。

「誰でもそこにいさえすれば目にするもの」を記録する。そのためには、映像に主観的なフィルターをかけることはできる限り避けたい。カメラは機械的にレンズの前の風景を記録するが、カメラをどこにどう置くのかがすでに、主観的な選択である。だから鈴尾さんは、できるだけカメラを固定し、「そこにただカメラがあって、この何センチくらいの高さに三脚を置けば、誰でも撮れるようなもの」を記録したいと考えた。

鈴尾さんが惹かれていったのは、人びとが黙々としていた作業だった。泥かきや掃除、自分の家のあった場所で何かを探すこと。避難所での生活や、小さな畑をつくることなどである。鈴尾さんはそれを、「喪失感から何かをとりもどす作業」だと感じたという。かれらの姿を鈴尾さんは、映像に〈表現〉するのではなく〈記録〉したいと考えた。鈴尾さんがわすれン！に参加者登録したのは、２０１１年の9月11日である。

(2) 小森はるか：情報発信から映像記録へ

濱口竜介さんや酒井耕さんと同じ東京藝術大学（美術学部先端芸術表現科）出身で、現在は映像作家である小森はるかさん（1989年静岡県生まれ、仙台市在住）は、2011年3月当時、大学院に入学する前の春休み期間を過ごしていた。

小森さんはもともと、フィクションに近い映画に興味をもち、社会的なものをドキュメントするというより、ストーリーのある映像をつくっていた学生だった。

小森：［2011年の3月は］大学を卒業して大学院に入学するまでの期間。バイトも3月12日に辞める予定で、とても暇な人だったんです。［そこに震災が起きて］時間はあるのに、ただテレビを見ているしかないだけの時間が続いていて。［大学の同級生の］瀬尾［夏美］は家が近くて、地震でお風呂が壊れてうちに来てたんです。2人だけではなくて、もうちょっと人がいたんですけど。みんなでテレビを見ていました。

「どうしていいかわからないけど、とにかく大変なことが起きているっていうことだけがわかる」状態にいた小森さんは、友人の瀬尾夏美さんが発した一言をきっかけに、動きはじめる。

小森：「ボランティア行ってみない?」って瀬尾が言ったんですよね。わたしはその前に1回、行こうか行かないかって迷った時もあったんですけど、決心がつかず東京で過ごしていて。瀬尾が誘ってくれたから「行ってもいいのかな」って思えて気が楽になって。それからボランティアに行くための準備や情報収集をして、3月30日に2人で東京

小森はるか『あいだのことば』
撮影場所：宮城県石巻市、岩手県陸前高田市、撮影期間：2011年4月－2012年1月、制作：2011－2012年、64分（わすれン！DVDパッケージ） http://recorder311.smt.jp/information/26096/

を発ちました。

レンタカーを借り、随所でボランティア活動をしながら東京から青森まで行き、その途中で見たこと（現地の様子、不足している物資の種類、ボランティア情報など）を、彼女たちはブログやTwitterを通じて発信した。

> わたしたちは、東京在住の大学生ふたり（女子）です。
> ２０１１年３月30日からレンタカー（日産cube）を借りて被災地にボランティアとして向かいました。
> その中で得た情報や、現地を訪れたことでわかったことをまとめて報告していこうと思います。
> わたしたちの情報も、実際に見たものではありますが、一日ごとに現状も変わっていくと思いますので、日付をお確かめの上で何か参考になればと思います。（２０１１年４月１日）[18]

北茨城、いわき、仙台、多賀城、名取、石巻、気仙沼、陸前高田、山田町、釜石、大船渡、大槌町、宮古、普代村、野田村、一戸町（島越）、田老町、階上町、久慈、八戸、盛岡などを走り抜け、現地の人の話を聞き、所々でボランティアをする様子を、ふたりはブログに綴った。東京に戻ってからは、大学や「3331 Arts Chiyoda」（千代田区にあるアートスペース）、そして5月には京都で東北の様子を伝える報告会を開いた。5月半ばと7月にも東北へ行った。この時期の活動は「情報発信」が目的だった。自分たちの発する情報に触れた人が、一人

18. http://genjouhoukokuno2.blogspot.jp/2011/04/

ひとり考えたり、東北で何が起きているのかを確かめようとする人がひとりでも現れたらいいと彼女たちは考えていたという。ただ最初の東北行きのときから、小森さんはあることをきっかけに、映像を撮っている。

小森：宮古市の避難所でボランティアをしていた際、あるおばあちゃんに出会いました。その方は、嫁ぎ先が宮古市で、生まれ故郷はもっと北にある小さな漁村だと話してくれました。聞いたことのない地名でした。そこにも津波が来たと聞いているけれど、情報も入ってこないし、避難所にいて移動する足もない。気持ち的にも被災した故郷を見ることができずにいる、と。わたしと瀬尾がカメラを持っている話をしたら、わたしの代わりに行ってきてほしい、撮っておいてほしいって話をされたんです。その時、カメラは一応持っていたというくらいで、取り出すことはなかったんですけど、そのおばあちゃんの話を聞いて、誰かの代わりに見ておく、撮っておくことならできる、そういう役割もあるかもしれないと思って、2人で記録をはじめたんですよね。

——そのとき撮影したのは主に風景？

小森：風景ですね。他には、出会った人たちとの会話を記録していました。『あいだのことば』（**⬇本章201ページ**）に出てくる3人の人たちです。

小森さんが記録をはじめたのは、わたしの代わりに撮ってきてほしいと依頼されたからで、小森さんにも「映像で何かを表現したい」という気持ちはなかった。撮影した映像を、報告会で見せることもほとんどなかった。２０１１年9月、これまで10日前後だった滞在を1ヶ月間に延ばした彼女たちは、今度は「東北の沿岸部を走り回って、ボランティアセンターの運営スタッフのインタビューを撮りに」[19]行った。このときの日記が、ウェブに発表されている[20]。それは、東京に帰ったあと、東北での1ヶ月間にあった出来事を、ふたりがそれぞれ別々に思い出し、1日ずつ文章にしたものだ（ここにはすでに記憶と想起という問題意識があらわれている）。

初日の日記に瀬尾さんは、インタビュー取材という目的すら「名目のような気も既にしたりしている」「私は、どうにかして自分たちの動き方を形にしたいと思っていた」[21]と書いている。小森さんは9月17日の日記で、「私と瀬尾は支援活動をしているわけではない」[22]とも書いている。ふたりの活動はこの時期、情報発信すること（それも一種の支援活動である）から、何か別のことへ変化しつつあったようだ。

この日記を書くに際して、小森さんは、まず記憶をたどって文章を書き、その後に撮りためた映像を見るという方法をとっている。文章化のあとにその日の映像をあらためて見るという行為は、とても新鮮だったと小森さんは書いている。

> 一度思い出してから見るという作業は、今までしたことがなかった
> 現実にあった時間と、映像に収められた時間ではリアリティも見えるものもまったく違
> う
> そこで起きている差異がとても面白いと思うし
> どちらに偏るでもなく、映し出された現実と、そこには映らなかった記憶や姿を行き来
> しながら

19. http://komori-seo.main.jp/9gatsu/seo2011.10.1.html
20. http://komori-seo.main.jp/9gatsu/
21. http://komori-seo.main.jp/9gatsu/seo2011.10.1.html
22. http://komori-seo.main.jp/9gatsu/komori2011.10.17.html

まとめることができたらと考えている[23]

自分の体験を思い出すだけでなく、自分が撮った映像を見返して記憶と比較すると、映像には、記憶していることと違うものが映っている。[24] 映像はその場に起きることをすべて記録できるわけではないが、何か意味あることが写っている。自分が撮影した映像を見返して、自分の記憶と比較していく小森さんの視線は、どこかアーキビストの視線のようでもある。わすれン！が開設される以前から、わすれン！ができることを知っていた小森さんが、実際に参加者登録をするのは、2011年8月18日のことである。

(3) 岩崎孝正：何が起こっているかわからない状況で有効なメディアは、ビデオかもしれない

映像作家の岩崎孝正さん（1985年福島県生まれ、相馬市在住）がわすれン！に参加者登録したのは2013年の4月で、これまで紹介したどの参加者よりも遅い。その少し前まで岩崎さんは、メディアテークに行ったこともなかったし、わすれン！の存在も知らなかった。

福島県相馬市出身で、東京の日本ジャーナリスト専門学校で学んだ岩崎さんは、卒業後も東京に残り、出版系の編集プロダクションで書籍編集者として働いていた。震災直前にはその職を辞め、アルバイトをして暮らしていた。

2011年3月末、岩崎さんは、福島の写真を撮りたいという専門学校時代の友人と一緒に、地元へ帰ることにした。実家は相馬市のお寺。このとき岩崎さんはビデオカメラを買っている。それは、「写真とか文章で、果たして『これ』は伝わるのか。伝わらないかもしれないと思った」からだ。しかし岩崎さんも、それを何かの作品にしたり、発表しようとは考えていなかった。

23. http://komori-seo.main.jp/9gatsu/komori2011.10.30.html
24. 「カメラは、フレームで切りとったレンズの前に広がる世界をただ機械的に収録する記憶装置です。それはつねに自分の目的意識で世界を眺め、自分の都合でいい思い出と悪い思い出は取捨選択して記憶に残す、人間の記憶のあり方とは根本的に違う記憶装置なのです」。佐藤真「撮ることは生きること」、村山匡一郎編『ドキュメンタリー：リアルワールドへ踏み込む方法』（フィルムアート社、2006年、35ページ）より。

岩崎：記録として自分の父や母や友人たちを残しておいた方がいいだろうと思って、ビデオカメラを持って行ったたっていうのが、いちばんはじめの動機でした。映画をつくろうとか何かをつくろうという気は、全然なかったです。

福島では、家族や地元の友人たちに会い、ビデオカメラで撮影もしていくのだが、以前に学校で学んだ取材方法は、このときまったく役に立たなかったという。

岩崎：何をどうしていいのか、まったくさっぱり見当がつかなかった。ノンフィクションの作法、ルポルタージュの作法みたいなことは机上で勉強していましたが、全然役に立たなかった。

　結局何が起こっているのかがわからなかったんですよね。情報はいっぱい出ていたけれど、それはテレビの中の話で、自分の地元の現実が飲み込めない。現実自体を受け止めきれない。どういうことなんだ、これは一体なんだろうっていうおかしな浮遊感があって。友人が言ってたんですけれど、「いやーなんか夢見てるみてえだな」っていう感じ。「いや俺、夢んなかいるんじゃねぇかって思うわ」って。そういうのがいちばんピタッとくるような感じなんです。

東京でのアルバイトが再開したこともあって、しばらくして岩崎さんは東京に戻った。東京で働いて、何か福島に戻るきっかけがあればまた帰って記録する。東京と福島を行ったり来たりしながら、断続的に撮影を続けていたこの時期は、岩崎さんにとって、自分が何者になるのかを探していた時期でもあったという。活字なのか、写真なのか、ビデオカメラなの

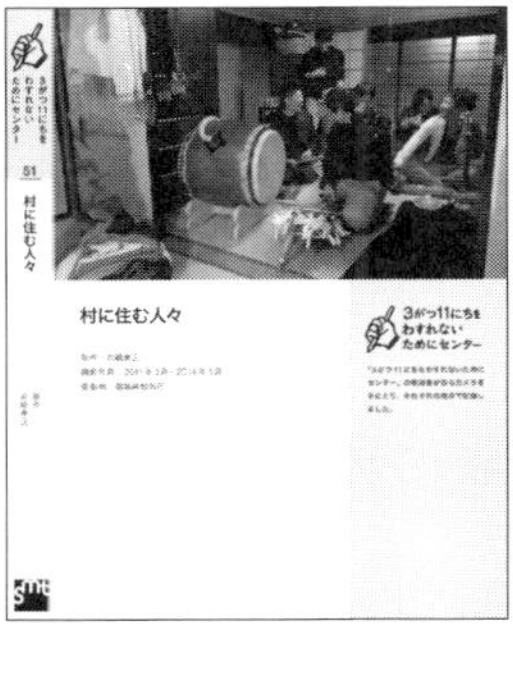

岩崎孝正『村に住む人々』
撮影場所：福島県相馬市、撮影期間：2011年3月−2014年5月、制作：2014年、48分（わすれン！DVDパッケージ）http://recorder311.smt.jp/movie/51224/

か。岩崎さんは、さまざまな表現の方法を模索していた。[25] 模索の期間は２０１１年から２０１３年にまでおよぶ。２０１２年には、東京から福島へ引っ越してもいる。

3-2 記録の無限性

わすれン！にも登録し、仙台に拠点を得た鈴尾さんは、２ヶ月に一度くらいのペースで、東北を訪れ、レンタカーで福島から宮城、岩手へと北上しながら、何を・誰を撮るべきか迷いながらも記録を順調に進めていった。回数を重ねるにつれて、現地の人たちとの関係のつくりかたにも少しずつ慣れていった。

だが記録が順調に進む一方で、どの段階で記録を終えるのか、あるいはこの活動にとって「完成」とは何かということが、鈴尾さんにとって大きな問題となってくる。

鈴尾：この映像においては、行くこと・目にすること・出会うこと・撮ること・東京に戻ること・編集することはつながっていて、明確な方向性というのはあるようで、日々変わっていくものだったんです。沿岸の風景も、戻った時の東京の意識も、ものすごいスピードで変化していった。被災者の気持ちを置き去りにして。撮りながらも思考していたし、編集しながらも思考していました。だから、矛盾してますけど、人に見せるために撮ってるのに、「完成させるって何なんだ」と。完成させるっていうことがすごく怖かったんです。僕はどうまとめるのか？まとめてしまうのか。「いやだな」と思ったテレビ番組のように自分も整理して言語イメージ化していくのかと。

25. この時期、岩崎さんは「イメージ福島」(http://image-fukushima.com/)という、福島に関する映像上映団体の活動にも参加している。その活動を通じて岩崎さんは、映画関連の文章を書くフリーライターとしての仕事もしていて、2013年7月には、濱口竜介さんと酒井耕さんが監督した東北三部作のレビューも執筆している。「【Review】「東北」を移動する記録映画〈ロードムーヴィー〉酒井耕＆濱口竜介「東北記録映画三部作」text 岩崎孝正」。http://webneo.org/archives/10038

同じ問題に、小森さんや岩崎さんもぶつかっている。当時について、小森さんはこう語っている。

小森：誰かに頼まれたわけでもないし、自分でも何のためになるのかわからないけど、撮りたいと体が反応したものを記録していました。そこに何が映っているのか、まだわたしには判断できない。しばらく後にならないとわからないかもしれないし、誰かわかる人が見ないとわからないかもしれないけど、何かが映る。たぶん残しておかなきゃいけないものが、カメラにも映りきらないぐらい、いっぱいいっぱいあって。それを少しでも留めておく方法が、私には「映像」だったんです。

自分が作品をつくりたくて、表現したくて、撮影をしているというのでは全然なくて。その人たちの暮らしはまだずっと続いてるし、私が通うっていうのもまだ続くような気がしてたから、その人に会うために、その場に居続けるために、カメラを持っていたような気がします。

自分が撮影した映像について、小森さんは「誰のものでもない映像」と表現する。

小森：自分が撮影したものが自分だけの映像だっていう気が全然しなくて。もっと誰かのもの、いや、誰のものでもない感じがしていました。映っているものとか映っている状況のものであって、個人の映像ではないという思いがありました。

わたしが映画をつくるときにはいつもそうなんですけれど、わたしには表現したいこととか、全然ないんです。むしろ、映る側の人にある。かれらに、伝えたいこととか、切実なことがたくさんある。だから、撮影ができている。そういう人に出会えたことが大きいんです。記録をする役割を、託されているような部分もあって、連絡も向こうから来たりするんです。

大事だなって思う瞬間に、カメラが居た方がいいって、おそらく直感的に思ってくれているんだと思います。だからそういう時に電話がかかってくるんです。〔かれらにとって〕誰にも知られずに、手探りながら日常のなかで続けている小さな闘いを、誰かに見ていてほしいという気持ちがあるんじゃないかと思うんです。わたしがそういう瞬間を撮りたいと思っていることも、みなさんよく知っていて、うまくつかってもらっているんです。役者さんとかじゃなくても、普通に生活してる人との関係のなかで撮影の現場が生まれていくんです。どっちが監督なのか分かんないぐらいの駆け引きをしながら、ある行為を記録するために演じることが必要になったり、ロケーションを考えたりすることが自然と起きる。カメラってすごいなって思ってます。

3人のなかで、記録活動をはじめてから編集作業に移るまでにもっとも時間を費やした岩崎さんは、もっともこの問題に長く関わったといえる。

岩崎：基本的にドキュメンタリーって、何かのはじまりから何かの終わりまでを追いかけるのが基本的な撮りかた・つくりかただと思うんです。〔しかし、自分の撮影が〕何からはじまり、何で終わるのか、わからなかったんです。震災が起こり、それが何で終わるのかが見当たらない状態で〔記録が〕はじまってしまった。撮影していても見当たらない。見当たるのかもしれなかったけれど。途中で東京に帰ったりもしているので、なんというか、中途半端なものになってしまったんです。

一般に、ドキュメンタリーや映像作品をまとめることは、ある意味で物語をつくることに近い。ドキュメンタリー作家の佐藤真はかつて、「ドキュメンタリーとは、映像でとらえられた事実の断片を集積し、その事実がもともともっていた意味を再構成することによって別の意味が派生し、その結果生み出されるひとつの〈虚構＝フィクション〉である」と述べた[26]。そこでは、編集すること、編集によってひとつのフィクションを生み出すことが必須であるとされている。

もちろん、鈴尾さんたちも、編集を拒否しているわけではない。記録を見てもらうために編集は不可避である。ただし、ここで問題になるのは、編集によって再構成される〈虚構＝フィクション〉の、物語としての大きさではないだろうか。

かれらが撮影していたのは、震災という大きな問題を象徴する出来事ではない。さまざまな人たちの、災害の場における日常的な姿であり、その人たちとかれらの、やりとりである。かれらは、そうした姿ややりとりを、固定されたひとつの大きな虚構＝物語に集約することを、むずかしいと感じていたのではないだろうか。かれらにとって映像による記録は、言語化される以前のもの、意識的な記憶に残りにくいもの、ことばで表現できないものを残すために選ばれた方法である。とすればそこにおいて編集＝再構成は、たとえば、かぎりなく大きな物語から遠いもの、断片が続く小さな物語の集積のようなかたちをとることになるのではないだろうか[27]。

もうひとつ、現実的なこととして、記録コストの問題がある。フィルム時代とは異なって現代の記録者たちは、映像をデジタルファイルで記録するビデオカメラをつかい、いつまで

26. 佐藤真『ドキュメンタリー映画の地平　上』（凱風社、2001年、14-15ページ）。
27. 岩崎さんは編集のむずかしさの問題を、ポストモダン教育の問題ともつなげて考えている。「僕が18、19で入学したころって、ネグリとハートが『帝国』（アントニオ・ネグリ、マイケル・ハート『帝国　グローバル化の世界秩序とマルチチュードの可能性』、以文社、2003年）を出した時期とかぶるんです。僕はポストモダンの教育を受けてきていて、だから『伝える』前に『主体』はいない、作者はいないっていう教育をまともに受けてきた。だから、お前が伝えたいことは何だ？って言われても、その前に主体って何なんだよ、というところがあるわけです」。

も、どこまでも、低コストで記録することができる。35ミリや16ミリのフィルムで撮影していた時代にあったコストの問題から、わたしたちは解放されている。その代わりわたしたちは、記録活動をいつまでも、どこまでも続けることができるという、本書冒頭で述べたライフログ的な問題、記録すべきことに際限がなくなってしまうという新たな問題を抱えている。こうした状況も、記録が終わらないことの背景にある。

被災した風景を前にして、高野裕之さんは、「何を撮ったらいいかわからない」が、「欲求としては、その場の状況を、あらゆる角度から全部撮んなきゃいけないと思う」と語っていた。現代の記録者にとって、記録という作業は、大きな物語にならない断片的な物語を、どこまでも撮り続けていくことに近づいている。記録にどこで区切りをつけるかを決めがたいこの問題を、わたしたちは、「記録の無限性」の問題と呼ぶことができる。

「その場に行けば誰でも見られる風景を記録したい」と考える鈴尾さん。「誰のものでもない」映像を撮り続けていた小森さん。復興過程のただ中にいる家族や友人の記録を撮り続けていた岩崎さん。かれらは、撮影を終わらせるという判断を簡単にくださなかった。それは、先が見えにくい震災と復興のプロセスのなかで、どのようなものとして記録をまとめるべきかという問題、何がどこで終わり、それをどのような物語としてまとめるのかを誰が判断できるのかという問題に対する、ひとつの誠実な応答ではないだろうか。

3-3　転換点としての〈他者〉

記録にどこで区切りをつければいいのかわからない状態に変化を及ぼしたのは、一種の外圧だった。他者からの要請や仕事の都合、震災から1年という時間の流れなどが、かれらの

28. 小森はるか『あいだのことば』（撮影場所：宮城県石巻市・岩手県陸前高田市、撮影期間：2011年4月−2012年2月、制作：2011−2012年、64分）。2012年3月の上映会「星空と路」で上映されたのち、わすれン！DVD第4巻として、メディアテークの映像音響ライブラリーに配架されている。

記録に区切りをつけるきっかけとなった。

小森さんの場合は、スタッフからの上映会への誘いである。2011年の秋、わすれン！スタッフは、翌年3月に開催する上映会「星空と路」に参加しませんか、と小森さんを誘った。これがきっかけとなって編集したのが『あいだのことば』[28]だ。

鈴尾さんの場合も上映会が最初のきっかけである。2012年3月の上映会にあわせて、まず『沿岸部の風景』[29]をまとめた。その後、2012年の秋にテレビドラマに1クール関わることになり、それまで2ヶ月に一度行っていた東北行きが不可能になった。結果、東北滞在は4ヶ月空くこととなる。この時期の沿岸部の4ヶ月の変化は大きく、追いきれなかった後ろめたさと、良くも悪くも自身との距離が生まれ、鈴尾さんはこの期間をつかって、それまでにまとめたものをさらに再編集することを決意する。そして『沿岸部の風景[30]（2013年版）』がつくられた。

岩崎さんの場合は、大学院への進学である。文章なのか、映像なのか、音楽なのか、表現方法についての模索が続いたが、2013年のはじめに「最初にビデオカメラをもって福島に帰ったのは、要するに『これはことばでは伝わらない』と思ったからではなかったか」と考えて、映像を選ぶことを決意する。ほぼ同時期にわすれン！の存在を知り、記録者への手厚いサポート体制があることを知って参加者登録。意思が固まって、2本の映像（『福田十二神楽』『福島の光景』）を立て続けに制作し、東北芸術工科大学の大学院で映像を本格的に学ぶため、その入学には映像作品が3本必要ということで、右の2本に加え、2011年から撮影していた福島の家族や友人たちの映像をまとめたのが、『村に住む人々[31]』である。

29. 鈴尾啓太『沿岸部の風景』（撮影場所：福島県南相馬市、宮城県石巻市・名取市・南三陸町・女川町、岩手県大船渡市・陸前高田市・大槌町、撮影期間：2011年4月・6月・9月・12月、制作：2011–2012年、90分）。2012年3月の上映会「星空と路」で上映されたのち、わすれン！DVD第5巻として、メディアテークの映像音響ライブラリーに配架されている。

30. 鈴尾啓太『沿岸部の風景（2013年版）』（撮影場所：福島県南相馬市、宮城県南三陸町・石巻市・名取市・女川町、岩手県大船渡市・大槌町、撮影期間：2011年6月－2012年8月、制作：2013年、96分）。これは、2013年10月の山形国際ドキュメンタリー映画祭「ともにある Cinema with Us 2013」部門にて上映されたあと、2014年3月の「星空と路」等でも上映された。わすれン！DVD第21巻。

31. 岩崎孝正『村に住む人々』（撮影場所：福島県相馬市、撮影期間：2011年3月－2014年5月、制作：2014年、48分）。2015年2月の『星空と路』で上映されたのち、わすれン！DVD第51巻として、映像音響ライブラリーに配架されている。

『沿岸部の風景』

この映像には、象徴的な出来事やイベントはまったくない。２０１１年4月の南相馬市にはじまり、２０１１年12月の宮城県女川町まで、そこで鈴尾さんが出会った、あることをしている人たちの様子が説明もなく写され、その作業や、やりとりのなかに流れている時間をそのまま撮ろうとするかのように、長いショットでその人たちや風景が撮影されている。字幕は場所と撮影月を記しただけでナレーションはない。「震災を言語化せず、ことばにすると失われるもの、報道で映し出されにくい時間の営みについて考える」という鈴尾さんのことばどおり、ことばは少なく、映像はゆっくりと進む。

避難所ですることもなく布団に横になっている人たち。写真洗浄の現場で、何百枚と並んだ写真のなかから自分の写真を探し出す人。墓場の掃除を黙々と続ける男性。暗くなるまで友人を待つ人。枯れてしまった盆栽の手入れをする老人。流された墓石を探す女性たち。警官をからかおうと、大晦日の深夜コンビニ前にたむろしている若者たち。帰れるのか、帰れないのか、放射線について議論を続ける避難所の人たち。自宅の跡地で何か物を探している人。友人が迎えに来るはずだといって、ずっと待つ人の姿。

ここに映される風景と人びとの様子には、報道すべき「情報」としての価値はほとんどないかもしれない。では何が映っているのか。

『沿岸部の風景』を見た人たちは、対象とカメラとの独特の距離感に感心している。鈴尾さんは偶然出会った人たちに撮影をお願いしたそうだが、自分が何をしているのか、じっくりと話してから撮影をはじめたという。撮影された人たちとの関係は、そのせいか、付かず離れずである。この記録を見た人はしばしば、この映像には「独特な距離感」があると述べる。「見事な距離感で人びとをとらえていて、その人びととの想いがよく伝わってきて、涙がでてきました」「登場人物との距離感が、とても上手だと思いました」（２０１２年３月上映会アンケート）。「きわめて冷静な撮影」（２０１３年ＤＶＤ視聴アンケート）。相手に近づきすぎもせず、かといってつきはなすのでもない関係性が、ここには記録されているのだ（たまに鈴尾さんは、相手とほんの少し、しゃべりもする）。

　前述したようにこの映像は２０１２年と２０１３年の２回編集された。２０１３年版では、やや状況説明的な映像が削られ、一人ひとりの様子がさらに浮かび上がるような編集が施されている。鈴尾さんは「これは［スタッフの清水］チナツさんとよく話していたことなんですけど、つくることで僕は何か意見を言いたいとかではなくて、つくりながら考え続けたい、っていうことなんです」と語っている。鈴尾さんにとって記録活動は、映像を媒介にして考え続けるためのものなのである。

『あいだのことば』

『あいだのことば』は、小森はるかさんと瀬尾夏美さんのふたりが、震災直後の２０１１年４月から２０１２年２月にかけて、石巻と陸前高田で出会った人びとと彼女たちふたりのやりとりを撮影した記録である。主に登場するのは小森さんと瀬尾さんの２人と、石巻の男性と女性が１人ずつ、陸前高田の女性１人の合計５名。小森さんと瀬尾さんはかれらのもとを繰り返し訪れている。

　冒頭に最低限の状況を説明する字幕はあるが、それ以外、字幕もナレーションもない。瀬尾さんが話を聞き、会話をし、小森さんがあいづちを打ちながら撮影していることが多い。全編手持ちカメラで撮影されているので画面の揺れは大きい。インタビューする状況をつくっていないので、会話の筋も追いやすいとはいえない。けれども、わかりやすく整理しないでおいたところに、この記録の意味があると思える。小森さんは、画面の揺れなど、少し見づらい部分があることもわかっているが、それでもこれをまとめることにしたと語っている。

人びとによって語られるのは、断片的な物語である。津波に呑まれた友人の話。どこの家が流され、何がなくなったのか。少し落ち着いてきた生活の様子。繰り返し語られる波の話。部屋掃除などのボランティア活動の合間や、食事やお茶など、何か作業をしながらの会話をとらえた撮影場面も多く、語られる内容も、わかりやすく整理していないがゆえに、この人は何を語ろうとしているのだろう、なぜこんなふうに熱心に、あるいは静かに、瀬尾さんと小森さんに語ろうとしているのかを、見る人間は想像するはずである。

小森さん自身、「これを何かにしようとは思っていなかった」と語っているように、これはもともと、「この場ではないどこか」にいる人たちのことを最終的に意識して撮影された映像ではない。人びとのことばは第一に、小森さんや瀬尾さんたちに、そこにいる人たちに向けて語られている。彼女たちの発することばや表情も、映像のなかにはっきりと残っている。それは誰かが誰かに向けて語った「あいだのことば」なのである。

とはいえ、映像には実に多くのことが映っている。たとえば、すこし間をおいて再訪すると、一人ひとりの「被災した」人が、時間のなかで少しずつ変わっている様子が、見る側にもわかる。最初は大騒ぎだった食事の場面も、しばらくすると少し落ち着いた食事風景になり、堰《せき》を切って話していた人が、ゆっくりと話すようになっている。こうした変化はわずかかもしれないし、言語化もされていないけれど、映像にははっきりと変わっていることが記録されている。ほんのちょっとした表情や、部屋の様子が変わっていくことを通じて見えてくる一人ひとりの繊細な変化——それこそが「復興」ではないだろうか——が、映像化されているのだ。

『村に住む人々』

東京にいた岩崎さんが震災後、故郷の福島県相馬市に戻り、家族や同級生の友人たちを訪ねていく様子を中心とした記録である。ナレーションはなく、「僕」を主語としたわずかな字幕が入るのに加えて、家族や友人との会話のなかに、岩崎さんのことばも入って来る。

同級生たちは20代半ばの若い男性たちで、地域の消防団員をつとめ、遺体捜索にたずさわった人もいる。震災直後かれらの口は重いが、いろいろと質問する「東京にいた」「僕」のことばは、軽い。仲の良い友人だから軽い感じで声をかけているのだろうと想像するが、そのギャップが生々しい。「あくまでも遺体捜索だから」「安置所に〔遺体を〕持ってくって感じなの?」「持ってくのはあくまで警察だ。俺らは見つけるだけ。見つけたら警察にまかせるしかねぇ」。

同級生のひとりが、流された自宅のあたり、遺失物が延々と広がる被災地をふらふらと歩きながら、「自分の家のもの」は何かないかと探している。子供時代を写したアルバムを発見して喜ぶ母親。当事者がこの数週間に経験してきたことの重みと、その経験をまじまじと想像することが困難な「僕」。両者の距離が感じられるやりとりが続く。映像を見る側としては、無遠慮に聞こえてしまう質問にいつ友人たちが怒り出すのかと緊張するが、同級生たちは決して怒りはしない。

母を失った同級生との会話のあと、画面はいきなり2年後の２０１３年3月へ。寺で卒塔婆を書き法事をつとめる父と、あつまった人たちの姿。多くの人たちの「三回忌」が続き「父は拝み続けた」。

そして2014年、相馬市の慰霊碑が建つ。父に「檀家さんいる?」と聞くと、「いっぱいいる。ほんとにいっぱい。名前見ると、涙出てくる」。字幕「父は115名もの人びとを供養した」「村では251名が流された」。

最後のシーンは、岩崎さんの先輩後輩同級生たちが集まって、村の神楽の練習をする場面だ。太鼓を叩いているのは遺体捜索をしていた消防団員の同級生。神楽が村を回り、新築した家を祝う。「僕の報告はここで終わる」という字幕で、映像は終わる。

岩崎さんは、ことばではなく映像をつかって活動する決意をしたのは、映像の世界が文章と異なり「閉じた孤独なもの」ではないからだ、と言う。映像には他者も映るが、自分も映る。この映像でも、少し無神経にも思える様子で話を聞く岩崎さんの様子が記録されている。その意味でこれは、相馬市の人たちの記録であるというだけでなく、すぐれて岩崎さんの、記録者自身の3年間の変化を感じさせる記録にもなっている。

岩崎：文章を書くっていうことは、孤独な閉じた世界なんです。でも映像は、外に世界が広がっていくんです。ビデオカメラを持った時点で何となくそのことは、感じていたのかもしれません。これでいろんな人たちのことを知っていくんだ、ということに。

自分に閉じていくことが、果たしてこの震災・原発事故と向き合うことになるんだろうか。ちょっと違うんじゃないか。もっと広げて、いろんなことを知りたい人たちに、自分の映像を見てもらったり、逆に、知らないことを知りたいということを収集するという意味で、自分が映像を撮っていったりする。開かれたものとしてみんなで考えて、思考を深められればいいんじゃないか。そう考えていました。

こうして岩崎さんは、鉛筆とノートをビデオカメラに持ちかえたのである。

4　市民から記録者へ、表現者から記録者へ

本章で見てきたように、記録活動を通じて、人は出来事と他者に関わるようになる。記録を公にすることで、記録者として社会的に見られるようになる。それは、市民にせよ表現者にせよ、記録者としてのアイデンティティを獲得していくプロセスである。

そもそも他者についての記録を公的な場所に残すことは、さまざまな意味であやうさを伴う行為である。まちがったことを言うかもしれない。人に迷惑をかけるかもしれない。技術的にもある程度クオリティがあった方がいい。どうして、赤の他人である自分が関わるべきなのか。ほとんどの市民にとって、他者に関わるべき理由は、一見存在しない。専門家にまかせておけばいいではないか？

だが、ひとりの市民として他者に関わるという態度が、さまざまな力に押し流されるとき――一市民であるというだけの立場／資格／能力だけでは他者に関わるべきではなく、自分が属する社会的／専門的コンテクストだけで発言すべきだというなら、この社会はおそらく何も変わらない。専門的知性だけでは解決できない問題がある。市民による価値判断がなければ決められないことがある。

専門的知性をいったん括弧に入れるふるまい、自分と異なる他者が置かれた立場について思考し、異なるコンテクストをつないでいく知性が求められている。[32]〈一市民〉という何の支えもない立場から、記録するという行為に向かおうとする人たちの動きが貴重なのは、そ

32. 鷲田前掲書。

れゆえである。他者についての映像記録を残すという、このむずかしい行為に向かおうとする人たち——川名さんや伊藤さん——を、わすれン！のようなプラットフォームが支えることの社会的な意義は、ここにある。

表現者という立場から見ても、記録活動は一見簡単なように見えて、あやうさを伴う行為である。まちがったことを表現して迷惑をかけるかもしれないこと、表現者である自分がそこに関わりをもつ理由など、表現者が直面するのは、市民にとっての問題と変わらない。そうやって記録活動を続けるとき、市民と表現者は、同じひとりの個人として、記録に携わる者＝記録者としての当事者性を帯びていくのである。

プラットフォームとしてのわすれン！にとって危険だったのは、専門然とした記録のありかたをお手本・理想として、参加者たちがそれを模倣しはじめることだった。そうなれば、参加者は誰も、何を記録すべきか、どのように記録すべきかに悩むことはないだろう。判断の主体から少しだけ自分をズラすこととなるからである。

わすれン！において、記録することのあやうさは、最終的には参加者一人ひとりが引き受けねばならないことである。だからこそスタッフはその奮闘を下支えするのだ。記録に自分の名前が残るからには、参加者は、他者について語ることのなかにある難しさを引きうけなければならない。記録活動とは、この責任を感じつつメディアと格闘することに他ならない。

だから参加者は——一市民であれ表現者であれ——、撮影した映像を見なおし、保管と公開のために何が不足しているのか、試行錯誤するのである。記録活動のプロセスが、映像表現についてだけでなく、市民として何をすべきかをめぐる、すぐれた学習機会となるのは、この試行錯誤があるからだ。それは、他者に関わりをもつ記録者が自分自身で向かわなければならない、大きな余白なのである。

当事者性とは、自分でそのアイデンティティを脱ぎ去れないようなアイデンティティ、そこから「退出するオプションを持たない」ものだといわれる。[33] その意味でいえば、市民や表現者は、「被災者」のもつ当事者性をそのまま帯びることはできない。しかし、記録の成果を公に残すという活動は、人を記録者にする。参加者として登録し、実際に取材をはじめるとき、わすれン！参加者というアイデンティティはたとえ小さなものであっても、パブリックなものとして共有されはじめていく。この公共性への関わりこそが、わすれン！参加者を記録者にし、かれらが活動を続けていくことのコアにある。記録活動は、表現手段をより洗練させる学習機会であるとともに、自分以外の他者が生きる文脈に関わるための、公共的な領域を開くのだ。

33. 樋口直人「あなたも当事者である —— 再帰的当事者論の方へ」、宮内洋・好井裕明編著『〈当事者〉をめぐる社会学　調査での出会いを通して』（北大路書房、2010年）所収。

第5章　つくりかた②
――アーカイビング・コミュニティをつくる

自然状態を現実的なものとする手段は一つしかないであろう。それはもろもろの出会いを組織化するようにつとめることである。

ジル・ドゥルーズ『スピノザと表現の問題』[1]

第5章は第2章の続きである。第2章では、開設時にデザインされたプラットフォームとしてのわすれン！の設計図について述べた。本章では、メディアテークがわすれン！と同時にはじめた対話の場〈考えるテーブル〉について、および、わすれン！開設から1年間に、プラットフォームに追加された要素について述べたい。ここでのテーマは、「記録をつくるためのプラットフォーム」の全体像を描くことである。

2011年の秋から2012年の3月にかけてわすれン！は、記録がアーカイブに保管され、公開されるまでのプロセスを進めていった。映像を撮影する段階から、編集し公開する段階へと変化するにつれて、そのプラットフォームには足りない要素が見えてきた。「ワーク・イン・プログレス」方式で運営されるわすれン！は、そこで、プラットフォームにいくつかの変更や追加を行った。記録を完成・公開させるプロセスについて、第3・4章では参加者の視点から述べたが、第5章ではそれを、プラットフォームを運営する側の視点から考える。

1. ジル・ドゥルーズ、工藤喜作・小柴康子・小谷晴勇訳『スピノザと表現の問題』(法政大学出版局、1991年、272ページ)。

1　記録から編集へ

1-1　新規登録者数の減少と地元化

まず、わすれン！開設から4ヶ月が経過した、2011年秋のわすれン！の状況を確認しよう。

第3章で述べたように、わすれン！がはじまって最初の数ヶ月間は、とても多忙で、多くの参加者がやってきた。だが夏休みがすぎ、秋になると、新規登録者数は激減する（➡130ページの図11を参照）。

2011年の10月以降、新規登録者数は、毎月5名以下にまで減少した。同時に、新規登録者の居住地が地元化するという傾向が強まっていく。これは、2011年5〜8月の登録者の約半数が、首都圏からだったこととと対照的である。図13・14に示したように、時間が経つにつれて宮城県からの登録者比率は一貫して高まり、特に仙台市からの登録者は、2012年度は41％、2013年度は67％。2013年度には、新規参加登録者の県内率は86％に達している。2013年度末まででまとめると、全参加者の46％が仙台市内から、仙台市以外の県内からが14％、関東からが25％になる。わすれン！は徐々に、仙台市内在住者を軸としたアーカイブ活動へと変化しつつあったのだ。

アーカイブはゆっくりと育つ

図15に示したように、わすれン！開設後数年経っても、ゆるやかなペースで、現在に至るまで、新たな登録者は現れ続けている。数は少ないかもしれないが、震災後6年経っても、

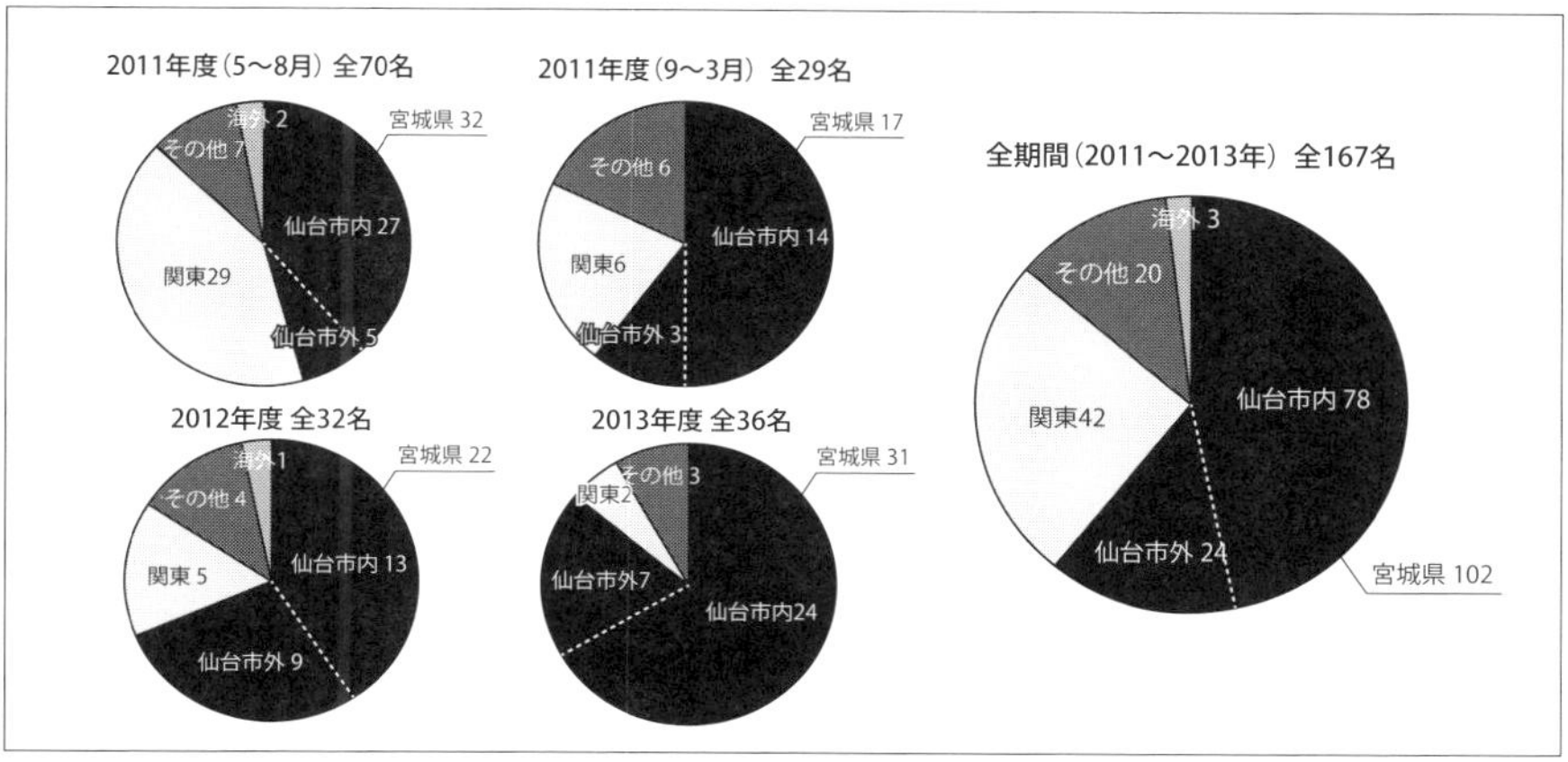

図 13　新規登録者はどこからやって来たか

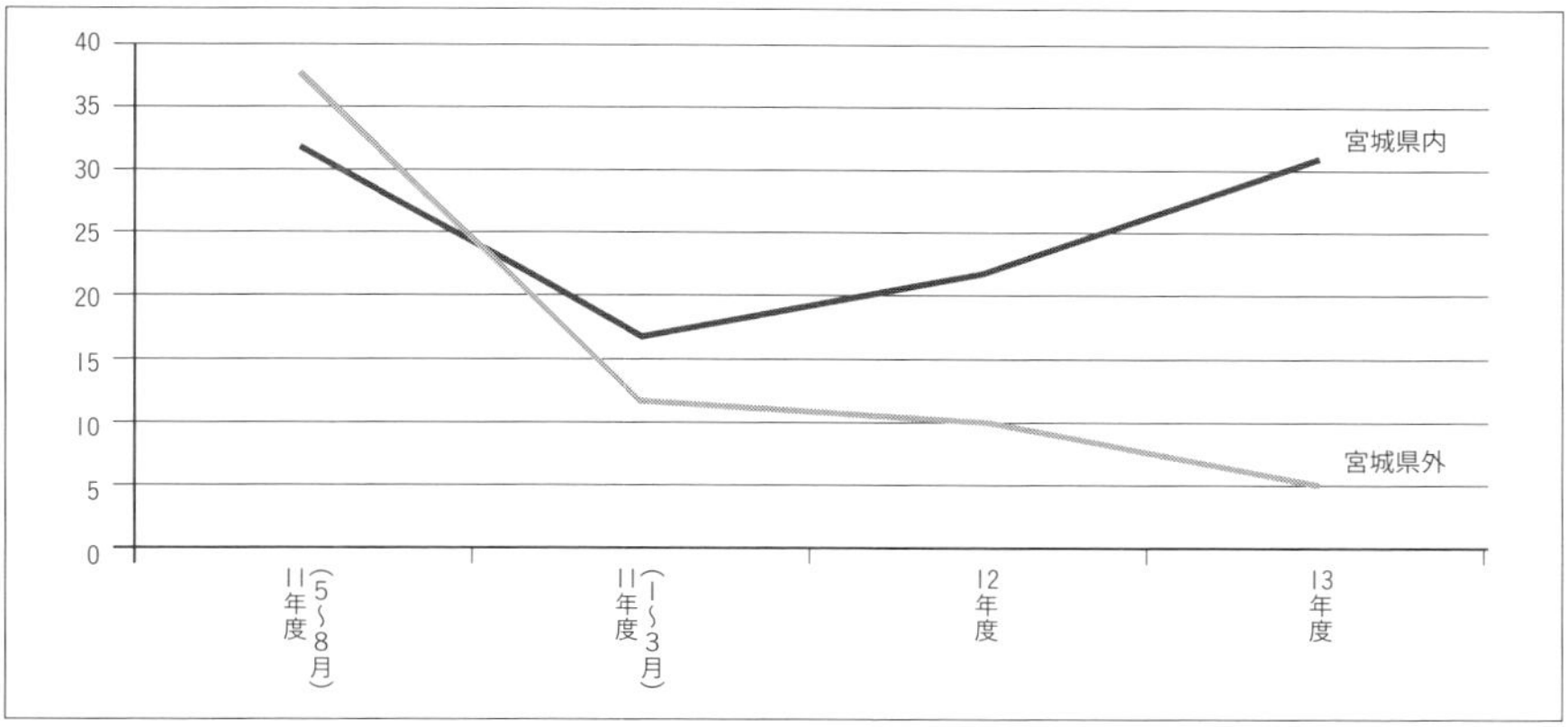

図 14　新規登録者はどこからやって来たか（各期間の人数の変遷）

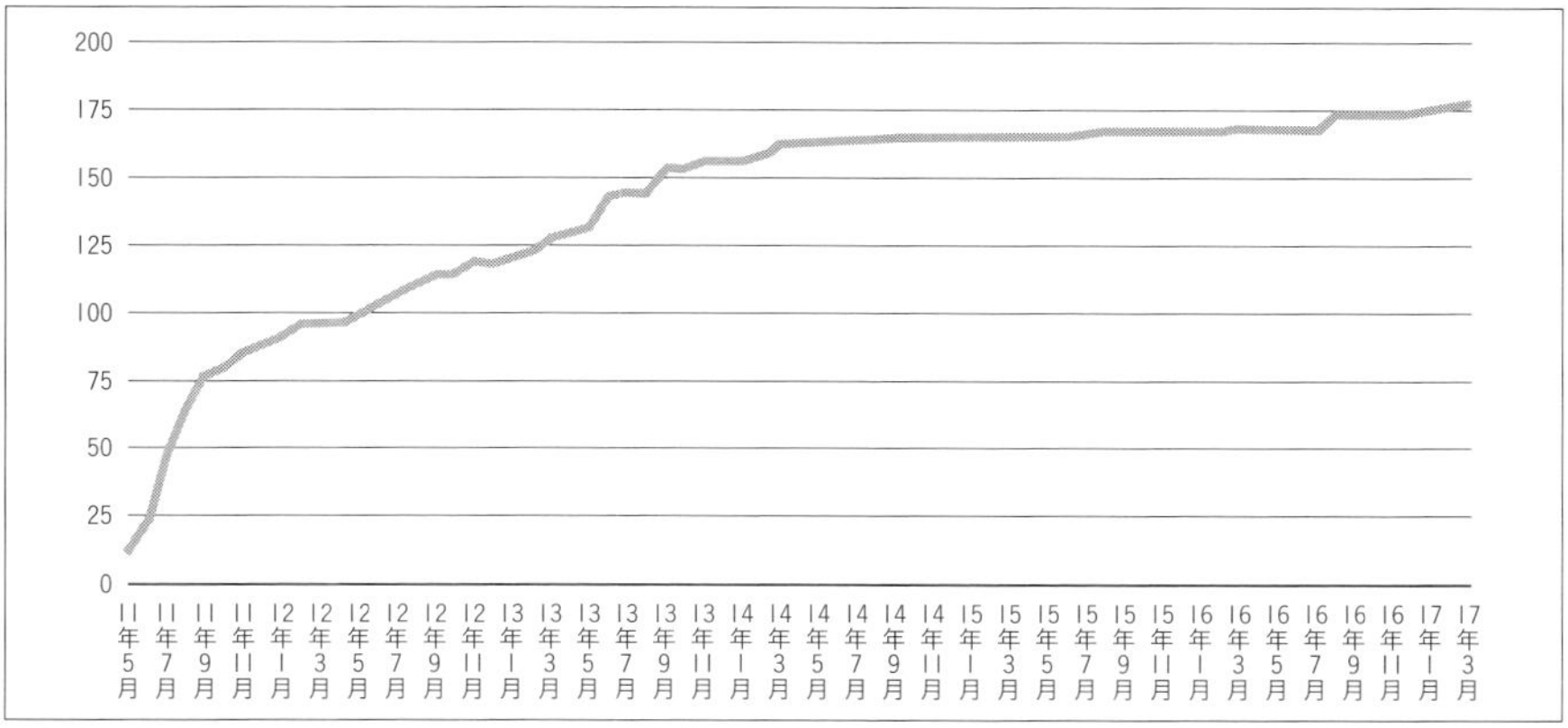

図 15　新規登録者数の推移（累計）

記録活動に加わる人が新たに現れている。

2013年の11月には、仙台市沿岸地区の住民から、はじめて参加登録する人が現れた。津波被害を受けた地域からの登録者が、はじめてこの時期に現れたのだ。それは、記録活動に適した時期が出来事の起きた直後に限らないこと、長期間にわたってアーカイブの窓口を開いておくことの重要さを示している。

被災経験が生々しすぎるとき、カメラに向かって経験を語ることはむずかしい。長い時間の後、経験に向き合い、それについて語ることが可能になることもある。[2] 同一人物でも、時間の経過に沿って、何をどう語るかは変化するかもしれない。復興や回復のプロセスは長い。被災した人たちをめぐる状況も、刻々と変化している。だから、5年後、10年後にも新たな記録が生まれる意味がある。出来事の直後を逃せば永遠に記録されないままになってしまうかもしれないことがある一方で、少し先の未来においてこそ語られ、記録されることもあり得るのである。アーカイブは、長い時間感覚のなかで、ゆっくりと育っていくものだと考えた方がいい。[3]

震災後しばらく経ったころ、記憶の「風化」がさけばれた。風化とはそもそも、一定の形をとった岩石が、風雪によって摩滅し、その形が破壊されていくことである。しかし、わたしたちは震災について、はっきりとした形をとる認識を得たことがあるだろうか。リアス・アーク美術館の山内宏泰学芸員がいうように、「被災地で暮らす被災者の場合、震災の記憶は日々更新されながら蓄積され続けている最中であり、まだ震災の記憶という塊は未完成である」。復興のプロセスは今もまだ続いている。それゆえ「震災という現象自体が未完であり、それが風化するという表現自体成立しない[4]」。風化する以前に認識することがなされていない。そう山内さんはいうのである。

2. 第3章で述べたように、苦しみの当事者性が高いほど、出来事の直後に雄弁に語ることはむずかしくなる。出来事に向き合い、語りはじめるためには、回復の時間が必要である。これは時間が苦しみを忘れさせるという意味ではなく、むしろ不在となった人やものとの関係を新たにつくりあげるための時間である。エッセイストの須賀敦子は、若き夫を急病で失って落ち込み、睡眠薬を飲んで現実を直視できなくなっている自分に、ある友人が言ったことばを記録している。「喪失の時間を人間らしく誠実に悲しんで生きるべきだ」(須賀敦子『ミラノ　霧の風景』白水社、1994年)。

3. たとえば、広島市の平和記念資料館には、原爆投下後70年以上が経った今でも、毎年新たな資料の寄贈があるという。2015年度には98点の資料寄贈があり、それに合わせて「新着」資料展も行われた。70年間自宅にしまわれ、大切に保管されていた「資料」——自らの子どもが死んだときに着ていた衣服や、親が自分に残した最後の手紙の断片など——が、数十年経った現在になってはじめて、資料館に寄贈される、といったことが続いているのである。

4. 山内宏泰編『東日本大震災の記録と津波の災害史：リアス・アーク美術館常設展示図録』(リアス・アーク美術館、2014年、173ページ)。

1-2 「ああもう5ヶ月も経ってしまった」

だからこの時期、新規登録者が激減したことも、それほど心配すべきことではない。参加者が活動を続け、センターがそれを支援し、記録が集まり、活用されていけばそれでいいのだ。

だがこうした言い方は、あくまで結果論である。当時現場に立っていたスタッフたちの印象はもっと深刻で、もう誰もわすれン！に来なくなるのではないか、被災した現場の様子は、記録できないうちにすっかり変わってしまうのではないかという不安が、スタッフのあいだに広がっていった。

8月くらいに「ああ、もう5ヶ月も経ってしまった、もう無理だ」って思った記憶があります。もう遅いって思った。愕然として、記録するにはもう遅い、もう無理なんじゃないかって話をしてた。苦しかった。(甲斐賢治)

スタッフ業務の限界

わすれン！スタッフによる参加者対応業務には、もともとマニュアルがあったわけではない。お互いの経験を伝えあい、支えあいながら、対応を進めていた。

参加者と、あとスタッフの間でも、とにかく話をしていました。参加者の人たちとどんな風にコンタクトをとればいいのか、スタッフ間でも意思統一がないまま、いきなりそれぞれの参加者に向き合っていたので、スタッフ間でも、お互いに一生懸命語りかけ

ることをやってた気がします。（齋藤一浩）

一方で、スタッフと参加者の関係は、基本的に「仲間」的なものだった。初期参加者の高野さんは、わすれン！スタッフを「今やっていることをふらっと話せる人」と表現する。

高野：単純にその、やってる今の現況報告っていうか、あそこ行って撮ってるよみたいな話とかでいいんですよ。それを話せる人っていう、ちょっとした仲間意識みたいなのが僕のなかでは生まれて。それはすごく、良かったですね。ひとりでやってんじゃないんだっていうような。

相談支援業務は、「ここまでやれば充分」というラインを設定することがむずかしい感情労働でもあった。[5] スタッフには、多くの知識や情報が必要とされる。わすれン！のコンセプトやメディアテークについての知識、ビデオカメラや機材に関する技術的な知識、各地域の被災と復興状況の情報（震災と原発事故の両方を含む）、記録活動の現場についての土地感覚（関東から来たばかりのスタッフにとっては、まず地名を覚えることから仕事がはじまった）や、さらには参加者それぞれが置かれている状況を読み取ろうとする姿勢が必要とされる。

最初の3ヶ月間はやってきた人たちがとても多かったので、一人ひとりの参加者に対していねいに対応できていないのではないか…、というストレスも溜まっていた。わすれン！の活動が知られるようになると、活動趣旨への微妙な誤解も散見されるようになり、営利目的団体からの参加登録申し込みや、参加登録時の承諾事項に同意が得られず、結果として参加登録できない事例も発生していた。

5. 感情労働とは、「相手（=顧客）に特定の精神状態を創り出すために、自分の感情を誘発したり、逆に抑圧したりすることを職務にする、精神と感情の協調作業を基調とする労働」である（A. R.ホックシールド、石川准・室伏亜希訳『管理される心　感情が商品になるとき』世界思想社、2000年）。わすれン！スタッフのひとりは、膨大な参加者対応業務に追われ、6月に一時体調をくずしている。その後は、わすれン！の活動が長期間に渡ることを考えて、少し肩の力を抜いてわすれン！を続けようと気持ちを少しスローダウンさせて、無事業務に復帰した。

参加者を広く募るタイプのコミュニティ・アーカイブでは、活動が集中する時期とそうでない時期があるため、スタッフの数を適切に設定するのも簡単ではない。長期間にわたってアーカイブを持続可能にするためには、活動が一定程度落ち着き、スタッフが入れ替わったあとでも継続性を維持する必要がある。スタッフ自身も成長し、生活基盤を維持できる体制が必要だ。

こうした状況下で、登録者数としては100名を越える数多くの参加者たちが取材・編集・公開を終えるまで、スタッフが一人ひとり、個別に、ていねいに対応していくにはどうしても限界があった。

新規登録者数がそれほど伸びないということは、その時点での参加者たちの記録活動が、わすれン！が最初に蓄積するアーカイブのコアになることを意味する。それぞれ記録活動が順調に続いていれば問題はない。だが、撮影から編集への移行が決してスムーズに行かないことは、経験的にもわかっていたし、第4章でみたように、実際そのように事態は進んでいた。撮影には取材対象となる相手がいるが、編集はコンピュータに向かって行う孤独な作業である。撮りためた映像を編集するには、取材・撮影とは違った動機と機材、そして技術がいる。撮影はしたが編集が終わらず、結果的に成果がアーカイブされなくなる可能性は少なくなかった。

ていねいな支援が必要だけれど、全員を個別に支援することがほぼ不可能になりつつある。わすれン！はむずかしい状況、一種の岐路に立っていた。手立てが必要なのは明らかだった。

プラットフォームの拡張

編集に関する支援を補う必要はあるけれど、一人ひとりの参加者にスタッフがていねいな支援を行う人的余裕はない。では、どうするか。

たとえば、参加者間に、横や斜めのつながりができる環境を整備して、相互に学びあい・教えあうという関係をつくるのはどうだろう。[6]自分とは立場の違うスタッフからではなく、同じような立場にある参加者たちがつくる、一種の〈コミュニティ〉のなかで、相互に支援する環境をつくることができないだろうか。先生に教えてもらうのではなく、生徒たちが自分たちで方法を見出していくような学びのプロセスとして、わすれン!のプラットフォームの中、あるいはその周囲にこうした活動を生み出せないだろうか。

このように考えてわすれン!は、活動開始後数ヶ月目以降、さまざまな要素をそのプラットフォームに追加していった。開設時から2012年の夏までに拡張された要素をまとめて、「空間」と「場」という観点から整理したのが図16である。ここでの「空間」とは、スタジオなど、ある目的のために物理的に設置された空間を指している。これに対して「場」とは、イベントや集まりなど、ある時間だけ出現する場所のことである。

2　考えるテーブル　対話の場

2-1　考えるテーブル

「考えるテーブル」は、わすれン!と密接に関連するメディアテークの事業である。記録をつくる空間としてのわすれン!と、対話する・話すための場として考えるテーブルは、その役割を補いあい、対をなしている。

6. 指示関係にある上下のつながりでも、対等な立場同士の横の関係でもないが、上下関係というほどではない違いと、類似した部分がある者同士の関係。たとえば、自分よりもほんの少しだけ、映像制作経験をもつ人との関係である。

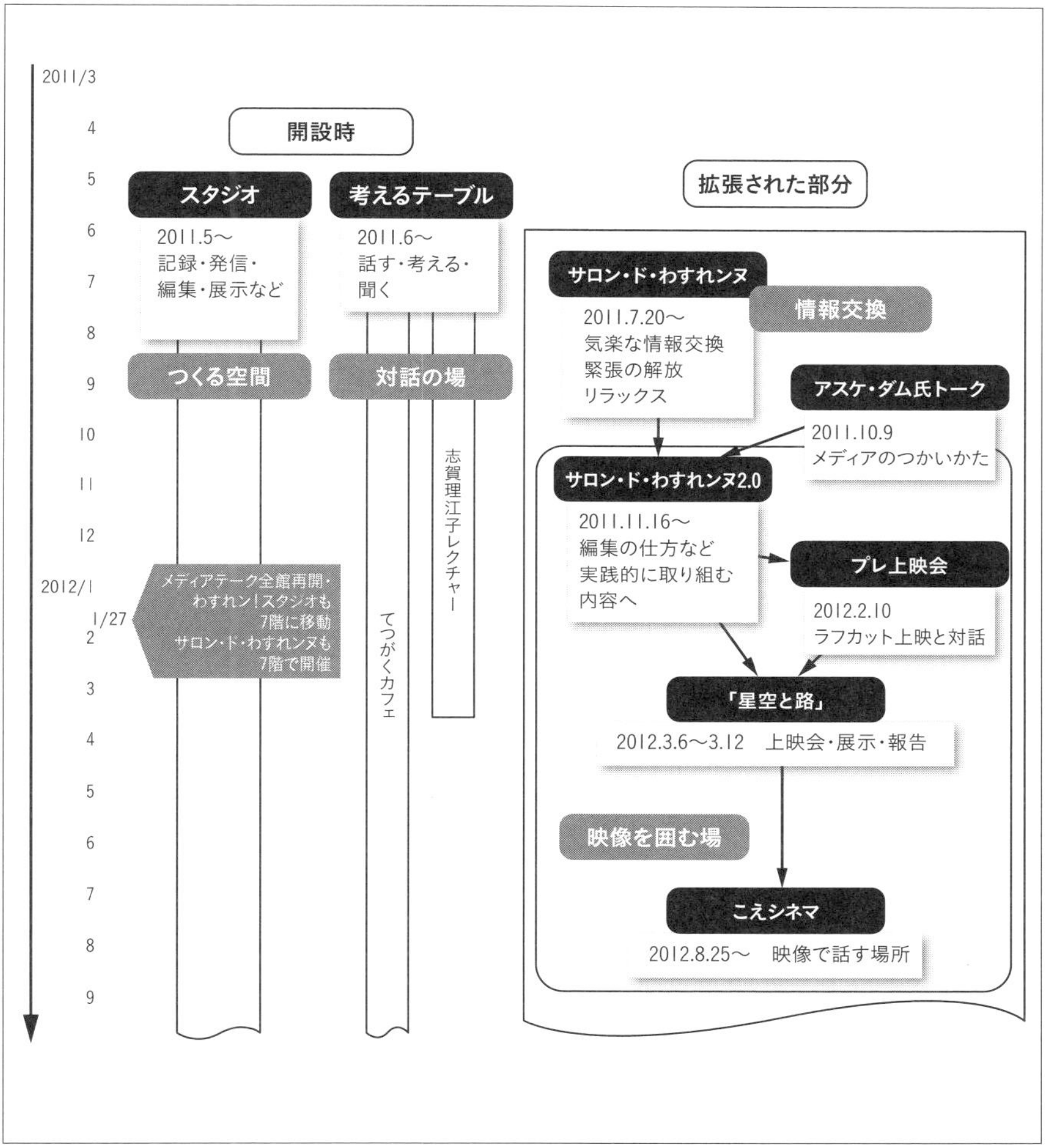

図 16　プラットフォームの拡張

考えるテーブルとは

考えるテーブルとは何か。それは、さまざまなテーマに関する、自由参加型の対話の場である。

> 人が集い語り合いながら震災復興や地域社会、表現活動について考えていく対話のための場です。さまざまなスタジオ協働団体やメディアテークがホストをつとめ、黒板に仕立てたテーブルをメディアとして、ライブで語り合います。[7]

ホストとなる団体ごと・年度ごとにシリーズ化されていて、２０１１年度には全部で６つのシリーズがあった。[8] ２０１７年度のシリーズも６つ――それぞれの市民グループと共催する「てつがくカフェ」「どこコレ?」「くろい音楽室」「民話ゆうわ座」「3・11キヲクのキロク」と、メディアテークが主催するトークなど――で、このうち「てつがくカフェ」は、唯一開始時から現在まで続いている。

第1章1-2でも短く述べたように、考えるテーブルは、メディアテークの1階オープンスクエアや、7階スタジオなどの場所で行われており、通りがかりの人に丸見え・丸聞こえになる。会場には、黒板塗料で塗られたテーブルと椅子が置かれ、配置方法を変えることによって、40人程度までの人数に対応できるよう工夫されている。自立式の黒板には、対話の要点が板書され、来場者はテーブルに、直接メモをとることができる。

これらの家具は、展覧会企画や空間構成、ワークショップなど幅広いアプローチで活動しているアーティストの豊嶋秀樹さん[9]に依頼したものである。豊嶋さんは、「人びとが集まって話し合っていることが、とても大切なことに見えるような家具をつくってほしい」という

7. 考えるテーブル
（http://table.smt.jp/?page_id=5）

オーダーに応えて、この家具を制作した。

対話の場

考えるテーブルにおける対話は、必ずしも合意や結論を目指していない。

人と人のあいだには、性と性のあいだには、人と人以外の生きもののあいだには、どれほど声を、身ぶりを尽くしても、伝わらないことがある。思いとは違うことが伝わってしまうこともある。〈対話〉は、そのように共通の足場をもたない者のあいだで、たがいに分かりあおうとして試みられる。そのとき、理解しあえるはずだという前提に立てば、理解しえずに終わった時、「ともにいられる」場所は閉じられる。けれども、理解しあえなくてあたりまえだという前提に立てば、「ともにいられる」場所はもうすこし開かれる。

対話は、他人と同じ考え、同じ気持ちになるために試みられるのではない。語りあえば語りあうほど他人と自分との違いがより微細にわかるようになること、それが対話だ。「分かりあえない」「伝わらない」という戸惑いや痛みから出発すること、それは、不可解なものに身を開くことなのだ。

これは、メディアテークの鷲田清一館長が、２０１３年４月の就任時に発表した「対話の可能性」という文章で、長くメディアテーク1階の入口にかかげられている。時期からいえばわすれン！後に発表されたものだが、ここにはわすれン！や考えるテーブルの基本的なコンセプトが凝縮されているといってもいい。

8. 「てつがくカフェ」「志賀理江子レクチャー」「タノンティアの支援」「制活編集支援室」「いま、貞山運河を考える」「市民団体との協働プロジェクト」。
9. 豊嶋さんは、1998年より「graf」メンバーとして生活全般に関わるデザイン、ものづくりを行い、2009年より「gm projects」のメンバーとして活動している。

2-2　てつがくカフェ

たとえば、てつがくカフェ（2011年6月18日から開始）の場合である。

「哲学カフェ」は1992年にパリで生まれた文化活動で、「進行役がいて、テーマを設け、その場にいる人たちが話して聞いて考える」「その場に集まった参加者が主役となって議論をつくっていく」ための場である。「話の進め方に決まりがあるわけでなく」「主催者や進行役によって雰囲気が違う」[10]ことがあってもいい。

メディアテークのてつがくカフェは、ホストをつとめる市民グループ「てつがくカフェ@せんだい」との協働で開催しており、そのメンバーの西村高宏さん[11]は、「震災という〈出来事〉を幅広く他者との〈対話〉のなかでとらえ返」すことが、このてつがくカフェの目的だと述べる。「個々人の迷いや『小さな差異』を大切に」しながら、「それらを極めて重要なものとして丁寧に聴き入れ、そこから導き出されてくる共通のテーマを見定め、それに粘り強く応え続けようとする」[12]ことが大切で、共通の理解に達することをゴールに設定していない。それが、メディアテークで開かれているてつがくカフェなのである。

対話をファシリテートするのは、司会役（多くの場合は西村さん）と、黒板に会話の内容を要約筆記する記録係である。黒板には「ファシリテーション・グラフィック」と呼ばれる、対話を促すための記録が描かれる（主にメンバーの近田真美子さんによる）。来場者だけでなく、その場をたまたま通った人にも、あとでその写真記録を見る人にも、「その場で何が語られてきたのか」がある程度、視覚的に共有されるしくみである。

震災という出来事は、あまりに大きくて複雑で、その意味を個人が一人ひとりで受けとめることはむずかしい。わすれン！が、震災と復興の記録に集団的に取り組むように、考える

10. 鷲田清一監修・カフェフィロ編『哲学カフェのつくりかた』（大阪大学出版会、2014年。xii-xiiiページ）。
11. 西村さんは、メディアテークでてつがくカフェをはじめた当時、東北文化学園大学医療福祉学部保健福祉学科准教授。現在、福井大学医学部准教授。
12. 西村高宏「震災のなかで／について、考える―被災地で〈対話の場〉を拓く」、『哲学カフェのつくりかた』所収、183ページ。

テーブルは、この出来事の意味を、集団的な対話を通じて探求する場なのだ。

わすれン！とてつがくカフェ

てつがくカフェでは、各回の「レポート」が記録として残されており（ここでも記録が重要だ）各回の様子をたどることができる。

各回のテーマ（一覧については222〜225ページ参照）には、わすれン！の活動に直接つながるものも少なくない。第2回「震災を語ることへの〈負い目〉？」では、被災地外の人（非当事者）が被災地に対して感じる負い目（「復興のために何もできていない」など）だけでなく、被災の当事者が感じる負い目についての対話が行われた[13]。当事者が感じる負い目とは、自分も被災したけれど、家族や近しい人を失った人に比べればそれは大したことではないと考える負い目のことである（⬇第3章3-1、4-2）。負い目というテーマは、したがって、被災の当事者と非当事者のどちらにも、ある意味で共通する。それは、外からやって来たわすれン！参加者自身にとっても、被災した当事者にとっても、重要なテーマだった。

2012年に入ると、完成したわすれン！の記録をもとにしたてつがくカフェも開催されている。第11回「映画『声の届き方』（制作：伊藤照手）から考える」では伊藤さんの記録映像（⬇第4章）が題材として用いられ、第13回「震災を〈記録〉するということ」では、メディアテークの甲斐が話題提供を行い、マスメディアによる簡略化された情報ではなく、要約できない映像の大切さについて語りあった。これを受けて、記録のありかたについて、記録はできるだけ多い方が良いのか、そもそも誰のための記録なのか、記録と記憶の違いは何かといった点をめぐって、対話が交わされている[14]。てつがくカフェは、わすれン！参加者にとっても、自身の活動を振りかえり、見つめなおす機会になっているのである。

13. 第2回てつがくカフェ「震災を語ることの〈負い目〉？」（http://table.smt.jp/?p=827）

つくる場と、対話の場

このように、わすれン!が、現場に出て記録を〈つくる〉活動的な場だとすれば、てつがくカフェは、部屋に戻って〈振りかえる〉〈考える〉〈対話する〉場である。身体を動かす制作現場と、テーブルを囲んでしっかりと対話する場が、お互いを補いあっているのだ[15]。

一人ひとりがもつ複雑な感情や、簡単に答えの出ない話題について、さまざまな立場の人が、対等に、かつパブリックな場で話をする機会は、現代の日本にはそう多く存在しないが、仙台にはこうした、市民同士の対話を重視する土壌が存在している[16]。２０１１年の第１回以来、現在に至るまで、てつがくカフェは60回以上続けられている。

てつがくカフェ　テーマ一覧（2011年6月～2017年11月）

第1回	2011年6月18日	震災と文学『死者にことばをあてがう』ということ
第2回	2011年8月7日	震災を語ることへの〈負い目〉?
第3回	2011年9月25日	〈支援〉とはなにか?
第4回	2011年10月23日	震災の〈当事者〉とは誰か?［要約筆記つき］
第5回	2011年11月27日	切実な〈私〉と〈公〉、どちらを選ぶべきか?［要約筆記つき］
第6回	2011年12月24日	被災者の痛みを理解することは可能か?［要約筆記つき］
第7回	2012年1月22日	故郷（ふるさと）を失う?［要約筆記つき］
第8回	2012年2月10日	〈復興〉が／で取り戻すべきものは何か?［要約筆記つき］
番外編	2012年3月11日	かたログ×てつがくカフェカウンタートーク
第9回	2012年3月18日	映画『プリピャチ』から考える（シネマ）
第10回	2012年4月29日	震災と美徳
第11回	2012年5月20日	映画『声の届き方』（制作：伊藤照手）から考える（シネマ）

14. http://table.smt.jp/?p=550
15. ハンナ・アーレントのことばでいえば、何かを行うことに積極的に関わっている「活動的生 vita activa」と、現場から一歩引いたところで考える「観照的生 vita contemplativa」のように。ハンナ・アーレント、森一郎訳『活動的生』（みすず書房、2015年）、佐藤和夫訳『精神の生活（上）（下）』（岩波書店、1994年）。
16. せんだい・みやぎNPOセンターを設立した加藤哲夫さんは、早くから、市民同士が対話するための方法を具体的に実践してきた。加藤哲夫『市民の日本語　NPOの可能性とコミュニケーション』（ひつじ書房、2002年）を参照。

第12回	2012年7月17日	震災と教育
第13回	2012年8月5日	震災を〈記録〉するということ ［要約筆記つき］
第14回	2012年9月15日	震災と映画（シネマ） 仙台短篇映画祭2012関連イベント
第15回	2012年10月7日	震災と教育 第二弾――震災から〈教育〉を問い直す
第16回	2012年11月25日	展覧会『螺旋海岸』から考える
第17回	2012年12月23日	展覧会『螺旋海岸』からもっと考える ［要約筆記つき］
第18回	2013年1月27日	『分断線』（高橋源一郎）から〈震災以降〉を問う
第19回	2013年2月17日	『絆』を考える――絆は人を救うのか
第20回	2013年3月3日	さらに震災から〈教育〉を考え直す ［要約筆記つき］
第21回	2013年5月6日	震災を問い続けること ［要約筆記つき］
第22回	2013年6月9日	エネルギーという〈課題〉
第23回	2013年7月14日	震災における〈終わり〉とは
第24回	2013年8月4日	震災後の〈日常〉を問う ［要約筆記つき］
第25回	2013年10月27日	震災とセクシュアリティ
第26回	2013年11月10日	愛について
第27回	2013年12月15日	映画『埋もれ木』から考える（シネマ）
第28回	2013年12月22日	震災とセクシュアリティ2
第29回	2014年1月19日	震災と食
第30回	2014年2月16日	震災とセクシュアリティ3
第31回	2014年3月2日	震災後、この場所からの〈問い〉――せんだいメディアテーク「考えるテーブル」から考える ［要約筆記つき］
第32回	2014年4月13日	葬（おく）るということ
第33回	2014年5月4日	セクシュアリティから、問われなかった〈私〉を問う 〜震災とセクシュアリティ4〜
第34回	2014年6月15日	〈かたり〉のチカラ？
第35回	2014年7月6日	震災とセクシュアリティ5 〜これまでの問いを振り返る〜

第36回	2014年8月2日	震災後を、〈ここ〉で生きる　［要約筆記つき］
第37回	2014年9月6日	震災とケア
第38回	2014年10月26日	〝みんな〟の避難所にとっての〝自然〟って？　～震災とセクシュアリティ6～
第39回	2014年11月30日	震災とメディア技術
第40回	2014年12月21日	震災と読書　［要約筆記つき］
第41回	2015年1月18日	〝災害ユートピア〟？
第42回	2015年2月22日	対話ってなんだろう？　［要約筆記つき］
第43回	2015年3月29日	震災と音楽
第44回	2015年5月17日	〈これから〉の問いを考える
第45回	2015年8月2日	〈未来〉とは何か？
第46回	2015年10月4日	〈忘れる〉を問い直す
第47回	2015年12月13日	物語り～いま、〈象る〉営みを問いなおす
第48回	2016年2月20日	トモダチって？　［要約筆記つき］
第49回	2016年2月28日	映像作品『波のした、土のうえ』から考える　（シネマ）
第50回	2016年3月13日	時を問う　［要約筆記つき］
第51回	2016年5月29日	被災地で／から、広域避難者の今を考える
第52回	2016年7月31日	安全を決めるのは、何／誰か？　［要約筆記つき］
第53回	2016年9月25日	『分ける』を考える
第54回	2016年11月19日	映画『未来をなぞる　写真家・畠山直哉』から考える　（シネマ）
第55回	2016年12月10日	展覧会『まっぷたつの風景』から『割り切れなさ』を問う
第56回	2016年12月25日	展覧会『まっぷたつの風景』から『明日』を問う
第57回	2017年2月18日	『震災遺構』って何？
第58回	2017年2月25日	『相馬クロニクル』の作品から『想像力』を問い直す　（ラジオ）
第59回	2017年3月11日	〈記念〉について考える
第60回	2017年5月4日	『心の復興』を問い直す　［要約筆記つき］

第61回	2017年6月18日	いま、『選ぶこと』の意味を問い直す
第62回	2017年8月6日	放射能と暮らし［要約筆記つき］
第63回	2017年11月25日	いま、技術を問い直す

［要約筆記］耳の不自由な方へ向けた情報提供のひとつ。音声情報を要約、文章にして表示する。「考えるテーブル」では会場のスクリーンに大きく投影される。

2-3 志賀理江子レクチャー

ここで少し回り道をして、「考えるテーブル」のシリーズのひとつである「志賀理江子レクチャー」（2011年6月12日〜2012年3月18日）について、やや詳しく紹介しておきたい。なぜ志賀さんのレクチャーをとりあげるのか。それはこのレクチャーの内容が、わすれン！参加者たちの記録活動と、深い部分で通底していると考えられるからである[17]。

志賀理江子さんは写真家である。2009年から、メディアテークからそれほど遠くない名取市沿岸部の北釜という集落——震災時には津波による大きな被害を受けた——に移り住み、そこで生活しつつ創作活動を行っていた。「志賀理江子レクチャー」は、翌2012年にメディアテークで行われる予定の展覧会[18]を念頭に置いて行われたものである[19]。

たとえば、2011年8月7日のレクチャー（「血肉の歌」と題されている）は、北釜集落に暮らす人たちに、彼女が話を聞くことをめぐる考察からはじまっている。「誰かに経験したことを語ってもらい、それを記録と記憶にとどめること」について、志賀さんはつぎのように言う。

わたしに向けて話してくれたことばを自分の体に入れて留めておきたかったし、どう

17. わすれン！参加者の濱口竜介さんと酒井耕さんは志賀理江子レクチャーに頻繁に参加していたが、そのあいだをつないだのはスタッフの清水だった。「志賀さんがオーラルヒストリーの話をしていたので、きっと酒井さんと濱口さんの関心に近いだろうなと思って、ふたりに紹介したんです。そうしたらかれらは［レクチャーに］行くようになって、そこで志賀さんとも交流がはじまりました。そこから、『自分より被災度の重い人への配慮から誰もが口をつぐめば、本当の被災の当事者は死者になってしまう。そうするとこの経験を誰も語れない』とか、『わからなさを映像で残すにはどうしたらいいんだろう』といった議論が、お互いに触発されながら出てきていました。そのやりとりを聞いていて、かれらの撮影の方向性を少しずつ理解していきました」（清水チナツ）。

18. 志賀理江子『螺旋海岸』（2012年11月7日〜2013年1月14日、せんだいメディアテーク）。同展をもとに写真集、志賀理江子『螺旋海岸｜album』（赤々舎、2013年）もまとめられた。

19. レクチャーについての詳細は、志賀理江子・せんだいメディアテーク『螺旋海岸｜notebook』（赤々舎、2013年）を参照。

やったらあの尊い時間を忘れないでいられるだろうかと考え始めたんです。ビデオを見ながら何度会話を聞き返しても、それだけでは聞く側としての壁を超えられない感じがあった。そこで、話されたことば一字一句すべての文字起こしをしてみたんです。同じフレーズを繰り返し聞きながらの作業なので、少しことばが体に入ってくる気がするのだけれど、まだまだ足りない。さらに今度は、その文字起こしのことばを見つめながら鉛筆で写経するように全部書き写して声に出して唱えてみた。話された内容は理解しきっているので唱えるうちにどんどんと意識しなくなっていくのですが、かわりに何度も繰り返される口癖や言い回しや訛りなどが「歌」のようになって体に入ってくるのがわかるのです。（中略）長い時間個人の体に溜まった「イメージ」は、そのことばが向かう事実の羅列よりも、そのあいだにある「歌」のような「音」にこそある。そのことばは「いつどこで誰が」ということにまったく縛られていないし、音として繰り返されるたびに強度を増していくのです。（中略）今回の津波でこれらの記録はなくなってしまったのですが、わたしの体のなかにその音はなみなみと流れて血肉となっている。だから北釜の人と話すと自然と誘われて訛りが出てくるし、話していることがさらさらと体に柔らかく入ってくる。でもそれはことばを覚えたということではないのです。「歌」のように、実際にそのことばが体から「音」として出るかどうかが大事だと思った。イメージのなかに自分が入った新たな事実として、このような「変身」がもたらされたんです。[20]

ここで志賀さんが語っているのは、おそらくこういうことだ。

「誰かの語りを聞いて、それを忘れない」とはどういうことなのか。写真や映像や音声で

第7回　志賀理江子レクチャー（2011年12月18日）

それを記録することが、忘れないことなのか。そうではない。語りの記録者は、単なるカメラの操作者ではなく、機械が対象を記録するのとは別のレベルで、記録者自身の身体はまた、相手の語りに感応している。録音／撮影しているから、アーカイブに保管するから、きちんと聞いていなくてもいいということはなくて、[21]まず誰よりも（機械よりも）、記録者自身が、「わたしに向けて語られたことば」を受けとめる者でなければならない。そうでないなら、他の誰が相手のことばを受けとめるというのか。語り手の語りを受けとめるのは誰よりもこの記録者としてのわたしであって、その「受けとめ」は、何かの「知識」が自分につけ加わるというより、身体レベルでの変容をともなうもの、血肉となるもの、つまり「変身」をもたらすものなのだ…。

「変身」とは、極端な表現に聞こえるかもしれない。けれども、相手の話を「わすれない」というのは、本来こうしたことではないだろうか。

「忘れないでいられる」というのは、記憶が歌として身体に入っていくことだけでなく、歌が「『音』として出る」ことでもあると、志賀さんは言う。それは単に覚えているということではなく、「聞く側としての壁を超え」、語る側に回ることである。他者の語りが自分の身体を変身させ、自分が語り出す。別の他者へと語り返し、語り継ぐ。そのような身体性を獲得すること。[22]それが「忘れない」ことなのだと、志賀さんは語るのだ。

わすれン！参加者にとってこれは、単にビデオカメラで映像を撮ることが忘れないことではない、ということである。

しかし、志賀さん自身も写真家である。カメラを用いた表現者だ。レクチャーでの志賀さんのこうした発言に対して、わすれン！参加者の濱口竜介さんは、だとすれば志賀さんは「カメラではほんとうの風景を撮れないのではないか」「志賀さんがやろうとしていることに

20. 注19に同じ、65-67ページ。

21. 民話採訪者の小野和子さんは、カセットテープで録音するようになってから、採訪の質が変化したと語っている。「テープレコーダーを使うことで、ただ闇雲に下手な字で書いていく困難はなくなって、語り手の顔を見ながら時間を過ごすことができるので、よほどいいかと思いましたけれども、やっぱり無意識のうちに失っていたものがあるんですね」（「トークセッション　物語る人」、『ミルフイユ08　物語りのかたち』、せんだいメディアテーク、2016年、134ページ所収）。

22. 文字を持たない社会では、まさにこのような試みが続けられている。川田順造『無文字社会の歴史　西アフリカ・モシ族の事例を中心に』（岩波書店、同時代ライブラリー、1990年）。

対して、カメラは何よりも邪魔になるのではないか」と問いかけている。[23]

映画にとっては、ある意味でカメラが記録できること（映像と音）が、すべてである。もっとも大切なことが残るのが身体であって、カメラがそれを記録できないのなら、ビデオカメラは何を記録するというのだろうか。そして、写真家であることとこうした事態は、どのように両立するのだろうか。あるいは、どのような記録技術／記録メディアを用いるなら、その場にいる身体が感じとり得ることを、記録に残すことができるのだろうか。

この問い（それはおそらく、質問者である濱口さん自身にも向けられていたはずだ）に対して志賀さんは、自分が撮影しようとしているものは目の前にある風景ではないかもしれない、と返答している。「写真によってもたらされるイメージを［わたしは］求めている。でも、写真は身体の内側にある風景と複雑な連鎖をしているとも思います。（中略）このままどこかでこのことについて話したい感じがしますね」と。[24]

カメラが記録する映像と「身体の内側にある風景」とは、複雑なかたちで連鎖していると志賀さんは言う。「身体の内側にある風景」とは、記憶されたこと、その場に起きた出来事について身体のなかに残った記憶のことだと考えられる。記憶としての風景と、撮影された記録としての映像とは、切れてはいないが、複雑な形で関係している。単純にそのまま記録されるのでもないし、無関係でもない。だからこそそこに、どのように撮るのか（あるいはどのように読み取るのか）という、映像のリテラシーが発生する余地がある。

ひとりのアーティストの話を来場者が聞くというかたちをとってはいるが、志賀さんのレクチャーは結果として、記録行為にたずさわる人に、きわめて重要な問いを投げかけるものになっていた。第1章で述べたように、メディアテークにおけるアーティストの「展覧会」には、スタジオ利用者や市民の創造的活動を引き出すという役割がある。このレクチャーで

23. 注19に同じ、73ページ。濱口さんの発言は、「対話者C」と表記されている。

24. 志賀さんと濱口さん・酒井さんの対話は、2人がわすれン！参加者として行っていたUstream放送「かたログ」第10回（2012年3月29日、http://recorder311.smt.jp/movie/14314/）に引き継がれている。なお、その後の濱口さんの思索については、濱口竜介・野原位・高橋知由『カメラの前で演じること　映画「ハッピーアワー」テキスト集成』（左右社、2015年）を参照。

は、アーティストの経験が、まさに来場者の活動と連続するものとして示されている。アーティストはここでは、一方的な鑑賞の対象ではなく、この上なく真剣に創作活動に没頭しているメディア活動実践者のひとりである。〈つくる〉活動としてのわすれン!と、〈考える〉場としての考えるテーブルとは、このように密接に連関しながら、ふたつの車輪のように存在している。

3 プラットフォームの拡張

つぎに、わすれン!開設後に「拡張された部分」についてである。

前述のように2011年の夏以後、わすれン!はそのプラットフォームに、いくつかの場を追加していったが、それらは3種類に大別される。①〈情報交換する・交流する場〉としてのサロン・ド・わすれンヌ、②〈映像技術ワークショップ〉の「きろくぶ!」、そして③〈映像を囲む場〉である。

3-1 サロン・ド・わすれンヌ

「サロン・ド・わすれンヌ」は、2011年7月20日からはじめられた小さなサロンである。毎週水曜日の夕方6時から閉館時間の夜10時まで開かれ、わすれン!スタッフがホスト役をつとめた。[25]

25. サロン・ド・わすれンヌの様子(撮影:2011年9月)。当初のホストは甲斐賢治で、のち清水チナツへバトンタッチされた。

スタジオの機能で、ちょっと足りないことが見えてきたんです。確かにわたしたちスタッフは、それぞれの参加者を知っているけれど、参加者同士が顔をあわせる機会はほとんどありません。ある参加者が、「自分が撮影した映像を自分ひとりで見続けるのが辛い。自分と同じように被写体にカメラを向けたことを責められるような気持ちになっている人がいるんじゃないか」、「撮影ってすごい孤独な作業で、独特のしんどさがあるんです」って話してくれた。「参加者同士が集まれる場が欲しい」という声もあったので、それじゃあ、サロンをやりましょう、と。(清水チナツ)

わすれン!は、物理的な拠点空間として、メディアテーク2階にスタジオを持っていた。[26] スタジオは基本的に「つくる」ための作業空間であり、考えるテーブルは思索し、他者と「対話する」場である。ここには、震災の現場に通う中ではりつめた緊張感をほどき、リラックスできる場所と時間が足りないのではないか。

「コミュニティ・アーカイブの記録者には、報道関係者などとは違って、自分を記録者として後ろから支えてくれるものがほとんどない。記録しようという動機を維持するのは簡単ではない」という声も、参加者から早い段階で寄せられていた。現場に出たはじめのころ、記録する理由を支えるのは自分しかいない。こうした心理状態を支える必要もあった。そして緊張感を和らげる時間を必要としていたのは、スタッフも同じだった。

ちなみにわすれン!では、参加者間の交流目的として、ソーシャル・ネットワーク・サービスをほとんど利用していない。[27] 唯一の例外が、2011年の9月にはじめた、スタッフと参加者に向けて配信される「わすれン!メールニュース」(定期的に発行される電子メール)である。月1回のペースで(配信登録の可否を確認した上で)参加者向けに配信され、わすれン!

26. わすれン!スタジオは、2012年1月から、メディアテークの全館再開とともに7階へ引っ越している。

27. わすれン!は、開設時からTwitter(https://twitter.com/recorder311)とFacebook(https://www.facebook.com/recorder311/)のアカウントをもっており、主にイベントや活動の告知・広報用に使用している。Twitterでは、ユーザーのフォローやリツイートも行い、交流ツールとしてもある程度つかっているが、参加者全員が積極的にこれらのサービスを利用しているとはかぎらないため、交流の中心的プラットフォームにはなっていない。

からのお知らせや、各々の参加者の紹介が掲載されている。参加者にとってメールニュースは、参加者だけが共有している、唯一の閉じられたメディアである[28]。

遠方からの登録もあって、参加者同士その人たちが直接会う機会はほとんどなかったんです。だから、「ある参加者は、こういうことを目的としてセンターに参加したんだ」とか、「その参加者からこういう記録がアップされています」といったことを随時、紹介していったほうが、気持ちがここにとどまるんじゃないかみたいな想いがあって、メールニュースを発行しはじめたのが9月の末です。（清水チナツ）

同じ情報システムにアクセス可能な人たちのあいだには、集団的なアイデンティティがつくられるといわれる[29]。わすれン！参加者が共有している情報システムは、サロン・ド・わすれンヌや、メールニュース、そして後には上映会や展示など、ごく小規模なものでしかない。交流の装置としてみれば、それらはどれも控え目であり、そこに生まれる関係はかなりゆるやかなものだ。だがこうやって徐々に、バラバラに活動してきた参加者たちのあいだに、横のつながり――コミュニティ――ができていった。

それまでにもわすれン！スタッフは、個別に参加者同士を紹介することはあった。だが、サロン的な場があり、お互いについて少しでもメールニュースなどを通じて知っていれば、参加者は自分から、他の参加者と話すことができる。サロン・ド・わすれンヌは、まるで「放課後のクラブ活動のようだった」とある参加者はいう。ある種の心理的負荷にさらされつつ、同じ活動にたずさわっている当事者が出会う場所という意味では、自助グループ的な側面を持っていたともいえる。それは、記録に奮闘しているのが自分だけではないことを実

28. 2014年9月30日、第30号をもって終了。
29. たとえば、同じ新聞を読む、同じテレビ番組を見る、同じミュージシャンを聴く人たちのコミュニティなどである。ジョシュア・メイロウィッツ、安川一・上谷香陽・高山啓子訳『場所感の喪失〈上〉電子メディアが社会的行動に及ぼす影響』（新曜社、2003年）を参照。

感しながら、気楽に参加者同士が交流できる場所だった。

3-2 きろくぶ!

つぎに付け加えられたのは、まったくの初心者を対象にした映像制作技術ワークショップ「きろくぶ!」だ。

わすれン!では、カメラや機材のつかいかたについて、わからないことはスタッフが教えますというスタンスをとっている。きろくぶ!は、通常は業務中に行われる技術サポートを、特に大学生などの若い世代を対象にワークショップとして行ったもので、関心を共有する大学研究者と連携しながら、近隣の大学や高校、芸術系大学や学校の写真部などにも広報を行い、参加者を募集した。

ワークショップは、2011年8月20日から9月4日にかけて、週末の土日をつかった2日間のプログラムとして、合計3回実施した。各回の定員は10名で、合計17名の参加があった。講師は前述のように、映画監督の山川宗則さんと根来祐《ねごろゆう》さんである。

最初の回には、「映像倫理」について学びたいという学生が多数参加し、実際に身体を動かしたり、参加者同士で話したりする時間が少ないという状態が発生したので、残り2回のワークショップでは、技術面での活動を多く取り入れるように内容を修正して実施している。

きろくぶ!参加者のひとり、伊藤照手さん（➡**第4章**）は、きろくぶ!の雰囲気についてこう述べる。

　スタッフの方たちの姿勢や対応がとてもよかったです。こういった場は初めてで、顔見知りがいるわけでもなかったので、参加してもいいんだろうかと思いながら行ったのですが、初めて出会う人たちとの間をスタッフの方がうまくとりもってくれて、誰もが話しやすい、フラットな場ができていました。自分とは年齢も立場も異なる人のことを、尊重しながら話も聞けて、私自身の話もきちんと聞いてくれる場所。

２日間のワークショップが終わった後も、それで終わりにせず、放課後の時間のように集まることができる場を11月まで毎月１回設けた（「きろくぶ！の部室」）。サロン・ド・わすれンヌと同じように、参加者同士の気楽な交流の場とし、編集技術についての講習の続きや、ドキュメンタリー映画監督の話を聞く会[30]なども行った。技術の定着をはかるとともに、わすれン！への自発的な参加を期待してのことだ。

ただし、結果として、ワークショップ参加者のうち２０１１年11月の段階まできろくぶ！活動を継続したのは４名。わすれン！参加者として登録し、記録をまとめたのは２名であり、そのひとりが伊藤照手さんである。

最終的にわすれン！に参加した人が少なかった理由について、伊藤さんは「技術を教わっても、それを実際に生かして何かしたいことがあるか、映像を撮ってひとつの作品にできるかというと、なかなかできない。そこには大きなハードルがあると思います」と述べている。わすれン！参加者には、はじめてビデオカメラを持ち、記録をまとめるに至った参加者が何人もいる。記録活動に参加する際の大きな障壁になっているのは、映像技術の有無ではないといえるかもしれない。

30. 10月13日には、山形国際ドキュメンタリー映画祭（10月6日〜13日）に参加するため来日していた、ジャカワーン・ニンタムロンさん、チュラヤーンノン・シリポンさん、そして早川由美子さんの3監督から、話を聞く会が催された。

4 映像を囲む場をつくる

そのつぎに追加されたのが、「複数の人々が同じ映像を見て、話すことができる場」（以下「映像を囲む場」）である。これはいくつかの段階を経てつくられた。具体的に説明する。

4-1 「星空と路《みち》」を開催します！

２０１１年10月はじめ。メディアテークは、震災から1年後の２０１２年3月に、全館をあげたイベントを行うことを決定し、わすれン！スタッフはこのイベントで、参加者たちがまとめた映像記録を上映しようと考えた。

この時期にわすれン！のウェブサイトで公開されていた記録映像は、わすれン！スタッフによってつくられた記録、たとえば「わすれン！ストーリーズ」などのインタビュー集や、Ustream放送された「わすれンＴＶ３１１」[31]の録画、そしてわすれン！からの声がけを受けてわすれン！に参加したアーティスト（たとえば、藤井光さんなど[32]）の記録した映像が多く、一般の参加者の多くは記録の途中で、編集と納品が待たれていた状況だった。２０１２年3月に参加者による記録の上映会をひらくという目標あるいは締め切りを設定することをきっかけにして、参加者たちが記録をまとめられるよう、編集を呼びかけ、それに必要な支援を手厚くしようと考えたのだ。

スタッフ間での議論の末、イベントは「星空と路　3がつ11にちをわすれないために」と名づけられた[33]。由来は２０１１年3月11日の夜空だ。この日、電気が止まって真っ暗な町の上に、多くの人たちがたくさんの輝く星を見た。仙台市街地でもこんなに星が見えるんだと

31. 「わすれん！ストーリーズ」については、本章末コラムの「わすれン！ストーリーズ」を、「わすれンＴＶ311」については、本書160-161ページのコラム「放送局『わすれンＴＶ311』」を参照。

32. 藤井光さんは、1976年生まれのアーティストで、パリ第8大学で美学・芸術を学んだ後、2005年に帰国。映像を軸にした社会性・政治性の高い作品を数多く発表している。政治的な主張のために作品をつくるというより、特定の社会的問題に関わるさまざまな声や要素、そして力を、映像・展示・ワークショップなどのなかに集中的に浮かび上がらせる点に独自性がある。藤井さんがわすれン！に残した記録については、http://recorder311.smt.jp/user/fujii を参照。

33. http://www.smt.jp/hoshizoratomichi/index.html

いうくらい、数多くの星が見えた。地震の揺れとは異なるもうひとつの共通体験として、この星空に注目することで、あの星空から今日までにそれぞれが歩いてきた道のりを、ともに振りかえって確認するための機会にしようと考えたのである。

会場は1・3・7階の3ヶ所から構成され、1階は資料室、3階は図書室、上映は主に7階の「シアター」で行うことにした。立派なスクリーンと大きな椅子を備え、一般の映画館とくらべても遜色のない設備をもつ、プロの映画を上映するときにもつかう空間だ。

参加者たちの反応

上映会の開催が決まったので、2011年10月半ばごろからスタッフは、参加者たちに「シアターで記録を上映する機会が3月にあるんですけど、そのときに上映したいものはありますか?」と、声をかけはじめた。

参加者たちの意見や反応は3つに分けられる。

第一に「違和感」。公共施設に撮影したデータを預けることや、ウェブで公開されることは意識していたけれど、大々的に広報されるイベントで一般公開されるとは思っていなかった。「提供された映像をまとめてくれって言われて、最初はすごく困りました。タイトルもつけてくださいって言われて…」(高野裕之さん)。自分は単なる記録者・撮影者に過ぎず、作品をつくっているわけでもない。自分の名前で、タイトルつきの作品のように上映されるとは思ってもいなかった。え、何それ、どういうことなのか、考える時間が欲しい…といった意見である。

第二に、この上映会をきっかけに映像の編集に一区切りをつけたい、というもの。記録は無限性をもっていて、いつまでも再取材を続けられる。長い時間をかけて取材するのは良いことだが、記録者自身の記憶が薄れ、記録にまとまりがつかなくなる可能性もある。伊藤照手さんや小森はるかさんにとって、上映会は「取材モード」から「編集モード」に入るひとつのきっかけとなった（➡第4章）。

第三に、大々的に公開する前に、ある程度編集した映像を、部分的にでも他の人たちに見てもらって、意見や反応を知りたい、という意見。完成以前に、内輪でもいいので試写をして、自分以外の誰かに真剣に見てもらって、感想や意見を聞きたい。それをふまえて、場合によってはさらに映像を編集・手直しした上で、上映したいという意見である。

4-2 提供する側と提供される側の関係を反転させる

これらの反応を受けてわすれン！スタッフは、上映会の前に「自分たちがつくった記録をお互いに見て話す場所」をつくることにした。

〈映像を囲む場〉をつくることは、メディアテークのコンセプトである「提供する側と提供される側の関係をつねに反転させながら考える」ことに関係するとともに、甲斐がremoの時代から構想しているテーマでもあった（➡第1章）。イメージしたのは、鑑賞することと制作することが、混じりあう場だ。映像をつくる人と見る人が、同じ場で同じ映像——たとえば、編集途中のいわゆるラフカット映像——を見ながら、あれこれ活発に語るような場。映像を見る人は、単に受動的に鑑賞するのではなく、映像について発言することで、能動的に映像の制作プロセスに参加する。映像をつくる人は、これらの発言を聞くことで、映像のなかにあるさまざまな意味や、その映像についての異なる見え方（アスペクト）[34]を知ることができる。そんな場である。

34.「アスペクト」とは、「私が、自分のまわりのさまざまな対象に見入っているとき」には意識していない「それらを見る見方」であり、「それが変化するときのみ」われわれが意識するようになるもののこと。ルートヴィヒ・ウィトゲンシュタイン、佐藤徹郎訳『ウィトゲンシュタイン全集 補巻1 心理学の哲学1』（大修館書店、1985年。18、361ページ）、および、野矢茂樹『心と他者』（勁草書房、1995年、194ページ）を参照。

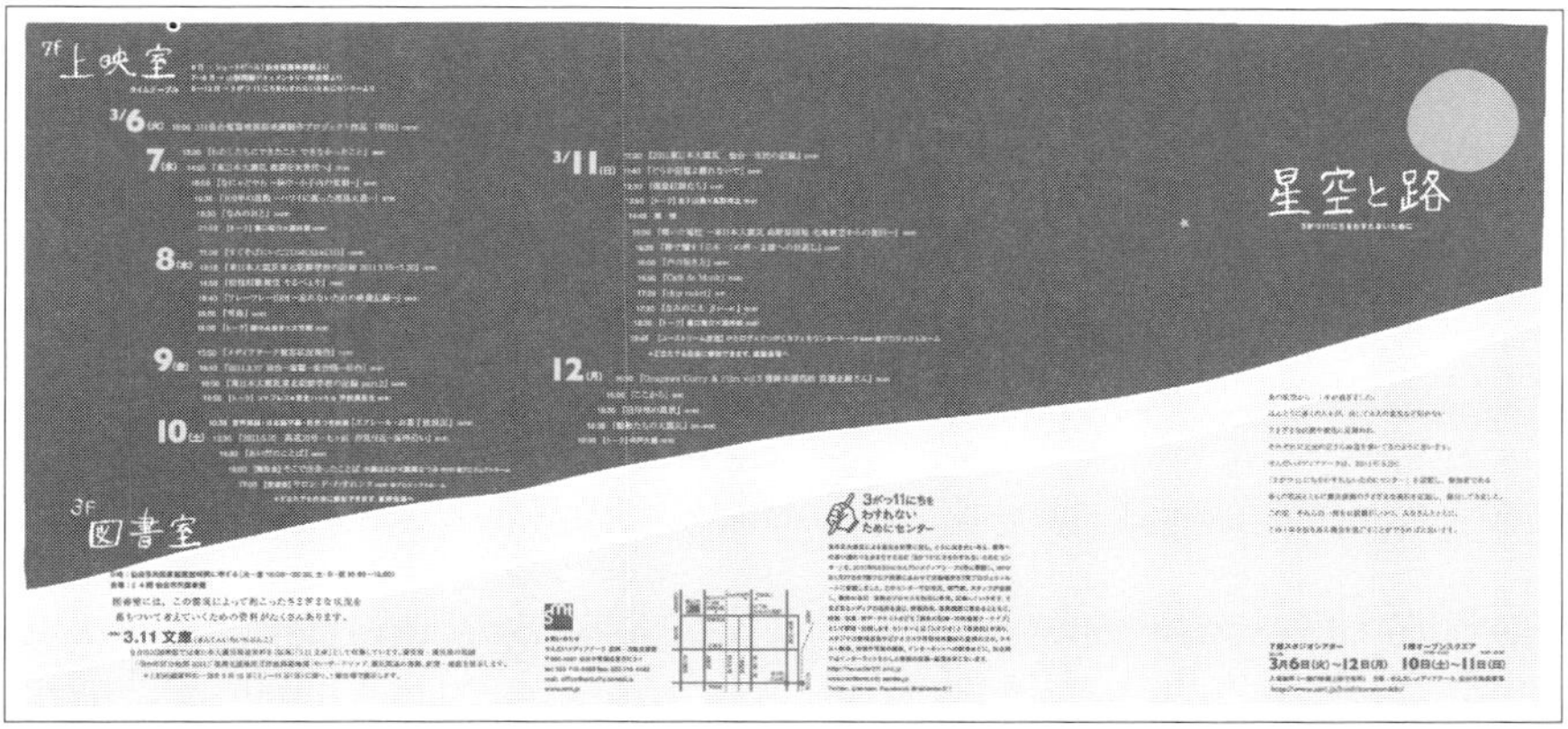

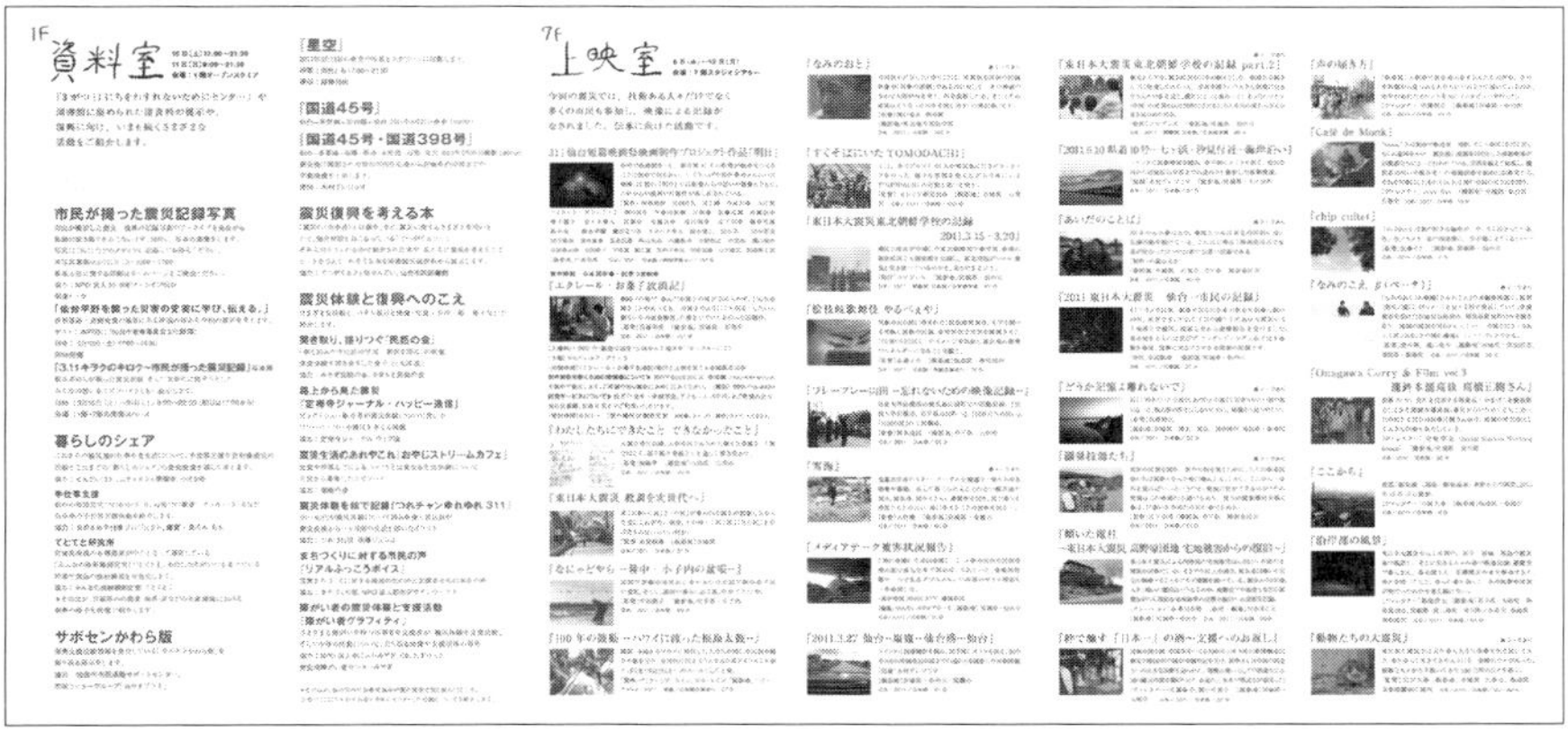

「星空と路」のチラシ（2012年３月）

特にわすれン！のように、今まさに映像をつくっている参加者同士なら、別の参加者のラフカット映像を見ることは、刺激になるのではないか。見ること・話すことを通じて、映像をこれからどう完成させていくか、そのプロセスに入りこむことが、比較的スムーズにできるのではないか。「見る側・つくる側」の役割にスイッチングが起き、両者が瞬間瞬間に入れ替わるような関係が生じることは、生涯学習施設／文化施設としてのメディアテークにとっても、大切な目標だった。

生活記録運動とコミュニティ・アーカイブの連続性

ちなみに、つくる人と受容する人の関係が入れ替わることがつぎの創造につながるというアイデアは、さまざまな時代と場所で試みられている。

たとえば、ベンヤミンは、１９３４年のある講演で「作家たちに何も教えない〈作者〉は、誰にも教えない」と述べている。

「〈作者〉の仕事は、生産物に関わる仕事であるだけではなく、つねに同時に、生産の手段にかかわる仕事でもある」と考えるベンヤミンは、作家たちがつくる生産物は、他の生産者（作家）たちに、生産の手ほどきをするとともに、「消費者を生産者の側へ導く（…）読者あるいは観客から協働者を作り出す」ような、改善された生産装置を準備する、という[35]。

１９５０年代の戦後日本で盛んだった、生活綴方教育や生活記録運動にも、似たところがある。

生活綴方教育・生活記録運動は、自分たちが考え・感じていることをありのままに文章に書き、それを書いたもの同士（生活綴方の場合は子どもたち、生活記録の場合は大人たち）が読みあうことで、文章表現としての質を上げていくとともに、自分たちが生きている経験をより適

35. ヴァルター・ベンヤミン「生産者としての〈作者〉」、『ベンヤミン・コレクション5　思考のスペクトル』（浅井健二郎編訳、ちくま学芸文庫、2010年、410ページ）。ここでベンヤミンが考える「改善された生産装置」とは、たとえばブレヒトの叙事演劇のこと。逆にいわゆる「悲劇やオペラ」は、「生産者に敵対する装置」であり、「実際には装置がかれらを所有してしまっているのに、自分たちこそがその装置を所有していると思っている」（ブレヒトのことば）ものとして批判されている。

切なことばで認識しようとする試みである。自分たちの生活を記録し、その記録を共有する活動としても考えることができる。これは一種のコミュニティ・アーカイブである。

たとえば、出版されてベストセラーになった『山びこ学校』は、山形県の貧しい村に暮らす中学生たちの生活綴方だが、そこには佐藤藤三郎少年のこのようなことばがある。

あらゆる少年雑誌を見よ！／あらゆる本を見よ！／…［そこには］わたしたちのような山の子供たち、年中労働にかりたてられている子供たちがどんなことを勉強すればよいのか、どんなことを考えればよいのか、ちっとも書いていないじゃないか！[36]

東京で生活する少年たちばかりが登場する、中央発の少年雑誌メディアを批判する佐藤少年は、それなら自分で自分たちの表象をつくるのだといわんばかりに、山の子どもたちの生活を、具体的に記録していく。ここには、被災した人たちのありのままの様子、そのままの風景がマスメディアに描かれていないと感じ、それなら自分が記録しようと考えた、わすれン！参加者の動機に近いものがある。

社会学者の鶴見和子は、こうした綴方に触発されて、東京に暮らす主婦たちとともに、大人の生活綴方としての生活記録運動を主導した。ただし、鶴見が目指した生活記録運動には、人びとが綴った生活記録を、集団創作という装置を通じて、たとえば戯曲という形に束ね、ひとつの作品にすることを目指していた側面がある。[37]

一回かぎりの思いつきを、きれぎれに書いては忘れてゆくのではなく、おなじ問題に対して、なっとくのゆく解決ができるまで、なんども書いては、批判しあい、考え直し、

36. 佐藤藤三郎「ぼくはこう考える」、無着成恭編『山びこ学校』(岩波文庫、1995年、155-156ページ)より。

37. 生活記録運動からは、四日市市の東亜紡績泊工場の女工たちがまとめた生活記録をもとに、鶴見和子と木下順二も参加してつくられた演劇作品『明日を紡ぐ娘たち』(1957年、三期会)も生まれている。同作品は2010年、東京演劇アンサンブルによって再演された。

実際の生活の中でためしてみるというように、書くことと行動とを、つみ重ねてゆく。集団と持続とをとおして、自分の中の矛盾や分裂があかるみに出され、統一が生まれてくるだけでなく、自分の体験の社会的イミを認識し、実感として感じとることによって、私小説的態度におちいることをふせぐ。書くことが、行動することの代用品になるのではなく、書くことによって、社会的な行動の方向が、よりたしかになり、また、しないではいられない、という行動への意欲がふかめられる。

書くということが、自分自身を明確にし、さらに、自分自身および自分をとりまく人間関係をつくりかえてゆくきっかけになっている。[38]

統一を目指すか、そこから社会的な行動を目指すか。このような微細だが重要な違いがあるにしても、個々人がそれぞれ自分の視点で記録をつくり、それを相互に見せあうことを通じて、記録の質を集団的に高めようとする点で、生活綴方や生活記録運動は、現代のコミュニティ・アーカイブにつながる重要な水脈を形成しているといっていい。〈書き→読みあい→話し→文集をつくる〉ことが、〈撮り→見せあい→話し→アーカイブをつくる〉ことに、変わってきているのである。

4-3 集団的創造の場をつくる

ただし、「未完成の映像を見て、何か具体的で積極的な感想を語りあってください、聞かせてください」といっても、すぐにそんな雰囲気に、場が温まるとは限らない。ここは工夫が必要だと考えて、わすれン！では4つの段階を経ながら、徐々に〈映像を囲む場〉をつ

38. 鶴見和子『生活記録運動のなかで』(未来社、1963年、48ページ)より。

くっていった。

⑴トーク・イベント～アスケ・ダムさんを招く

まずは2011年10月9日、メディア研究者のアスケ・ダムさんを招いて、トーク・イベントを開催した。

アスケ・ダムさんは、ノルウェーを拠点に活動するアーティスト／プロデューサーで、日本の陶芸や写真、ビデオアートについての研究を経て、1970年代後半からは日本やインドなど各地のケーブルテレビを視察し、地域コミュニケーションのありようを調査してきた人物である。

彼は、日本のケーブルテレビの創生期、70年代当時の手づくり感あふれる番組づくりが、いかに魅力的だったかについて映像を見せながら語ってくれた。手動で回す「テロップマシーン」や素朴な機材を駆使した自主放送などについて、実際の映像の上映をまじえて紹介したあと、機材や映像を囲む環境の変遷を踏まえつつ、身近な道具が高い能力を持つ時代にこそ、映画のデジタル配信のようなありきたりの発想を越えた活動が可能ではないかと語った。具体的には、映像を囲んだり、ワークショップを活用することを通じてなされる、情報共有・民主的な議論・協働のために集う場の構想などである。映像を通じたコミュニケーションのありかたを長年調査してきた経験をもとに、ダムさんは今後の映像メディアがおかれるべき状況を参加者に紹介してくれた。

⑵サロン・ド・わすれンヌ２・０

つぎに、サロン・ド・わすれンヌの内容をバージョンアップした。上映会の実施を見すえて、これまでのゆったりしたサロンをあらため、２０１１年11月にスタイルを少し変えた。映像編集方法や取材のポイントをわすれン！スタッフが話したり、編集途中の映像を見せたりしながら、その場にいる人たちが、気楽に、かつ実践的に、編集方法や編集についての考えかたなどを話すことができる場にしたのである。[39]

その様子を高野裕之さんはこんな風に回想している。「わすれン！ストーリーズ」の撮影・編集を担当した、わすれン！スタッフの長崎由幹《よしとも》さんが、自分で編集した映像を見せながら話をしたときのことである。長崎さんが「ここでの編集の仕方は、［映画監督の］ファスビンダー[40]を参考にしています」と発言したことに、高野さんは「非常に驚いた」という。

高野：編集ではここにこだわっているとか、ここにファスビンダー的なものを入れていますみたいなことを言っていて、それを聞いたとき「あ、そっか」と思った。それまでは真面目っていうか、そういうものを入れちゃだめだろうって、勝手に自主規制していたんです。でもそのときに、ファスビンダー!?ってなって（笑）。そこから、こういうこともありだなって思ったんです。［そのときは自分の映像の］編集を少ししかやっていない状況だったんですが、その頃から人に見せることをしていくんだというのを、多分意識しはじめたのだと思います。

「わすれン！ストーリーズ」では、メディアテークのスタッフや警備員、通りを挟んだお弁当屋さんなど、身近なところから記録をはじめている。こうした姿勢についても高野さんは「意識が向こう［沿岸部］に行きがちだったけれど、このあたりの人でもいいんだと思った」という。

39. これ以前、スタッフを通じて、こういう映像がありますとことばで説明されることはあったが、わすれン！参加者たちが他の参加者の映像を見る機会は、公開された記録をウェブサイトで見る以外には、ほとんどなかった。

40. ライナー・ヴェルナー・ファスビンダー（1945-1982年）は、ドイツの映画監督。『マリア・ブラウンの結婚』（1979年）などで知られる。

自主制作の映像を囲んで話すと、しばしば映像で撮ろうとしている内容ではなく、カメラの操作や音響など、技術的なことに話題が集中することがある。しかしそれは、たとえば、子どもが夏休みにセミ捕りに行ったことを絵日記に書いたとして、その絵日記を夏休み明けに見た先生が、「文章の〈てにをは〉がおかしいですね」と批評するのと同じようなものではないだろうか。

大切なのは、その子どもが絵日記で伝えようとしていること――セミ捕りをして楽しかった、大変だった――に対して、その内容についてまずコメントすることであって、子どもの文章表現力（リテラシー）を正すことだけではない。もちろん文章にせよ映像にせよ、リテラシーが大事であることはいうまでもない。それでもやはり、ほんとうに大切なのは、エンピツのつかいかたではなく、エンピツで何を書くか・書こうとしているか、であろう。

サロン・ド・わすれンヌ2・0でも、共有しようとしていたのは、単に技術的な意味でのビデオカメラのつかいかたというより、むしろそれをつかって、何を言わんとしているのか、何が映像によって表現され、それを観客がどう見るのかを考えることだった。ビデオカメラのつかいかたではなく、ビデオカメラで何を描こうとしているかが問題なのだ。

(3)プレ上映会

つぎに開催したのがプレ上映会である。これは、「星空と路」で上映する予定の作品（ある程度ポストプロダクション[41]が終わった状態のもの）を「プレ上映」し、そこでの来場者からの意見を踏まえて、最終的に微修正したものを正式に公開するという、いわば完成前の公開試写会だ。プレ上映会は、2012年2月10日・22日・29日に、メディアテークの7階で行われた。

41. 映像作品や映画製作における撮影後の作業のこと。

特に2月10日のプレ上映会は、一般向けのフライヤーもつくり、広報も行った「かなり本気の練習試合」だった。このとき上映された映像はふたつ。志子田勇さん（1981年生まれ、東京在住）[42]の『測量技師たち』と、高野裕之さんの『どうか記憶よ離れないで』だ。高野さんは、『測量技師たち』で助監督もつとめている。上映後、志子田さんと高野さんをまじえて、座談会も行われた。

プレ上映会の様子について、吉田文恵さん[43]（1978年仙台市生まれ、仙台市在住）――のち志子田さん・高野さんと3人で、後述する「こえシネマ」を主催する――は、こう語る。

吉田：高野さんと志子田さんが自主的に上映会をやったときに、わたしも来たんです。（…）その時、親密な、独特な雰囲気があって、それが良かった。すごくインパクトがあった場だったんです。みんなでクローバーチェア[44]に座って。仙台で上映会やっても、あんまりスッと意見は出ないんですけど、その時は、そこにいる人がみんな、こう思う、ああ思う、みたいに喋っていて、しらーっとしていなかったんです。

⑷プレ上映会からこえシネマへ

プレ上映会での高野さんの映像について吉田さんは、「何も説明がついていない『呆然とした感じ』がよかった」と言う。

吉田：高野さんがずっと被災地の記録を撮り続けてるのは知ってたんですけど、「このとき見た映像の中には」高野さんのとまどいみたいなものが、率直に映像に出ていました。震災のことを話してても、見えていなかった部分を、その映像で感じたんです。高野さ

プレ上映会の様子（撮影：2012年2月）

んはそういう曖昧なことを口にして、どうしよう、とかいうタイプじゃなかったんですけど、瓦礫をただ撮ってる映像が、ほんとに呆然としている感じがして。彼はこんなふうに呆然と、この瓦礫のなかに、海沿いに立っていたんだなっていうことだけで、結構響いたっていうか、すごくインパクトがあったんです。だからわたしは、その上映会の場で高野さんが「何も説明がついてないし、テロップとか入れてないので、説明を喋りながら入れます」って言ってやってたんですが、わたしは「それはいらないと思います」って言ったんです。そういうことじゃないって思ったんです。

上映された『どうか記憶よ離れないで』[45]は仙台市荒浜、名取市閖上《ゆりあげ》、福島県新地町の3ヶ所の様子を記録した映像である。第3章で述べたように、生活の痕跡を残したモノにあふれた誰もいない沿岸部を、手持ちカメラで撮影しながら、何も言わずに高野さんは彷徨っている。最低限の字幕があるだけで、ナレーションはまったくない。映像を見る人が、高野さんと一緒に、無言で被災地を歩いていくような感覚をもつ映像だ。

上映会でのやりとりは、高野さんにとっても考えを整理する機会となった。

高野：上映会では感想を求めたり、質問も来たりしたので、自分も解説をしながら、これはこういう映像です、と言いながら上映しました。そういう場ができた。そうすると、見せることで、自分もしゃべらないといけない。まとめなきゃいけない。なので、それで自分の考えの整理がついてきたりする、ということもありました。

その様子を見ていたわすれン！スタッフにとっても、この上映会は印象深い出来事だった。

42. 志子田さんは神戸出身の映像作家で、震災後仙台に移り住み、短編映画『測量技師たち』を陸前高田で制作していた。この作品は2011年9月の「仙台短編映画祭2011　映画はつながっていく」で一般上映されている。プレ上映会で上映されたのは、『測量技師たち』の長尺バージョンである。

43. 吉田さんは、せんだいメディアテークで2001年から開催されている「仙台短編映画祭」の運営スタッフを7年つとめた経験もある映画好きの女性で、普段は法律事務所の職員として働いている。高野さんの友人でもある。

44. メディアテークに置かれているクローバーのようなかたちのベンチ(フラワーチェア)。建築家の妹島和世さんによるデザイン。http://www.smt.jp/info/photolibrary/2f/detail/02009.html

45. 高野裕之『どうか記憶よ離れないで』(撮影場所：宮城県名取市閖上、宮城県仙台市若林区荒浜・深沼海岸、福島県新地町、撮影期間:2011年5月14日・5月21日・6月4日・2012年2月26日、制作:2011-2012年、52分)。わすれン！DVD第6巻として、メディアテークの映像音響ライブラリーに配架されている。

スタッフの清水チナツは、「プレ上映会は初の試みでしたが、来た人からも意見を聞けるし、それを参加者自身が撮ったものに反映できる。そしてまたそれを映像として上映の場で来場者に返せるっていう、双方向の関係を引き続きつくりたいっていう気持ちが、そのとき芽生えた」と感じ、来場者とわすれン！参加者とのあいだに、双方向的な、往還する関係をもっとつくりたいと思ったという。プレ上映会は、映像をつくる人とそれを見る人が、ともにひとつの映像をつくっていくプロセスがはっきり現実化した瞬間だった。わすれン！スタッフにとってそれは、わすれン！の映像がどう見られるのか、直接意見を聞くことができる貴重な場でもあった。

この流れは、翌2012年8月、「記録映像に触れ、撮影者と観客がひとつのテーブルを囲んで『距離』を越えて話し合う場」としての「こえシネマ」[46]へと展開した。こえシネマは、高野さん・吉田さん・志子田さん・村田怜央さん[47]の4人（映像サーベイヤーズと名づけられた）と、メディアテークの主催で、考えるテーブルの一シリーズとしてはじまった。2012年8月25日の第1回は、高野さん・志子田さんに加えて、小森はるかさんがゲストとして参加し、『あいだのことば』が上映されている。

こえシネマはその後も、わすれン！の参加者が映像を上映し、それを囲んで話し合う場として継続し、2015年まで続いた。サロン・ド・わすれンヌ2・0からはじまった、映像をつくる人と見る人がともに映像を見ながら語りあう場は、プレ上映会、上映会「星空と路」、そしてこえシネマへと展開していったのである。

46. 写真はこえシネマの様子（撮影：2013年11月）。http://recorder 311.smt.jp/series/koe-cinema/、http://koecinema.blogspot.jp/

5 アーカイビング・コミュニティ

本章では、撮影から編集へ、そして公開の段階に入っていったわすれン!が、その過程で追加していったさまざまな要素について、プラットフォームの拡張という観点から、述べてきた。最後に、その内容を、プラットフォームの役割と、アーカイブする人たちのコミュニティ、すなわちアーカイビング・コミュニティの形成、というふたつの視点から振りかえってみたい。

触発の培地としてのプラットフォーム

あらためて振りかえろう。わすれン!は、参加者が個人単位で活動することを基本としたプラットフォームである。個々の活動はバラバラだし、参加者同士で集まって何かをすることが基本的なことではない。これが出発点である。[48]

記録を〈つくる〉空間としてのわすれン!の横には、当初から〈対話する〉場としての考えるテーブルがあり、わすれン!参加者は、それぞれに選択的に参加できる。対話は、必ずしも合意形成を目指さず、来場者のもつ小さな差異を大事にして進められている。

開設後2ヶ月の時点で、参加者が気楽に集まり、リラックスした雰囲気のなかで情報交換できる〈サロン・ド・わすれンヌ〉を設置した。これは特に明確な目的をもたずとも、ふらっと立ち寄ることができる場としてはじまった。参加者間の横のつながりをつくるため、また災害現場での記録を続けるという作業には大きな緊張感が伴うことを考えてのことである。

上映会「星空と路」(開設後10ヶ月)という締め切りの設定を行い、参加者が編集へ移行す

47. 村田怜央さんは1984年仙台市生まれ、仙台市在住。映画館での映写アルバイト、映像サーベイヤーズなどを経て、2016年からはメディアテークのわすれン!スタッフをつとめている。

48. 「参加者たちとメディアテークのスタッフが集まって、わいわいがやがや言いながらアーカイブをつくっている」という印象があるとすれば、それは大きな誤解である。

るきっかけをつくるとともに、不特定の他者に映像がどう見られるかを意識するよう促した。これをきっかけに頭を切り替えることで、自分の映像がどう人に見られるかという意識が発生することを考えてである。さらに参加者に編集・公開を促し、映像を見ながらその編集や制作方法について気楽に話せる場として、開設後6ヶ月の時点で、サロン・ド・わすれンヌをリニューアルした。「すごい映像作家と観客たち」という階層性を発生させず、気楽な雰囲気のなか、映像づくりのヒントやコツを交換するような雰囲気をつくるよう心がけて、同じ立場の参加者たちが集う一種の水平的ないし斜め関係のなかで、発表者や語り手に答えを求めるというふるまいを、ていねいに回避するように努めた。

公開直前のプレ上映会（開設後9ヶ月）では、未完成の映像を囲む場をつくり、その映像を見た来場者たちも、話すことによってその映像の制作プロセスに参加し、映像をつくる人が見る人になり、見る人がつくる人になるという、「提供する側と提供される側の関係の反転」が起きていた。

その流れは、上映会「星空と路」（開設後10ヶ月）を経て、連続シリーズである「こえシネマ」へと発展した。記録映像をつくるプロセスに、映像を囲んで話す場を組み込むことで、映像を見る人（潜在的なアーカイブの利用者・活用者）が、映像記録の編集や制作にも関わっていくという流れをプラットフォームに導入したのである。このとき映像を囲む場は、ベンヤミンのいう「観客から協働者をつくりだす生産装置」となる。

全体として見ると、バージョンアップしたわすれン！は、さまざまな行為（記録する・話す・対話する・考える・振りかえる・情報交換する・編集する・見る・聞く・公開する…）へと、そのプラットフォーム上にいる人たちを促していくものとして機能している。プラットフォームとしてのわすれン！は、こうした活動を触発する培地なのだ。[49]

ただし、実際に何をするかを決めるのは参加者自身である。かれらは現場で当事者に出会い、プラットフォーム上で他の参加者やわすれン！スタッフ、そして観客たちに出会いながら、考え、振りかえり、試行錯誤する。培地としてのプラットフォームにはあくまで、人びとを触発し、つぎの行為へと促すものにすぎない。プラットフォームと参加者との関係は、いわば生物と生物をとりまく豊かな環境との生態学的関係に等しい（**⬇第1章1-4**）。個々の自発性と環境《プラットフォーム》とのあいだの相互作用によって、記録する、編集する、公開する、という行為が触発されていくのである。[50]

弱いコミュニティ

このようなわすれン！の活動のなかには、記録し、その記録を共有するというアーカイブ活動を通じてつくられてゆく、参加者だけでなくその周囲にいる人たちを巻き込んだ、一種の「弱いコミュニティ」が存在しているように思われる。

具体例で考えればこういうことだ。２０１２年２月のプレ上映会で、来場者と参加者のあいだにキャッチボールが生まれ、そこに一種の親密さが生まれたのはなぜだろうか。

２０１３年に同じ映像を見たある人は、高野さんの映像について、つぎのような感想を寄せている。

> つたない状態であるということそのもののなかに、記録者の、状況がよくわからないことに混乱し戸惑っている様子が記録されている。それが、被災者に対してどう関わればいいのかよくわからないでいた県外の人にとって、共感できるものだった。[51]

49. 「培地」とは、理化学実験などで用いる「微生物あるいは動植物の組織などを培養するために調製された液状または固形の物質」（大辞林）のこと。興味深いことに、英語では培地を「カルチャー・メディウム culture medium」と呼ぶ。

50. 文化人類学者の松嶋健は、卓抜な例を用いながらこう説明する。「あるひとつの行動（たとえば、ひとを愛すること）が現実化するのは、自由な意志によるのではなく、ある強度にまで達した情動［affect、触発］が、現実化する行動の手前にまであなたをすでに運んでくれているからである。…ただ一度の情動の経験（運命的な出会いによる一目惚れ）を待ち望むだけが唯一の道なのではなく、微細な触発が無数に組み合わさることで、さまざまな強度のさまざまな情動が経験され、そのつど身体が少しずつ変容を遂げていくという行きかたもあるのだ（「気がついたら、すでにあなたを愛していました」）」。松嶋健「あなたのなかの〈群れ〉を発見せよ」、『地下室』草号、2016年、24ページ。

51. 2013年3月の来場者の感想。こえシネマ第4回レポートより。https://koecinema.blogspot.jp/2013/04/blog-post.html

高野さんの映像には、とまどいが、ことばではなく映像によって記録されていた。ここがポイントだ。

「とまどい」とは、「被災地」の破壊された風景を前にして、何が起きているのかを明確に言語化できず、その状況を撮影して記録するにしても、どこにカメラを向ければいいかわからない状態である。

では、当時この映像を見た人たちは、どうだったのだろうか。そこに映る風景に対して、何か明確なことばをもっていたのだろうか。おそらくこの時期には観客たちも、震災という出来事をめぐるとまどいをそれぞれに抱えていたのではないだろうか。

そのとまどいが何であるのか、このとまどいに対してどうすればいいのか。そうしたことがらを言語によって明確化しよう、議論しようというのではない。映像を見る人は、そこに、高野さんが見ていた光景とともに、高野さんが抱えていたひとつの特異なとまどいのありかた——言語化されない情動——を、感じとる。それが、それぞれが抱えているそれぞれに特異な情動と、感覚的に共振する。そして、自分ひとりではなく、同じ映像を見ている人たちが、その映像を真剣に見ており、もしかするとそこに何かの共振があったであろうことを——上映後のかれらの表情に——感じとるとき、その場にいた人たちは、それぞれが抱えているそれぞれに特異な情動が、小さな差異をはらんだまま共有されていることに気づいたのではないだろうか。非言語的な映像を媒介にしているからこそ、そのように包摂性が高い場が、そこには成立していたのではないだろうか。

わすれン！参加者たちとその記録を見る人たちは、同じ活動に参加しているという意味だけでなく、映像をともに見ることで今起きていることについての感覚を共有（あるいは「分有」）していたのではないだろうか。

こうした関係性をわたしたちは、明確な何かを軸にしてつくられる「強いコミュニティ」と対比できる「弱いコミュニティ」だと考えたい（図17）。合意と同意の上には、明確なメッセージを共有する強い共同体が築かれるかもしれない。だがそれは、そのメッセージに同意できない人を排除する。

わすれン！的なコミュニティは、「震災と復興のプロセスを記録する」というシングル・イシューにおいて関心を共有する人びとの集まり――いわゆる「関心コミュニティ community of interest」――である。しかしそれ以外の点では、参加も離脱も選択可能で、時間的にも同時に活動しているわけではない、非同期的で弱いコミュニティである。それは、それぞれに特異な情動を、合意を目指さず、差異を大事にし、統一せず、役割を交換しながら分有する、〈弱いアーカイビング・コミュニティ〉なのである。

都市型コミュニティ・アーカイブと〈コミュニティ〉

これを「コミュニティ」と呼んでいいのか、と思われるかもしれない。しかし、そもそもコミュニティ・アーカイブに関する研究をひもといてみても、「コミュニティ」の語が何を意味するのかについては、統一的な見解はほとんど得られていないようなのだ。コミュニティ・アーカイブに関する現在ほぼ唯一の研究書を編集した、ジャネット・A・バスティアン（アメリカのアーカイブ学研究者／アーキビスト）とベン・アレキサンダー（アメリカの文学／図書館・情報学研究者）は、その本の序文にこう書いている。

「コミュニティ」についての（そして「アーカイブズ」についての）唯一の定義など無いことは、この本におさめられた14のエッセイから明らかである。これらふたつの概念は、

弱いコミュニティ	強いコミュニティ
合意をめざさない	合意をめざす
小さな差異を大事にする	同意を大事にする
まったりする	きっちりする
統一しない	統一する
提供する側と提供される側の役割の交換	提供する側と提供される側の役割の固定
とまどいやつたなさの共有	迷いやとまどいは表に出さない
言語化できないもの	言語化できるもの

図17　わすれン！的なコミュニティの特徴としての〈弱いコミュニティ〉

さまざまな文脈ごとに、本質的にかなり異なる意味を帯びている。（中略）たとえば、近年イギリスではコミュニティ・アーカイブ活動が急速に発展しつつあるが、それは主に、社会的・民族的なマイノリティ集団に関連するものである。その一方アメリカやカナダでは19世紀以来、専門図書館や歴史保存会などが、地域的・集団的な、人びとの表現のための場になっている。けれども本書全体を通じて見るとき、これらはさまざまなコミュニティが、記録を通じてかれら自身を表現するための方法のうちの、ごく一部にしかすぎないということがわかるのだ。[52]

かれらは、コミュニティ・アーカイブをつくる主体は多様であっていい、という。それはそれぞれの社会ごとに、またアーカイブごとに異なるのだという。「地域に根ざした村的な共同体」や「特定のアイデンティティをもつ人びとの共同体」であってもいいし、もっと都市的なコミュニティ、たとえば「職業的つながり」「関心をもとにしたつながり」「大学」「たまたま同じレコード屋さんをかつて利用したことがある人たち」であっても構わない。コミュニティ・アーカイブの最大のポイントは、本書の冒頭にも記したように、それが専門職者ではなく、ふつうの人びとがつくるアーカイブである点にある。人びとが自分たち自身についての記録を残し、その記録を用いたアーカイブをつくる活動において、非専門家的な人びとが主要な役割をになっていること。それが大切であり、かれらが具体的にどのような人びとであるかについては、多様性があっていい、ということなのだ。

この点で思いだすのが、文化人類学者のジーン・レイヴと教育学者のエティエンヌ・ウェンガーの議論である。彼女たちは、コミュニティとは、特定の地域や集団への帰属でもなければ、ある特定の考え方やコードの共有を意味するのでもなく、「共通利害がある活動シス

52. Jeannette A. Bastian, Ben Alexander ed. (2009) *Community Archives: The Shaping of Memory*. Facet Publishing, pp.22.

テムへの参加」であると、スパッと定義した。

　共同体ということばは必ずしも同じ場所にいることを意味しないし、明確に定義される、これとはっきりわかるグループを意味してもいない。あるいは社会的に識別される境界があるわけでもない。それは参加者が自分たちが何をしているか、またそれが自分たちの生き方と共同体にとってどういう意味があるかについての共通利害がある活動システムへの参加を意味している。[53]

　簡単にいえばこれは、〈同じ何か〉を共通につかって活動している人たちを、コミュニティと呼ぼうということだ。その〈同じ何か〉は、日本語という言語でも、同じ土地でも、同じレコード屋さんでも、わすれン！というコミュニティ・アーカイブのプラットフォームでもいい。何らかの同じもの——つまり道具である——を共通につかって活動する人たちが、その効果としてコミュニティになるのであって、その逆ではないのである。

　この意味でいうと、わすれン！のようなコミュニティ・アーカイブ活動は、きわめて多様な参加者を包摂するコミュニティを形成し得る活動システムだといえるだろう。たとえていえばわすれン！という活動は、大きな袋に、それぞれ勝手に自分が大切だと思うもの——記録として後世に受け継がれるべきだと思うもの——を入れることに等しいからである。わすれン！的なアーカイビング・コミュニティは、弱いかもしれないけれども、多くの人に開かれたコミュニティである。要は自分が大事に思い、後世に伝えたいと思うものを、その袋に大切に入れていけばいいのだから。

53. ジーン・レイヴ＆エティエンヌ・ウェンガー、佐伯胖訳『状況に埋め込まれた学習　正統的周辺参加』（産業図書、1993年、80ページ）。

コラム
わすれン！ストーリーズ

「わすれン！ストーリーズ」は、「3月11日にどうしていたか」「その後震災に対してどう考えているか」「わすれることやわすれないことについて感じていることはあるか」という3つの質問を、書店員、学生、建築家、サーフショップのオーナー、定食屋のおかみさんなど、さまざまな人びとに、わすれン！スタッフ自身がインタビューして作成した、5分程度の映像クリップ集である。

わすれン！開設後、わすれン！スタッフ自身が行った最初の取材が「わすれン！ストーリーズ」だった。撮影日は2011年6月3日。最初のインタビュー対象者は、メディアテークのスタッフだった（そのスタッフは、当日は休みで、メディアテークの震災時の様子は結局聞けなかった）。

僕は、友だちに震災の被害がどうだったかを聞くこと自体にためらいがありました。例えば、いまは仙台の街中に住んでいるけど、元々沿岸部が出身とかだと、家族を亡くしている知人もいたからです。そして、僕たちスタッフは、全員メディアテークで働いて3ヵ月も経っていないし、プロの報道機関でもないので、ビデオカメラの前で顔を出して、辛い体験を話してくれる人を探して、お願いすること自体が大変でした。そのため、どうしても震災について聞けそうな近い関係で、津波被害がなかった街中の人から取材しはじめました。（北野央）

「わすれン！ストーリーズ」は当初、6月25日にオープンする予定だったウェブサイトの公開に間に合わせるため、それまでに16本の取材を終えるという相当な急ピッチで進められたが、最終的にシリーズの撮影は、2012年9月22日まで続いた。

5月のセンター開設以後スタッフは、参加者への呼びかけと対応、Ustreamでの番組放送など、忙しく働いていた。だが、参加者による記録が完成し、それをウェブにあげるまでには、まだまだ時間がかかることが予想されるため、ウェブの記事をわすれン！側が立案、スタッフの北野央をインタビュアー役とし、主に長崎由幹《よしもと》、佐藤貴宏、細谷修平の3人によって撮影・編集された。また、写真家でもある越後谷《えちごや》出《いづる》は取材に同行し、被害の様子を写真で記録し、記録の目録作成などの作業を菅原匠子が行った。

映像撮影・編集を担当したスタッフの長崎・佐藤は震災当時は仙台にいたが、それぞれ宮城県外の学校でデザインや映像、美術等を学んでいた。細谷は甲斐とともに前述のG8メディアネットワークの現場をともにした知人で、メディアをつかった社会活動に対する造詣が深く、震災後に東京から仙台にやってきた人物で、3人とも20代・30代の若者たちだ。

当初、撮影チームは基本的に、撮影対象の選択と現場での質問を北野央が、撮影と編集をこれら3人が担当した。のちには、3人の撮影チームが、北野抜きで独自に取材・撮影したインタビューも多くなる。

撮影と編集の方針については、議論があった。撮影チームの3人はもともと映像についての専門性をもっていたので、どのような映像につくり込んでいくべきか、その指示を、ディレクターの甲斐や、取材をとりまとめる立場にいた北野から示してほしいと考えていた。だが、北野にしてみれば、どのような映像に仕上げていくべきかを示すための映像に関する方針はほとんどなかった。「取材に関しては、映像撮影のスタッフからは何を撮ったらいいのか、そして、撮影した映像に意味がないのではないか、1年間問いかけられて、取材後の車の中で議論していた記憶が残っています」(北野央)。

記録を続けて数ヶ月。撮影経験を重ね、スタッフ間でも話しあいを続けていった結果、2011年の夏頃には、わすれン!スタッフによる記録映像のやりかたに、おおよそ3つの方向性が見えてきた。

①第一に、記録する人とされる人とのあいだのコミュニケーションを、映像に入れていくこと。

ストーリーズは3つの定型質問なので、質問している僕の声は入れずに、相手の答えだけをテロップでつなげてるじゃないですか。でも、映像の編集は、撮影した同僚に編集をお任せしたいたので、僕が聞いたあとの相手の答えだけを出すんじゃなくて、だんだん、僕の反応や応答、僕の変な聞きかたや、あいまいにしか聞けない僕の雰囲気とかも、全部入れた方がおもしろいから編集で残したと言われ、完成した映像を見ると、それも入れないとだめだよねって、編集された映像で投げかけられて、僕も取材での聞き方を変えたり、そういったやりとりのなかで取材する側も映像に映るようになっていきました。(北野央)

②第二に、記録する対象を決めた後は、カメラマンは自由に、必要だと思ったものを撮影すること。

当初、撮影の対象は、僕が先に案を考えていました。しかし、車の中で何を撮ったらいいのかという話をお互いにしてるんで、僕が考えていた震災の意味や文脈といったことだけからじゃなくて、まずは映像として残したいものを自由にビデオカメラで撮ってくださいみたいなシリーズも徐々にみんなで一緒に話し合いながらつくりました。「生きられる家」や「海としごと」「山としごと」などの仕事を撮りに行くぐらいから。（北野央）

③第三に、映像におけるわすれン！らしさの方向性が見えてきたこと。

ひとまず言えるのは、わすれン！の外の映像――ジャーナリストとか、報道とか――と、わすれン！参加者の映像（との対比）が、どんどん状況として見えてくるようになってきたんです。そうやって徐々に状況がわかってくるなかで、わすれン！の役割、わすれン！らしさみたいなものが、議論のなかで見つかってきたんです。他の映像では、こういうことがやれていないから、じゃあこういう方向性でやればいいんじゃないかというように。そのなかで、手法が見つかってくるんです。

たとえば、みんな、時間の長さは重要だって考えたんでしょうね。他の映像ではまず（ショットを）細切れにしていくので。いいかえれば、復旧の遅さみたいなものを示すのに、映像としても、一定の時間の長さをもったものを自分たちは残せるんじゃないかと。（甲斐賢治）

わすれン！ストーリーズは2012年9月まで続く。この時期わすれン！スタッフは、「みみで眺める」（記録期間：2011年6月29日〜11月6日。その時々の被災地のさまざまな音の表情を記録したサウンドファイル。26本公開）や、「経路研究所」（撮影期間：2011年7月11日〜12月22日。3月11日に、地震発生から津波が来るまでをどのように過ごしたか。そこからより高い場所へ避難し、救助されるまでの出来事を時系列で整理することで、津波に遭遇した方々の避難経路を追いかけ、発災から避難するルートを実際に移動しながら撮影。10本公開）、「生きられる家」（撮影期間：2011年8月8日〜2015年6月17日。津波の被害にあった家や土地。そこに住む人々の復旧・復興のプロセスを記録。6本公開）など、新たな記録のシリーズを矢継ぎ早に作成していく。わすれン！ストーリーズにはじまり、新たなシリーズへと、スタッフ自身による記録活動が展開した2011年の夏は、わすれン！らしい記録のありかたとはなにかという問いについての認識が、徐々に、ある程度ではあるけれども、スタッフのなかで共有されはじめてきた時期だった。

第3部　つかう編：メディアとしてのアーカイブ

第6章　記録活動③
——わすれン！的記録の特質

国家というものは自分の問題や政府を守ることだけに専念し、人間は歴史のなかに消えていくのです。革命や第二次世界大戦の中に一人ひとりの人間が消えてしまったように。だからこそ、個々の人間の記憶を残すことがたいせつなのです。

スベトラーナ・アレクシエービッチ[1]

本章では、これまで述べてきた内容をふまえつつ、わすれン！的な記録の特質——参加型・記録作成型のコミュニティ・アーカイブにおける記録の性質——について考える。

わすれン！の活動から生まれてきた映像には、ある一定の質、いわば〈わすれン！らしさ〉があるように思われる。それは映像として、あるいは記録として、どのような特質なのだろうか。さらに、わすれン！の映像記録を集合的に見たとき、つまり、アーカイブされた映像群として見たとき、そこにはどのような特質が浮かび上がってくるだろうか。

この章では、これまでの章で紹介しきれなかった映像についても触れながら、わすれン！的な、ひいてはコミュニティ・アーカイブ的な記録の質という問題について考えてみよう。

1. スベトラーナ・アレクシエービッチ、松本妙子訳『チェルノブイリの祈り　未来の物語』（岩波書店、2011年、303ページ）。

1　当事者性の高い映像

1-1　小さなもの、こぼれ落ちるもの、身近なものの記録

第一の特質は、記録される対象にある。

具体的にいえば、わすれン！の映像には、マスメディアの報道や、マジョリティの視点からこぼれ落ちてしまいがちなことが数多く含まれており、かつそれらの出来事について、細やかで、詳細なディテールが記録されている。

そこには、多くの人の目にそもそも触れないこと、目が届きにくいこと、光があてられにくいこと、小さなことが記録されている。もしかするとほかの誰も記録しておらず、自分が記録しなければ永久に忘れられてしまうかもしれないことが、そこには含まれているのだ。

当事者による小さな声の記録

刈田路代さん（1974年仙台市生まれ、宮城県丸森町在住）の残した記録映像『筆甫《ひっぽ》　宮城県南からの声』[2]（2013〜2014年、63分）は、こうした特質をはっきりと示している。

宮城県伊具郡丸森町は、県の最南端にあり、福島県につきだした形をしている。筆甫はそのなかの一地区。自然に負荷をかけない農業をしながら大自然のなかで暮らしたいと考えた刈田さんは、2009年、仙台市から筆甫に引っ越してきた。「よしやるぞ、開墾するぞ！」とはりきり、イノシシやハクビシンに畑を荒らされつつ、ようやく「土が変わってきたな、いい感じ」と思ったそのとき、震災と原発事故が起きた。

原発事故によって、丸森町は深刻な放射線被害を受けた[3]。だが、宮城県知事が「ここに、

2. 刈田路代『筆甫　宮城県南からの声』
撮影場所：宮城県丸森町、撮影期間：2013年4月10日－6月30日、制作：2013－2014年、63分（わすれン！DVDパッケージ）http://recorder311.smt.jp/movie/41143/

今年の宮城県産のお米は安全であるということを宣言させていただきます」[4]と発言したことに象徴されるように、宮城県に放射能汚染はないというイメージが「現在に至るまでずっと続いていると思います」と刈田さんは言う。

丸森町は、福島県ではないことを理由に、原発事故について十分な補償を得られなかった。行政・東京電力・マスメディアの視点から注目されにくい場所だったのである。しかしそこに暮らす人たちにとって、丸森町は、筆甫は、かけがえのない場所である。

刈田：仙台と丸森でも温度差があったんです。仙台では、放射能は無いと思っている感じがしました。丸森には、こんなにどきどきして暮らしているわたしたちがいる。実際にキノコをあきらめたり、山菜をあきらめたりして、「はぁ」って言ってる地元の人たち。それが、仙台の人にもわからないし、もちろん遠くの人はわからない。だから、わたしが見ている地元の人たちを撮りたい。それを、全然違う場所でも見れたら、わかってもらえるのかな、と。

刈田さんが記録をつくろうと思ったのは、仙台市民にもあまり伝わっていない、筆甫の現状をわかってもらうためである。2013年に、メディアテークで行われたあるワークショップでわすれン!を知り、「素人でも大丈夫、映像がばっちりできなくても撮っていい」と聞いた刈田さんは、映像をつくることで「筆甫のもやもやした状況を知ってもらうきっかけになる」と考えた。そして映像ならば、自分が好きな筆甫の美しさや魅力も伝えることができるかもしれない、とも。刈田さんは自然を愛する画家でもある。「筆甫の現状も映したかったんですけど、筆甫の美しいところも映したかった。それが半々ぐらい」。

3. 2012年1月の宮城県による農地土壌調査で、丸森町では最大で3600ベクレル／kgの放射性セシウムが検出されている。http://www.town.marumori.miyagi.jp/genpatsu/nousan/dojyou.html

4. 2011年9月29日宮城県知事臨時記者会見から。県下全域にわたって実施したコメの放射性物質調査のすべてで宮城県産米の安全性が確認されたことを受けての発言 。https://www.pref.miyagi.jp/site/chiji~kaiken/k230929.html

刈田さんは知り合いの住人たちに声をかけ、筆甫の現状とその魅力を記録した映像をつくった。撮影はちょうど、筆甫地区の住民たちが、福島県内の住民と同水準の損害賠償を求めて、原子力損害賠償紛争解決センターに申し立てを行うための準備をしていた時期に行われた（申し立てには筆甫地区住民の9割以上が参加している）。映像には、弁護士が行った住人への聞き取りの様子も映っている。そのうちのひとりは刈田さん自身である。

翌2014年5月、東京電力から和解案が示され、その報道によって筆甫は少し知られることになるのだが、刈田さんの映像『筆甫』には、そうやってマスメディアに注目される以前の、住人たちの声が記録されている。[5] 同様の特質は、（わすれン！DVDシリーズでいえば）『仙台のがれき撤去』『傾いた電柱』『声の届き方』など、数多くのわすれン！的記録に見出しうるものだ。

小さな物語と真実

ただ、刈田さんの映像のように、大きな出来事の一部としての小さなことがら――当事者性が高いからこそ見えてくる詳細なディテール――を記録した映像に対しては、「それはあくまで主観的で、客観性をもたない、部分的・断片的な記録に過ぎないのではないか」という意見があるかもしれない。

ここで思い起こしてほしいのが、第2章で言及したイギリスBBCのTVシリーズ『ビデオ・ダイアリー』である。

『ビデオ・ダイアリー』は、当事者にしか取材困難な出来事についての記録をまとめたシリーズだった。たったひとりの目から見た記録は、客観的ではないから意味がないというなら――何らかの物的証拠がないかぎり真実ではないというのなら――、自分以外に誰も目撃

5. ヒアリング（2017年7月19日）の際、作品完成後に前述の「こえシネマ」（➡第5章参照）に参加した刈田さんは、その場に居合わせた来場者らによる「技術が足りない」などの指摘を受け、気を害したわけではないものの、「もうやめようと思いました」と発言しており、その後の刈田さんによる映像記録はない。多くの人々は（特に映像に関心がある人々こそが）、映像の質を映画的なあるいはTV的な技法を参照することから逃れられていない。わすれン！が参加者に対し、なんら「指示をしない」ことを選択したのは、映像表現にまつわるこのような技術を優先する考え方に弊害があると考えているからであり、さらには現行の一般的な映画的あるいはTV的価値観の介入を遮断する目的があった。

したことのない出来事（たとえば津波に流され、そこから生き延びたという経験）についての当人の語りは、すべて客観的な事実ではなく、主観的な「思い出」を語っているにすぎないことになってしまう。

だがそうではないはずだ。たとえひとりしか証言者がいなくても、その証言者が真摯で誠実であろうとする限り、[6]その語りにはある種の――客観性とは異なる――現実性[7]が宿るはずである。重要なのは、個人の証言に客観性がないとしてその価値を貶《おとし》めることではなく、どのようにすれば、個人の語り／個人の記録から、わたしたちが真実／現実を聞きとりうるか、ではないだろうか。

これは、「歴史」とは何かという根本的な問題につながるポイントである。歴史を物語という観点から問いなおす哲学者の野家啓一さんは、歴史を継承することの根底には、誰かが誰かに向けて「語ること」があるという。[8]野家さんは「古老が冬の炉端で子や孫に（中略）向かって、おぼろげな記憶を頼りに自らの経験や祖先から伝え聞いた村の歴史（中略）を語り伝えている」ような様子を想定する。そこで語られるのは、古老によって、「後代の人々に伝達し、また託すべきことがらを選り分け」られたものである。それは、彼ないし彼女の「経験の遠近法によって枠取られ」、「関心のフィルターによって濾過されている」ために、そこで語られることは、客観的な歴史的事実ではない。

だがそこに、事実の要素がまったく含まれていないと、誰が言いきることができるだろうか。むしろそこには、語り手が、語りを聞く聞き手たちに伝えたくて伝えたくて仕方がない〈真実／現実〉が、より強度を増したかたちで、あるいは何かに転換されたかたちで、含まれているといえないだろうか。

野家さんは、ふつうに生きる人びとが語りに込める「歴史のただ中で忍苦し努力し行動す

6. 心理学者の浜田寿美男は、記憶語りには一定の形式があって、実際に経験したことを語っているときの語りかたと、そうでないときの語りかたには、学問的に見ても、判別できる違いがあるという。だからこそわたしたちは、日常的にも、誰かの記憶語りが真実かどうかを感じとることができるというのだ。浜田寿美男『自白の研究　取調べる者と取調べられる者の心的構図』（北大路書房、2005年）。

7. 精神医学者の木村敏は、「現実」を、「実在性 reality」と「現実性 actuality」の重なりあいとしてとらえている。リアリティとは、科学的知識に代表される「公共的な認識によって客観的に対象化され、ある共同体の共有資源としてその構成員の行動や判断に一定の拘束を与えるもの」である。これに対してアクチュアリティとは、「『生の現場』である『生き生きした現在』に密着」し、「一瞬の静止もなくつねに生成途上にある『進行形』的な動き」としてのみとらえられるものだ。この区別でいえば、小さな物語に宿るのは、私的に生きられる現実性としてのアクチュアリティである。木村敏「リアリティとアクチュアリティ」『木村敏著作集第七巻 臨床哲学論文集』（弘文堂、2001年、305-306ページ）より。

8. 以下引用は、野家啓一『物語の哲学』（岩波書店、2005年、134-155ページ）より。

る人間によってなされる情念論的考察」を大切に考える。そして、ありきたりの生活を生きる人間がその経験を通じて、誰かに向けて物語ることばを「小さな物語」と呼んで、「受苦的人間が語る小さな物語のネットワーク」としての歴史、いいかえれば「無数の物語文の網状組織（ネットワーク）によって織りなされる一枚のテクスト（織物）[9]」こそ、本来われわれが知りうる歴史なのだと考える。そもそも歴史とは、外部からの観察者によってではなく、「あくまでもそこに内属して生きる人々によって『物語られる』べきもの」だというのである。[10]

1-2 細部の記録／文脈の記録

第二の特質は、記録される対象と、記録者との〈関係〉にある。両者の関係性や記録が行われた際の現場の状況・文脈などが、何らかのかたちで映像に記録されている、ということだ。

身体性を帯びた映像

ヤコキムラさん[11]（1969年仙台市生まれ）がつくった『intéressée―アンテレッセ―』（2012年、79分）と『Tango Karamarito』（2013～2014年、68分）[12]には、こうした特質がはっきり表れている。

これらは、東北各地、東京、アメリカ、フランスなど、数多くの場所で、数多くの人たちにヤコさん自身が行ったインタビュー場面から構成されている。『intéressée―アンテレッセ―』は主に日本の、『Tango Karamarito』は海外のインタビュー記録である。カメラを持っているのはヤコさんであり、質問するのもヤコさんだ。

9. 野家前掲書、179ページ。

10. 野家前掲書、136ページ。これは、歴史が単なるフィクションや、事実との対応を欠いたお話であるという意味ではない。「物語りのネットワークは境界条件としての外部に絶えず囲繞されているのであり、そこから越境してくる異他的なるものの到来と遭遇を通じて、われわれは物語りを語り直し、更新するダイナミズムの中へと身を投ずる」（同書、323ページ）。小さな物語のネットワークは、さまざまな外的出来事とぶつかりながら、常に語りなおされていく。最初の語りが真実であるか、虚構であるかは、他の語りや外部の出来事など、無数の物語文がつくるネットワークの「全体的布置」のなかで、それがどの程度の「整合性」をもつかによって判別される（同書、181ページ）。

11. わすれン！には、「yako KIMURA」で登録している。

12. yako KIMURA『intéressée ―アンテレッセー』（撮影場所：アメリカ合衆国カリフォルニア州サンディエゴ パウェイ地区 パネラブレッド／岩手県田老町―大槌町―宮古市―釜石市／岩手県盛岡市 セーブ岩手／東京都千代田区永田町 首相官邸前／東京都調布市仙川町 創作日本料理「蒔」／宮城県仙台市若林区卸町 10-box／せんだいメディアテーク／宮城県亘理

客観的・学問的な記録を残すという見地からすれば、この映像もまた、ある大きな出来事についての部分的な記録、出会った人たちとのあいだで交わされた、個人的な対話の集積であり、あるひとりの女性の視点から切り取られた部分的な現実にすぎないと思われるかもしれない。出会った人たちと、その場その場で交わされた、個人的な対話の集積でしかないからだ。

しかしこの映像には「被災者の直接的な声」を聞いた、「テレビと違い、本当の素顔を間近にみた」という感想[13]を見る人に与えるような、何かがある。

ヤコさんは演劇を専門とするパフォーミング・アーティストで[14]、映像については素人だった。アーティストとしてのヤコさんは、自分がいま相手と同じ場にいること、同じ場に身体を投じ、そこで感じたことから動いていくという身体的感覚を、もっとも大切にしてきたという。

ヤコ：身体感覚がすべてのベースになっていると自覚しているんです。もしかすると他の記録者の方と「わたしが」違っているのは、その辺なのかもしれない。もし違いがあるとしたらね。

［どのような活動に対しても］「身を投じる」ってところでしかはじめることができなくて、概念的にスタートすることができないんです。飛び込みなんです。完全に身を投じてみて、皮膚感覚で「熱い」「温い」みたいな（笑）、こっちにいったらもっと水が冷たくなるなとか、流れてるよねみたいな、もじもじしながら自分で居心地を探り当てるみたいな、そういう人との距離の測りかたをしているのかしらって思います。

町 仮設住宅公共ゾーン第一集会所、撮影期間：2012年6月2日-8月30日、制作：2012年、79分）。ヤコキムラ『Tango Karamarito』（撮影場所：アメリカ カリフォルニア州サンディエゴ／フランス パリ、トゥールーズ、ナルボンヌ／イタリア ベネチア、撮影期間：2013年8月23日-10月21日、制作：2013-2014年、68分）。

13. この映像をみた人たちの感想より。http://recorder311.smt.jp/movie/34645/

14. ヤコさんは1999年、フランスのジャック・ルコック国際演劇学校「動きの実験室」を卒業したあとは、海外を拠点に暮らしている。2010年から2016年までせんだい演劇工房10-BOX「10-BOX夏の学校」のアートディレクターをつとめた舞台芸術家であり、演劇教育の専門家である。震災時には仙台滞在中、震災後はアメリカ合衆国カリフォルニア州サンディエゴに在住していたが、そこで「自分にはもう帰る場所がなくなる」のではないかという不安、「自分の国がなくなる恐怖」と彼女が呼ぶ不安を体験したという。それは、直接震災で被災した人たちとも共有できないし、ましていま周囲にいるアメリカ人たちとも共有できない不安だったそうだ。

この感覚は映像からも見てとれる。インタビューしていた相手が、眼前の風景を指して、このあたりが被災していたんですよと言えば、ヤコさんが手に持ったカメラは、すぐそちらに向く。壊れた堤防の話を聞けば、その堤防を、カメラは——つまりヤコさんの身体は——登っていく。相手の行為に反応して動くヤコさんの身体の動きが、手で持たれたカメラの動きと連動することによって、ヤコさんの身体的反応が、カメラの動きや揺れとして、映像と音声のなかにはっきりと刻印されているのである。そのために、ヤコさんの映像には、多くの揺れ（いわゆる手ぶれ）が見られる。相手とのやりとりに応じて、カメラが揺れるのである。

聞き手の身体感覚を通じて聴く

『Tango Karamarito』には、ヤコさんがフランス人の女性とソファで隣に座りながら対話する場面がある。ゆっくりと話す相手の身振りにあわせてわずかにソファが揺れ、それに応じてカメラもわずかに揺れる。画面に見られる静かな揺れの共鳴から、ふたりがとても近くに座っていて、おそらく彼女たちは友人、それも親しい友人であろうことが感じられる。インタビューされる人が誰なのかを示す字幕や、映像の内容を説明するナレーションは一切ないので、映像をみるわたしたちは、いきなりヤコさんと人びとの対話の現場に立たされたような感覚を覚えるが、こうした揺れや反応を手掛かりに、わたしたちは語り手とヤコさんの関係性を推測することができる。そうして、画面のなかの人と対話しているような気になるのである。

一般的なインタビュー映像では、聞き手の反応や、相手との親密な関係性は、あまり画面に出さない処理がなされている。伝えたいのは語り手の表情や声、しぐさであって、聞き手のそれではないからだ。インタビュアーの姿は後景に退き、相手の発言を引き出した質問も、

yako KIMURA『intéressée —アンテレッセー』
撮影場所：アメリカ合衆国カリフォルニア州サンディエゴ パウェイ地区 パネラブレッド／岩手県田老町—大槌町—宮古市—釜石市／岩手県盛岡市 セーブ岩手／東京都千代田区永田町 首相官邸前／東京都調布市仙川町 創作日本料理「蒔」／宮城県仙台市若林区卸町 10-box／せんだいメディアテーク／宮城県亘理町 仮設住宅公共ゾーン第一集会所、撮影期間：2012年6月2日-8月30日、制作：2012年、79分（わすれン！ DVDパッケージ）http://recorder311.smt.jp/movie/34645/

しばしばカットされている。
これに対してヤコさんの映像では、語りが引きだされる現場の文脈が、ヤコさんの反応として映像に記録されている。これはある点から見れば、撮影の技術的「つたなさ」に見えなくもない。だが別の視点から見ればそれは、語り手の語りが生まれたその場の文脈と、それを聞き手として受けとめているヤコさんの感覚を、さらには両者の近さや遠さといった関係性を、わたしたちに伝える貴重な手がかりである。記録活動が行われた場面の文脈が、揺れを通じて読みとれるからだ。

ヤコ：インタビューに答えてくださる方も、誰にでも同じ話をするわけではないと思うんです。話を聞くのがこのわたしであって、この顔があってこの距離感があって、そのわたしの存在とその人とのあいだで起こる化学反応によって、ことばが引き出されてくるんだと思うんですね。その化学反応のひとつの素材として、「実はわたしは、仙台市が行っている、震災の記録をいろいろな個人の方から聞かせていただいて、それをアーカイブしていくという作業に参加させていただいてるんですよ」って、言うこともあるんです。

語りは、ある特定の質や、手触りをもった現場で、相手との関係性のなかで生まれる。わたしたちがこの映像に何か「直接的な声」を聴いたように感じるのは、わたしたちが、聞き手であるヤコさんの身体性を介して、語り手が声を発する現場に少し近づくことができるからではないだろうか。
わすれン！の映像記録には、語り手の姿だけでなく、記録する参加者の身体や息吹が感じ

yako KIMURA『Tango Karamarito』
撮影場所：アメリカ カリフォルニア州サンディエゴ／フランス パリ、トゥールーズ、ナルボンヌ／イタリア ベネチア、撮影期間：2013年8月23日-10月21日、制作：2013-2014年、68分（わすれン！ DVDパッケージ）http://recorder311.smt.jp/movie/41157/

られる映像や、記録の現場の様子を記録したものが少なくない。パフォーミング・アーティストである砂連尾《じゃれお》理さん（1965年大阪府生まれ、大阪府在住）が、初期わすれン！スタッフのひとりである細谷修平さんと一緒に撮影した『閖上録[15]』シリーズも同様である。『閖上録』では、語り手の姿に加え、聞き手である砂連尾さんの様子や、撮影している様子の全景をとらえたショットも含まれている。

ただしわすれン！の映像には、記録者が画面の前面にずかずかと出てきて、映像を見る人に向かって話しかけるようなスタイル（マイケル・ムーアの映画のような）はほとんど見られない。また、記録者と語り手の関係は必ずしも不変ではなく、撮影中にも変化していて、その変化が記録されていることもある。たとえば岩崎さんの『村に住む人々』や小森さんの『あいだのことば』では、かれら記録者と、記録されている相手との関係性が、繰り返されるインタビューのなかで変化していく様子がうかがえる。撮影期間が長くなるにつれ、語り手と記録者の関係性が深まっていくことが感じられるのだ。

聞き手の位置に身を置く

第3章で触れた酒井耕さんと濱口竜介さんが、その後2年をかけてまとめた映像は、撮影が行われる現場の文脈の記録という点や、鑑賞者と映像との関わりかたについて、さらに独自な展開を見せる。

『なみのおと』（2011年）と『なみのこえ』（2013年）は、「被災」した人びとの語りを記録した映画作品である[16]。民話を語り・聞く人たちを対象とした『うたうひと』（2013年）と合わせ、これらは「東北記録映画三部作」と呼ばれる作品群を構成し、民間の配給元を通じて映画作品として一般公開された。

15. 細谷修平『閖上録 スクリーン・ヴァージョン』（撮影場所：宮城県仙台市・名取市、撮影期間：2012年6月8日−7月27日、制作：2013年、83分）。この記録には、再編集版（『閖上録（2014年編集版）』や、語り手ごとに映像をまとめたシリーズ『連作 閖上録 アーカイブシリーズ』〈1〉〜〈4〉）もある。

16. 厳密にいえばこれらの映像は、配給された映画作品であるため、作品としてはわすれン！に保管されていない。だからそれをわすれン！の映像だというのは、本当はまちがっている。だが本書では、①そもそもかれらの映画が、わすれン！参加者としての活動から生まれたこと、②映画製作の過程で撮影された映像素材は、わすれン！に収められていること、というふたつの理由から、かれらの映画をわすれン！的映像に含めて考えている。

『なみのおと』『なみのこえ』では基本的に、人びとの語りを記録するのに際して、「もともと親しい間柄（夫婦、友人、親子、仕事仲間等々）にあるふたりに向かいあって互いに体験を語ってもらう」という方法を採用している。「そのことが、かれらのからだを『被災者』ではなく、日常を生きる『一個人』でいやすくしてくれるのではないかと期待した」ためである。[17] この方法を採用した経緯について、酒井さんはこう語っている。

酒井：はじめの頃は、単純にひとりずつ撮ろうと思っていました。そうやっていろいろ試していたころ、出会った夫婦がいたんです。『なみのおと』の東松島の夫婦の方たち。その旦那さんに話を聞こうと思っていたら、横から奥さんが混ざってくるんです。わたしにも話させて、みたいな感じで。その奥さんもすごく魅力的な方で、じゃあふたりを同時に撮ろうっていうふうになったんです。

そうしたら、ふたりで撮ったそのときのその話が、ものすごく良かった。その時は、なぜこれが起きたのか全然分からなかった。ただ、これをもう一回起こすためにはどうしたらいいんだろうと考えました。

結局は、聞き手のありようによって語りが変わっていくということが、わかってくるんです。聞き手のありようが、目の前のこの人の語りを引きだしているんだ、って。同じ体験をしてる人だったりとか、むしろ同じ体験をしてないからこそ話せることみたいなものもあるんですけど、目の前にいる人、聞き手がとても重要なんです。

後から考えれば、人が本当に話したかったことを話せるときっていうのは、相手の話を聞いているときなんだと思います。ほんとに話さなければいけないことや、自分がほんとに言いたいことっていうのは、自分だけじゃ出てこない気がするんですよね。

17. 濱口竜介・野原位・高橋知吉『カメラの前で演じること　映画「ハッピーアワー」テキスト集成』（左右社、2015年、33-34ページ）。

相手の話を聞くときには、相手に自分をあわせているので、自分っていうものからちょっと離れている。そのとき、自分の記憶が、普段つながらないところにつながっていく。相手が話したこと、相手が話している状況に合わせていると、「そういえば」っていうふうに思い出していくんですよね。そういう状況が何度も起きていました。

ヤコさんの映像の場合、〈語りを引きだす聞き手〉としてのヤコさんの姿は、画面の揺れや声などの反応を通じて感じられるものだった。『なみのおと』『なみのこえ』では、親しいふたりの対話を撮影することで、お互いが〈語りを引きだす聞き手〉として直接カメラに記録されている。こうすることで、語りが生まれる現場の文脈と、その語りを生みだすふたりの身体、そして両者の関係性は、より直接的に記録されている。

けれどもこの方法には、難点がある。ヤコさん的な映像の場合は、旅人的な視点をもつインタビュアー＝記録者の立場に、その身体性に、映像を見るわたしたちは、自分を重ねることができる（記録者は〈獲得される当事者性〉を帯びる場合も多いけれど、基本的には当事者と部外者をつなぐ立場にいる）。しかし、画面に映る人びとが親しい関係性を持つ場合、かれらの語りあいはそれだけでひとつの世界を構成し、映像を見る人間がそこに入り込みにくい状況が発生するからだ。

Z方式

この難点を乗り越えるために、酒井さんと濱口さんが採用した方法は画期的なものである。それは、対話を撮影する際に、カメラの位置を二種類用意するというものだ。

対話の前半は、通常の撮影方法で記録される。いわゆる「切り返し」である（図18左）。対

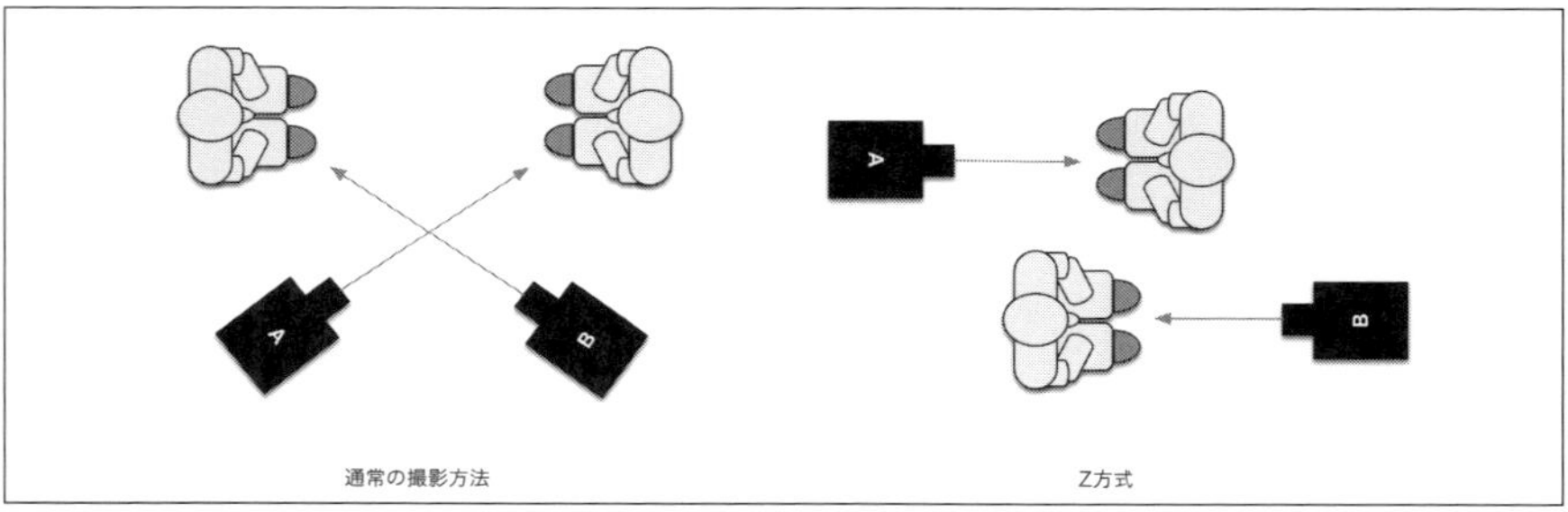

図18　Z方式による撮影方法

話がある程度進み、ビデオテープを交換するタイミングで[18]、カメラの位置を変える。撮影の後半では、会話するふたりの真正面にカメラが設置され、撮影される。この変化が映像に、そして映像を見る観客に、劇的で決定的な効果をもたらすのである。

どういうことか。後半部分での画面では、映像のなかのふたりがカメラをまっすぐ見据えたまま、それまで通り、親密な様子で対話を続けていく。切り返しによる撮影方式でふたりの話を聴きながら、ある程度その語りの場に慣れていた観客は、カメラがふたりを真正面から撮影するようになると、急に、対話する人たちのなかに自分が入り込み、まるで語り手のひとりの位置に自分が座っているような感覚をもつのである。映像のなかの人たちが、映像を見ている自分に直接語りかけているような感覚に満たされるのだ。

不思議なのは、カメラが直接ふたりの目の前に置かれているとしか考えられない（実際そうなのだが）にも関わらず、画面にカメラが映らないことである。対話するふたりの前にカメラを置くと、普通はそのカメラがふたりの視線を遮ってしまうはずだ。

実際には、図18右のように、向かいあって座っていたふたりが位置を左右にややずらして、相手の存在を十分感じられる近さにまで近接する（この点が画期的である）。そうすることで、語りあう2人は、相手との親密な関係性を維持したまま、それぞれの真正面に置かれたカメラに相対する。そしてカメラ位置を変更する際には、そのカメラを相手だと思って見ながら話してください、という指示が与えられるのである。

「Z方式」と名づけられたこの撮影方法は、濱口さんがフィクション映画のなかで試していた方法だった。それを、記録撮影に応用したのだ。

濱口：最初は賭けでした。被災者といわれている人たちを相手にこんなことをして大

18. 撮影に用いられたカメラは、ハイビジョン画質をテープに記録する方式のものだった。

丈夫なのかって思いましたし。説明はしましたよ。こういう撮りかたをすると、対話している人たちのなかに観客がすっと入るということが起きるはずなんです、そうすると、この体験の他人事ではない感じにつながるんじゃないだろうか、って。

60分テープでだいたい撮っていて、一時間経ったところでカメラ位置を変えますって言って、それぞれの正面にカメラを置いて、カメラを見てもらって話すんです。ちょっと横に重なってるくらいの位置で、相手が視野にほんのちょっと入るぐらいにしつつ、基本的にカメラの方を向いていただいています。

記録と表現のあいだ

第3章で述べたように、酒井さんと濱口さんがまずもって大切だと考えたのは、「語りというものによってその空間が変わる」ような語りが生じることである。そのような語りを聞くとき、人はその出来事を経験していなくても、「その体験に迫る」ことができるはずだ。だから、まずはそのような現場・現実が成立していることが重要になる。

酒井：映画を撮るという行為自体がどこから発生しているかといったら、やっぱり現実があるわけですよね。まず現実があって、それが元になって映画をつくると思うんです。どんなに作家性が強かろうが、自分の作家性以前に、現場で起きたことが一番正しい。

こうした現場を成立させるために、酒井さんと濱口さんは、並々ならぬ努力をした。まずは撮影前に、最低でも3回話を聞きに行っている。これは、語り手たちが震災体験について、大方話してしまった状態になってもらうためだ。

酒井：撮影までには、まずひとりの方に話を聞いて、話の中に出てくる人に会わせてもらって、その人とも会って、さらにふたり同時にいるときにも会って、だから撮影前に3、4回会って話をします。

濱口：その3回というのは、微妙に震災体験の話を聞くのが尽きてくる回数なんです。3回目ぐらいになると雑談するしかない時間が訪れて、そういうときに、オフィシャルではない、より実感のこもって感じられることばを聞くことができる。そういうときは、ある程度先方も僕たちの顔と名前を覚えてくれています。そういう雰囲気ができたら、よし、じゃあカメラの前でも行けるんじゃないか、と。でもこのやりかたは、［酒井と］ふたりじゃないとできなかったですね。ひとりで3回会いに行って沈黙が訪れたら、僕にはもう対応できないですから。

震災体験をしゃべってくださいとインタビュアーが言えば、語り手が、カメラの前で何かを語りはじめるのではない。語りが生じる状況、実感がこもったことばが出てくる瞬間は、記録される人たちと、記録者とが協働して準備されていく。こうした準備を経て、ようやく撮影——狭い意味での記録——がはじまるのである。

このように、酒井さんと濱口さんとは、「記録」をつくるためにさまざまな技法を用いている。そのなかには、かれらがフィクションとしての映画をつくってきた経験から用いられた手法も多くある。Z方式を採用することは事前に告げられなかったというが、実際の現場で異論が表明されたことはなかったという。

酒井：みんな、え、こんなことするんだ？と驚きはするんですが、なんでこんなことをするのか、聞かれたことはないです。［劇］映画の現場では、役者に疑問を持たせないことがすごく大事なんですよね。だから僕らは撮影の前日に必ず同じセットを組んで、カメラのセッティングもすべてなぞってから現場に臨みます。現場では、カメラ位置を修正しますっていうときもあっという間に終わる。それと同じで、［『なみのおと』『なみのこえ』の場合も］あっという間にその場にいる僕らふたりが動くので、自分たちもそうしなきゃいけないいんだっていう流れになってしまうんですよね。

もちろん、こういう形にカメラを置きます、映画のなかで見るとこれはすごく自然に映るんです、と説明します。見ている人がおふたりのことをより親身に聞くためにこうなるんですよと。この説明は当日します。事前には説明しませんでした。

かれらが劇映画の手法を記録に用いたのは、映像作家としての主観性や主張を表明するための「表現」方法としてではない。かれらは、撮影現場で起きていること、その場にいる人なら体感できるだろうことを、映像を見る人にも体験してもらうためにZ方式を採用している。対話を他人事としてではなく、自分に向けられたことばとして受けとめてもらうためだ。表現としての映像という問題は、現実を記録しようとする努力を重ねた先に、あらわれている。

酒井：あの場所で起きていることに近づこうというのが目的なので、自分の作家性みたいなものはもはやどうでもよくなっていきました。自分たちだけの力でできた映画だっていう感覚はまったくなくなって、自分たちの力を超えてしまってるものが画面に映ってくる。それに、ただただ圧倒されているんです。

カメラは現実を記録する。けれど、あるがままの現実は、映像にはそのまま残らない。記録すべきことがらを映像に残すためには、表現するものとしての映像、映像を見る人への配慮が必要になってくる。このとき記録活動は、表現の問題とからまりあい、映像が映像として何をしているのかという問題を避けることができなくなるのだ。記録することと表現することは――さらにいえば記録と芸術は――不可避的に混じりあう。記録することを突きつめることが、表現の領域を巻き込んでいくのだ。

1-3 当事者性の高い映像がひらく肌理《きめ》細やかさ

大きな視点や歴史からこぼれおちる問題や、小さなこと・身近なことがらなどのディテールにあふれた映像。そして、記録者の身体性や、練り上げられた撮影方法などによって、記録が撮影された際の文脈を鑑賞者が感じることができる映像。記録される人と記録する人との関係性が見る人にも感じられ、語りの現場に映像を見る人が近づいていくことができる映像。こうしたわすれン!の映像記録に見られる特質を、ここでまとめて「当事者性の高い映像」と呼んでおきたい。

本書冒頭で述べたように、コミュニティ・アーカイブとは、自分たち自身についての、自分たち自身でつくるアーカイブである。コミュニティ・アーカイブでは、記録者と記録される人とは、基本的に近くなる。記録者が記録対象となる集団のひとりだったり、記録する側とされる側が入れ替え可能(入れ替わることができるほど近い)だったり、記録者が獲得される当事者性を帯びていたり、両者のあいだに親密な関係性があったりする。記録者の当事者性が高いのだ。

小さなことがら、見過ごされやすいことがら、大きな記録／記憶からこぼれおちていきそうなディテールは、こうした当事者的な立場によって、より発見されやすくなる。わすれン！参加者のなかには、自身が「被災者」である人も少なくない。「被災」の当事者に近づいていくことで「獲得される当事者性」を帯び、両者の間に関係性がつくられていくこともある。出来事を体験した当事者に近づこう、記録のための現場に近づこうとしていくとき、大きな歴史からこぼれ落ちそうな小さなことがら、それでいて、大きな出来事についての考えをわれわれにもたらすような記録――ミクロストリア[19]――が発見されるのだ。

当事者性の反対語は、傍観者性である。傍観者とは、当事者の立場に近づこう・関わりを持とうとせず、一定の距離を置いて、かたわらから見る人のことだ。傍観者性の高い映像――たとえばレポーターが伝えるテレビのニュース映像――では、記録者（レポーターやカメラマン）による記録される人への関わりは抑制される。「被害者」と「報告者」という役割は維持されたまま、客観的に「事実」をすくい取ることが目指される。記録者と被記録者との関係は基本的にその場かぎりのものであり、映像は記録者の主観性を削除したものとして示される。わすれン！的映像では、記録者が可視化されているのに対して、テレビ報道では、製作者が不可視化されているのである。

当事者性の高い映像では、記録者の感情や感覚は映像のなかに入りこみ――高野さんの映像に見られる〈とまどい〉や、岩崎さんの映像に見られる〈イノセントさ〉を思いおこそう――、記録対象との関係もより長く持続する。これまでに紹介した記録のなかでもっとも傍観者性が高いのは、車載カメラで撮影した木村グレゴリオさんの映像や、誰でもそこにカメラを置いたら撮影できる映像を撮ろうとした鈴尾啓太さんの映像だが、鈴尾さんの場合でも、撮影を繰り返していくにつれ、現地で出会った人たちとのやりとりや会話が増え、関係性に

19．カルロ・ギンズブルグ、上村忠男訳『ミクロストリアと世界史　歴史家の仕事について』（みすず書房、2016年）。

深まりが出てくることは、すでにみたとおりである。

当事者性が高い映像においては、記録者自身がその場に――その場に対する当事者として――関わっていることが、映像のレベルで記録されている。[20] それによって当事者性の高い映像は、記録が撮影された現場の文脈を感受することへと、映像を見る人をいざなうのである。ただし当事者性の高い映像は、「これが当事者の姿なのだ」というイメージを必ずしもクリアに示すものではない。むしろ逆に、当事者性が高い映像は、当事者との距離が近く、さまざまな生活のディテールや出来事の細部を含むがゆえに、簡単な解釈を拒むところがある。逆にいうと、傍観者的な映像は、対象からの距離が離れているがゆえに、「被災者」や出来事を客観視でき、冷静に事態をとらえ、場合によっては単純なストーリーにステレオタイプ化し、わかりやすいイメージにおとしこむこととなる。当事者性の高い映像は（明快なストーリーからすれば）さまざまなノイズやズレ、肌理を含み、見る側の積極的な読解を必要とするところがあるのである。

ヤコさんや酒井さん・濱口さんの映像に見られるように、当事者性の高い映像は、映像が記録された文脈に、映像を見る人を近づけていく。記録者の身体性を通じて、わたしたちは記録の現場に近づき、ふっと相手の顔を正面から見る場に置かれるとき、わたしたちは語りの一方の当事者の身体にすっと入り込むような感覚になる。こうして「他人事」が「わが事」に近づいてくる。だがそこから見えてくるのは、「これが正しい当事者の姿なのだ」という、唯一正しい表象の世界、それ以外の解釈を許さないようなガチガチの世界ではない。誰もがいつでも理路整然と生きているわけではないように、それはある意味で矛盾を含んだ世界かもしれないのである。当事者性の高い映像は、自由で、多様な解釈に向けて開かれている、肌理細やかで日常的な世界を映しだしているのだ。

20. したがって当事者的映像における当事者性とは、震災なら震災という出来事の直接の当事者としての「被災者」のことだけをさすのではなく、その出来事に心を揺さぶられ、その出来事の記録活動に関わることによって帯びられる当事者性、つまり〈獲得される当事者性〉を帯びた人たちのことも指している。

2 〈つたなさにみえるもの＝関与する余地〉をもつ映像

つぎにあげることができるわすれン！的映像の特徴は、「プロ」的映像に慣れた視点から見れば、撮影技術や物語の語り方などにおいて、一見「つたなさにみえるもの」がそこにある、ということである。

わすれン！の映像記録は――アマチュアの記録者によるものがほとんどなのだから当然なのだが――、プロ的映像に比べれば、技術において、あるいは物語の語りかたなどの点で、ある視点からすれば「つたなく」感じられるものが多いように一見思える。プロ的映像を模範とすれば、アマチュアの技術が「つたなく」見えるのは当たり前である。ではアマチュアもプロのような映像を目指すべき、ということなのだろうか。

おそらくそうではない、とわたしたちは考える。[21]

2-1 ことばにならないことの記録

わたしたちは普段、明快な意味やメッセージを与える映像に慣れている。テレビや広告や映画などのプロフェッショナルがつくる映像は、テンポよく編集されていたり、字幕やナレーションによる説明を効果的に組みあわせている。だから、映像に少しでも技術的な素人臭さがあると、そこに違和感をもち、そのことをもってその映像の内容についても、低く評価してしまうことがある。こうした議論において対比されるアマチュアの記録映像と、プロの記録映像との対比は、以下のような図式として描けるだろう（図19）。

21. ここでわたしたちは、わすれン！の映像がことばの単純な意味で「つたない」かどうかという議論を展開する意図はない。ここでわたしたちが「つたなさ」ということばをつかうのは、「プロ」的映像を模範とする立場からすれば「つたなく」見えるとされるかもしれない映像のなかにある、価値について語りたいためである。

技術的なつたなさと内容的なつたなさ

ここで整理のために、〈つたなさにみえるもの〉を大きくふたつ——〈技術的なつたなさ〉と、〈内容的なつたなさ〉——に分けて考える。

〈技術的なつたなさ〉とは、プロ的映像に比較して技術的にたくみではないように見える、ということである。画面が揺れたり、音がきれいに録音されていなかったり、声が聞き取りにくかったり。余計な音が入ったままだとか、ひとつのショットが長くて間延びしている感じがするとか、字幕が小さくて読みにくいとか、こういった「技術」面でのつたなさに見えるものだ。

〈内容的なつたなさ〉とは、断片的で、全体として一貫したストーリーを構成していないとか、はっきりとした結論や明確なメッセージがないとか、何を言いたいのかわからないとか、そういった映像に見えるということである。

もしこうした〈つたなさにみえるもの〉が取り除かれるべき「欠点」なのだとすれば、わすれン！の映像は「質の低い」ものだということになるだろう。「誰もがより高い技術を習得し、取材の意図や編集の方針を考え抜き、映像が伝える物語の巧さと、与えるメッセージの明快さを高めていくべき」なのだとすれば、そうなのかもしれない。技術的にも内容的にも、余分に見えるノイズを切り落とし、誰が見てもつたなさを感じさせない完成品に近づけたり、より明快な物語に仕上げることは、当然そうあるべきだとするなら、そうかもしれない。だがはたしてそうなのだろうか。

解釈の〈のりしろ〉としてのつたなさ

まず〈技術的なつたなさ〉についていえば、前節で述べたように、それは必ずしも取り除

アマチュア的映像の〈つたなさ〉	プロ的映像の〈たくみさ〉
手ブレなど技術的にアラが目立つ	技術的にソツがなくカメラの存在が意識されない
映像がとりたてて美しいわけではない	映像がきれい、センスがある
記録対象の選択が主観的／部分的	記録対象の選択が客観的／代表的
インタビューの仕方が主観的	インタビューの仕方が客観的
ストーリーに一貫性がない、明確なメッセージが無い	一貫したストーリーと明確なメッセージがある
ことばなど音声が聞き取りにくい	ことばなど音声が聞き取りやすく、字幕による補助がある
記録者の声が入り、その存在が観る者に意識される	記録者の声はカットされ、その存在は意識されない
わかりにくい	わかりやすい

図19　アマチュア的／プロ的映像

かれるべきではないといえる。なぜなら、〈技術的なつたなさ〉のなかに、その映像が記録された文脈や、記録者と対象との関係性について解釈するための、重要な手がかりがある場合があるからである。

前節で述べたように、〈技術的なつたなさ〉としての画面の揺れは、相手との関係性を示す重要な手がかりになりうる。カメラの揺れや、記録者の応答する声は、ノイズのようでいて、必ずしもそうではない（このことは、スポーツ中継やアクションカメラが記録するダイナミックな映像で、手ブレ補正が強く、カメラの動きが滑らかすぎると、逆に映像から臨場感が失われてしまうことからも想像できる）。〈つたなさにみえるもの〉は、映像を見る人が、映像のなかに関与する余地としての〈関わりしろ〉となる場合があるのである。

技術的につたないようにみえても、貴重なことが記録されている映像、そのときにしか記録できないことをとどめた映像もある。たとえば小森はるかさんは、『あいだのことば』について、つぎのように語っている。

小森：撮影技術がつたなくて、見づらい部分があることはわかっているんですが、この記録は、その時わたしが残したいと思った大事なものが映っている、ということははっきりしていました。だけど、見る人に親切な記録ではないと思っていたので、どうやってわたし以外の人に見せたらいいか、見せるべきなのか、わからなかったんです。わすれン!で発表の機会をもらえたから、わたしもこの記録を誰かと一緒に見て話してみたい、という気持ちを持てました。見てくれた人たちから、技術面を指摘されることはあまりなかったです。むしろ、こういうところは良かったって、記録からいろんなものを拾ってくれる人が多くて嬉しかったです。[22]

22. この小森さんへのヒアリングは、2014年4月22日時点のものである。

見づらい映像であることは十分理解しているけれども、震災直後から数ヶ月という時間のなかで徐々に変化していく人びとの日常という、その時にしか撮影できなかった貴重なことがそこには映っている。その時期にしか撮れなかった映像が、ここには残されている。

ことばにならないことの記録

内容的につたなくみえる映像についてはどうだろうか。わたしたちはそこにも、実は積極的な価値があると考えている。

わすれン！の映像には、ナレーションや字幕が最小限しかなかったり、あるいはまったくないものが多い（例外のひとつは『傾いた電柱』だが、川名さんは「今にしてみると直したいところが山ほどあります。ナレーションが多すぎるとか」と述べている）。テレビ的な映像と比較すると、単純な意味でのわかりやすさは、たしかにないかもしれない。プロ的な映像に慣れた人は、なぜことばでわかりやすく説明しないのだろう、ナレーションや字幕をつけてなぜストーリーを明確にしないのか、と思うかもしれない。

しかし、映像のストーリーをわかりやすくしないことには、いくつもの理由があると考えられる。

その第一は、記録しようとしたことが、端的に「ことばによって表現できない」ことだったからである。

高野裕之さんは「言葉で表現ができない。家族とか友人に現場の様子を伝えたいなと思って言葉で表現しても、伝わらない」からビデオカメラで撮影したと述べていた。同じように岩崎孝正さんは、「何が起こっているのかがわからない状況で有効なメディアは、ビデオかもしれない」と言っている。

記録される対象だけでなく、記録者自身の認識を「ことばにできない」場合もある。たとえばヤコキムラさんは、自分の記録のなかに、あえて「泥臭い」部分や、訳がわからない映像を挿入したという。それは、記録していた当時の自分自身の、ことばにならない感情を含ませたかったからだという。ヤコさんは、解釈困難な部分をあえて入れることで、記録者自身がある意味で混乱していることを示そうとしていた。

ヤコ：［真夜中にベランダに出ている自分の身体の断片のような］そうした映像を、最初の記録『アンテレッセ』の中に入れたんです。何故かというと、ひとつは自分も当事者であるということと、怒りとか不安とか深い悲しみとかっていうのは、ことばで言えることじゃないからです。そういうことって、誰のなかにも、すごく深いところにあるじゃないですか。それを人に語ってもらうわけにはいかないので、自分の映像を入れることで、済ませたんです。意味不明な菊の花とか、自分の足とか、なんで明け方にひとりこんなことをしているのか、訳がわからないようなことを［言語的なインタビューのあいだに］入れこんでいくことで、ことばにならない部分の不安や苛立ち、焦燥感とか絶望とかを含ませたんです。だから1本目の作品は、相当泥臭いんですよ。でも泥臭くていいと思って出しています。逆に、スマートだったら気持ち悪いだろうと思うんです。

2-2　余白あるいは関与する余地としてのつたなさ

「だがそれも結局のところは、事態の本質を見抜けていないことからくる、混乱なのではないか」という意見があるかもしれない。すぐれた洞察力をもつ詩人や哲学者なら、出来事の本質を見抜き、ことばでそれを表現しうるはずだ。そうした「専門家」が考えた答えを、これだけを覚えておけばいいということだけを、ずばっと残していけばいいのではないか。〈内容的なつたなさ〉には、やはり意味はないのではないか。そういう意見である。

わたしたちは、プロ的映像のたくみさや、詩人の卓越した能力に、まったく意味がないと考えてはいない。洗練された技巧はすばらしい。考え抜かれ研ぎ澄まされたことばには、頭が下がる。さらには、誰もがネットで発信・発言できるからこそ、情報のオーバーロードが起きている、それも事実だ。だから、まだ考えがまとまっていない状態での中途半端な発言は慎むべきだ――言いかえれば「素人は専門家の意見を聞いて黙っておきなさい」――という考えかたにも、一定の説得力があるとも思う。「あらゆることにはなんらかの価値があるのだから、とにかくそれを残していこう」という意見もあるだろうが、それでは、個別の事柄に対する価値判断を棚上げするのと同じだ。

では、ここでいうところの「内容的なつたなさ」には、やはりそれほど積極的な意味はないのだろうか。個々人の小さな声は、ノイズに過ぎないのか。個人的なつぶやきを表明したり、記録したり、残したりすることに、積極的な意味はないのだろうか。

この混沌を大切にしなければならない

鶴見俊輔は1952年[23]に書かれた「らくがきと綴り方[24]」という文章のなかに、「この混沌をたいせつにしなければならない」という印象的な一言を残している。

鶴見が論じているのは、当時の、京都の子どもたちが書いた「天皇制についての文集」に見られる、論理的な筋道のバラバラさやまとまりのなさ――わたしたちのことばでいえば〈つたなさ〉――についてである。

23. 1952年といえば、生活綴り方運動が生活記録運動へとつながる流れができた年である。この年、岐阜県中津川市で日本作文の会第1回作文教育全国協議会が行われ、鶴見俊輔の姉である鶴見和子は、そこで『山びこ学校』の無着成恭と出会っている。

24. 鶴見俊輔『鶴見俊輔集6　限界芸術論』(筑摩書房、1991年) 所収。

鶴見はそれを「特定の権威すじから配給されたキマリ文句によるものでない」ものとして、高く評価する。「この作文のタバのなかに」ある、「まとまったすじみちができない状態」「古い正統的考え方が失われ、新しい正統的考え方がうちだされていないという、中間的な状態」を、鶴見は「混沌の状態」と呼ぶ。その「混沌としたもの」を大切にしなければならない、というのである。

なぜ「混沌」を大切にしなければならないのだろうか。

天皇制は、法律・政治の面でのことがらとして、せまくとらえることでは、氷山の一角をとらえることにしかいたらず、効果的にこれに立ち向かうことが、できない。われわれの人間関係、生活形態、思想にかかわる習慣のタバとして理解することが、必要だと思う。はっきりと自分で考え、承知するという手続きをへずに、重大問題についての決定をうけいれてしまう習慣。社会にもたらす効果によらず、身分によってあつかいをかえる習慣。こういう習慣が、どんなふうに、ぼくたちの日常の行動に実現されるかにたいして、見張りをすることが、ぼくたちの天皇制にたいする反抗の一部分となるべきだ。[25]

ここで鶴見がいっていることは3つある。

第一に、ここで子どもたちがあつかっている問題（「天皇制」）が、それ自体きわめて複雑なことであって、簡単に分析できないこと。[26] 第二に、天皇制という問題の原因が100％他者にではなく、自分たち自身にもあること（わたしたちの多くにとって、原子力発電所がそうであったのと同じように）。第三に、各自の混沌をパブリックなかたちで公開することが、これか

25. 鶴見前掲書、69ページ。
26. 「天皇制」はここでは、戦前から戦後にかけての日本に暮らす多くの人びとを戦争へとふりむけていった「ふんいきのようなもの」として位置づけられていて、天皇に関する制度のみを狭い意味でさしているのではない。それは、戦時中の日本を生きていた人たちにとっての習慣の束のようなものであり、そのような意味における「天皇制」をまるごと理解することが必要だ、と鶴見は考えている。鶴見前掲書、68ページ。

らの思想を育むのだ、ということである。
鶴見は、それぞれのあたまで考え、自分自身で理解しようとすることが大切だと考える。もし誰か専門家によって導かれ与えられた答えを鵜呑みにするなら、わたしたちはまた「ふんいきのようなもの」に呑みこまれてしまうだろう。だから、それぞれの考えが文章化され、その「まとまらなさが、まとまらなさとして、すなおに公けにされていること」[27]、それが重要なのだ。なぜなら、各々のまとまりのなさが共有されることによってこそ、つぎの思考の芽が、混沌の中から自発的に健全にのびてくる思想が生まれると、鶴見は考えるからである。

反抗が芽ばえてくるとすれば、それは、こういう混沌を通ってからのことだ。それは、民衆のひとりひとりが自発的に考えたもの、あっちに向かって思想をのばし、こっちに向かって思想をのばした上で、考えあぐねて到達したものとして、成立する。そうでなくて、ある特定の指導者群（中略）から配給されたキマリ文句にたよって、反抗にたつとすれば、その反抗は自発性をかく故に、一時的なつよさしか持たないであろう。[28]

たとえつたなくみえるものであってもいい。「配給されたキマリ文句」を受け入れて、わかりやすく流行しがちなことばに角をまるめて加工して「公けにする」のではなく、〈内容的〉にも〈技術的〉にもつたなく荒削りなことばをそのまま公にすることが、自発的な思想を育てる。そう鶴見は言うのである。[29]

思考しつづけるための余白をもつ映像

こうした鶴見のことばは、わすれン！参加者の経験と共鳴する。

27. 鶴見前掲書、70ページ。
28. 鶴見前掲書、73ページ。
29. 鶴見が引用する中学1年生の文章には、じっさい、表記上の誤記が多数見られる。

たとえば鈴尾啓太さんは「つくることで僕は何か意見を言いたいとかではなくて、つくりながら考え続けたい」、「僕にとってそれは、わすれン！というものがあったおかげで、できたことなんです」と述べている。

鈴尾：被災地で映像をとる以前は、〔映像というものは〕もう少し、答えを明確にしないといけないものだと思っていました。〔今でも〕それは、ある面では必要だと思うんです。でもそのなかに、余白だったり、ふとわれにかえったり、ふっと見ている人が考えられるような時間っていうものもきっとあるのだと思います。ある問題や対象を、自分がどう捉えるかということに、結果として〔わすれン！の経験は〕ものすごく影響していると思います。答えは、決めるけど決めないっていう感じなんです（中略）。

考えたいことに、ぶれつつ向き合って、そこに悩みながら、結論を出さずにやるっていうのは、そうそうできることではないと思います。僕にとってそれは、わすれン！というものがあったおかげで、できたことなんです。日々思考し、結論を決めず、自分と出来事だったり、被写体との関係性だったり、距離感を、つねに考える。（中略）余白ということばが正しいのかどうかわからないですけれど、答えを出すけど出さない。

〔わすれン！では〕これだったらネットを見ている人にちょっと〔見にくくて〕しんどいから、じゃあ編集の授業をやります、みたいなことにはならないわけじゃないですか。本人がもしかしたら、これもう少しコンパクトにまとめたいんですよって相談してきたら、アドバイスするとは思うんですけど。

――でもこれじゃあダメです、とは言わない。

そうそう。否定はしない。そこは大きいですね。迷いを、モヤモヤをモヤモヤのまま受け入れてくれるっていうのは、大きかったですね。今でもそれは大きいです。

鈴尾さんはプロの映像編集者だから、映像の内容をわかりやすくまとめることは容易である（「僕もやれって言われたらまとめられる」）。でもそうしなかった――マスメディアのメッセージを鈴尾さんのメッセージで上書きしなかった――のは、鈴尾さんにとって、映像の編集を含む記録活動が、考え続けることと等しかったからなのだ。映像のなかで答えを明確にしてしまえば、そこで思考も止まってしまう。考えるため、思考し続けるための余白のような部分が映像のなかにあること、それが大事なのではないか、そう鈴尾さんは言うのである。

関与する余地をもつ映像

このように、わすれン！的映像における〈つたなさにみえるもの〉には、つぎのような積極的な意義を見いだすことができる。

①　**記録の文脈や記録者と対象との関係性を示す解釈の〈関わりしろ〉**：揺れやノイズのなかに、映像を解釈する重要な手がかりや、つたなさ以上に重要なことが記録されている

②　**ことばによって表現できないことを無理に言語化しようとしていない**：そもそもことばになりにくいことがらを記録している

③　**思考しつづけるための余白**：記録されていることの意味について考え続けるためにあえて残されているまとまりのなさ

ことばで表現できないと思ったからこそ、ビデオカメラで記録する。うまく整理できないけれども、記録にとどめておくべきと感じたこと、容易に整理できないことを複雑なまま記録するための道具として、ビデオカメラは選ばれる。そのとき映像は、ことばに添えられた「挿絵[30]」ではなく、その映像を見て何かを感じ・考えるために示される、直接的で第一義的な内容となる。

中途半端なまとめに見えるものは、複雑で容易に分析が困難なことがらについて、個々人の思考がまだ途上であることを示す痕跡でもある。それは鶴見のいう「あっちこっちに向かって思想をのばし、考えあぐねる」思考の足跡だ。道のりの記録が、つぎにそこを歩こうとする人の道しるべとなるように、公開され共有されたつたなさの記録は、つぎに展開される思考や行為を準備する土壌になるだろう。

〈つたなさにみえるもの〉は、複雑なことを強引に言語化せず、解釈の余地を残すことで、映像を見る人がその映像に関与することを引きだす役割を果たしているともいえるのだ[31]。

クールなメディアとしてのアーカイブ

ここで想起されるのは、メディア論の泰斗《たいと》、マーシャル・マクルーハンの「ホット／クール[32]」の概念である。

ホットなメディアとは、目が詰まっていて高精細（high-definition）なメディア（たとえば映画）であり、クールなメディアとは、目が詰まっておらず低精細（low-definition）なメディア（たとえばラジオ）だといわれてきたが、メディア研究者の大西康雄さんはこの概念の意味を綿密に整理した論文において、つぎのように述べている。

30. 挿絵＝イラストレーションとは、「例示する」「絵・図解などによって説明する」という意味の動詞illustrateの名詞形である。そこでは、絵はことばに従属する。

31. わすれン！の映像に、ひとつのショットが長く、細かなカット割りで映像が構成されていないものが多いことも、同じような観点から理解できる。細かなカットによって映像を構成すると、観客は、素早く提示されていくさまざまな断片を受動的に見ることになり、解釈する余白が少なくなっていく（たとえばハリウッドのアクション映画のように）。逆にショットを長くすると、映像に写っているものを見て、これはなんのシーンなのだろうと考える時間、複数の解釈が生じる余白が生まれる。「これは何なのか」と考える余地が、映像を見る側に与えられるのである。

32. マーシャル・マクルーハン、栗原裕・河本仲聖訳『メディア論　人間の拡張の諸相』（みすず書房、1987年）。

カッツらは（Katz and Katz, 1998）、「ホット／クール」概念の核心を、メディア解釈の開放性（openness）もしくは曖昧さ（ambiguity）に求め、それによって受け手に積極的な関与を求めるとしている。より厳格な解釈を押しつけるメディアがホットであり、よりオープンな解釈を許す分受け手に積極的な関与を求めるメディアがクールということになる。そして、この概念が二分法ではなく、相対的に決まるスケールのようなものだと指摘している。

「ホット／クール」の第一の次元は、情報量の多寡や精細度ではなく、意味の決定性、限定性と解釈することがより生産的なのだ（中略）。high-definition／low-definitionとは、高／低精細、高／低密度というよりも、（意味の）高／低決定性だと考えた方がマクルーハンの議論においてより本質的かつ核心的である（中略）[33]。

一方には、「厳格な解釈を押しつける」映像があり、他方には「よりオープンな解釈を許す」映像がある。前者には、見る人が疑問を抱いたり、その意味を考えたりするような類の「関与する余地」がほとんどない。これに対して後者――わすれン！的な映像――には、関係性を読み取ったり、考えたりするための余白、見る人の「積極的な関与」を起動するものがある。〈つたなさにみえるもの〉は、受動的な観客を能動的な解釈者にしたり、語りの場に参加する聞き手にしようとしている、といってもいい。

〈つたなさにみえるもの〉があるからこそ、映像を見る人が、その映像に関与する余地がある。わすれン！的映像は、マクルーハンのいうクールなメディアとしての特性をもっているのである。

33. 大西康雄「マクルーハンはデジタルメディアの夢を見たか：マクルーハンの「ホット/クール」メディア概念再構成の試み」、『山梨国際研究（山梨県立大学国際政策学部紀要）』No.9、2014年、13、18ページ。

3 群れとしての映像

最後に、第三の特質として「群れとしての映像」という点をあげておきたい。わすれン！の映像記録は、本章1「当事者性の高い映像」でも述べたように、ひとつひとつをみれば、記録の対象が小さく、断片的かもしれないが、それらをアーカイブして、複数の映像を相互に関係づけながら見るとき、個々の映像は、単独で見られるよりもさらに豊かな価値を帯びてくる。ここでわたしたちが「群れとしての映像」ということばでつかまえたいのは、映像にアーカイブを通じて触れることの意味であり、アーカイブされることによって映像がより豊かな価値をもつ可能性である。

記録と記録をつなぐ

2011年3月11日の発災時に、メディアテークの7階スタジオにいた越後谷出《えちごやいずる》さん（のち、わすれン！スタッフとなる）が撮影した、大きく揺れ続けるメディアテークの様子を記録した3分強の映像[34]がある。この映像は、極めて大きく、そして長い揺れのなかで、記録者自身がテーブルの下で身を守り、床に座り込みながら撮影した貴重な映像である。編集は施されていない。

わすれン！のウェブサイトでは、この映像を、同じ時点の他の仙台市内の複数の映像記録や、メディアテークの被災状況をまとめた映像[35]、同じくメディアテークの再開への歩みをまとめたテキストと写真による記録[36]などと並べて表示している。そうすることによってこの映像は、「仙台市内各地の発災時の様子を記録した映像群」のひとつとして、あるいは「発災時から再開にいたるまでのメディアテークのあゆみを記録した資料群」の一部として、見る

34. 越後谷出『2011.3.11 Earthquake Japan 地震 せんだいメディアテークにて』http://recorder311.smt.jp/movie/203/
35. 写真：越後谷出・ビデオ撮影：相澤薫、大内史子（仙台CATV）・編集：佐藤実『東日本大震災　せんだいメディアテーク被災状況』（撮影場所：せんだいメディアテーク、撮影期間：2011年3月17日、制作：2011年、6分55秒）http://recorder311.smt.jp/movie/30446/
36. 越後谷出「せんだいメディアテーク　再開へのあゆみ（1）」（記録場所：せんだいメディアテーク、記録期間：2011年3月12日–3月30日、制作：2011年）http://recorder311.smt.jp/blog/35907/

ことができるようになる。そこには水平的・空間的な広がりや、垂直的・時間的なつながりが生まれる。他の映像やテキストなどと並べて見ること、より広い文脈のなかに置かれることで、この映像の意味が拡大するのである。

関連する他の記録や映像と並べて表示することは、技術的には、それほどむずかしいことではない。個々の記録につけられたキーワード（タグ）から記録相互間の関連性を抽出し、関連する記録を同時に表示することで、こうした表示は可能になっている。複数の映像を関連づけるために大切なのは、個々の映像にどのようなキーワード／タグを付与するか、つまりどのように個々の記録を記述し、記録を構造化するか、という点である。

右の例でいうと、映像記録『2011.3.11 Earthquake Japan 地震 せんだいメディアテークにて』には、つぎのようなキーワードと、記録に関する基本情報（メタデータ）が付与されている（図20）。

きろくび　　2011年3月11日
きろくしゃ　越後谷出（えちごや いずる）：わすれン参加者
きろくばしょ　宮城県仙台市青葉区春日町2―1 せんだいメディアテーク
さんかしゃ　越後谷出
キーワード　3・11の記録　せんだいメディアテーク　被災状況　仙台市　宮城県　建築　揺れによる混乱　青葉区

網状組織としての群れ的映像

これら基本情報に加えて、わすれン！ウェブサイトでは、自由記述テキストによる説明が

図 20　映像記録『2011.3.11 Earthquake Japan 地震 せんだいメディアテークにて』のウェブページ

表示される。そこには、記録の内容についての具体的な説明、上映会での上映記録、映像を見た人の感想など、さまざまなことがらが記されている（右の例ではシンプルに「2011年3月11日に日本を襲った地震の様子です。せんだいメディアテークにて撮影されました。」という一文が残されている）。必須情報としての基本情報やキーワード以外に、自由記述できる部分を設けることで、個々の記録が誰によって、いつ、どのように記録されたのかという、記録がつくられた文脈を示す情報が、豊かに記録できるようなしくみになっているのだ。

メタデータ、キーワード、自由記述テキストのもとになる情報は、第2章でも述べたように、個々の記録者とわすれン！スタッフが記録を受け入れる際に行うヒアリングの場面で収集される。わすれン！に収められる個々の記録は、こうして「網状組織化」され、「織り成される織物」へと編みあげられていくのである。

ヒアリング

ヒアリングは対面で行われ、スタッフは参加者に質問しながら、記録にまつわる文脈情報を聞きとり、書きとめる。後日これらの情報は、スタッフの手で文章になり、その記録に関する「記事」（具体的にはWordPressの1ページ）になる。記録がどのような文脈で作成されたのかを示す文脈情報が、豊かであればあるほど、その記録は他の記録群と、より多くの関連性をもち、より細かく編みあげられた網状組織《ネットワーク》を形成する（一般的には、こうした作業は、メタデータの入力やアーカイブの構造化と呼ばれる）。わたしたちが「群れ的映像」と呼びたいのは、このようにして相互関連性を読みとられることによって、一枚の織物のように豊かな網状組織を形成している映像群のことである。

アーカイブでは、映像はこのように、単体としてでなく常に他の記録と関連づけられて存在する。映像の置かれかた、映像の見られかたが、他の映像――たとえば映画やテレビの映像――のそれとは、大きく異なるのである。映像のアーカイブは、映像を保管しておくだけでなく、映像に触れ、映像を見るための新しいメディアになっているのだ。[37]

個人を発信源とする映像の置き場

映像は、その種類によって置き場あるいは流通の仕方が異なる。「映像作品」は、映画館や美術館で上映され、テレビ映像はテレビを通じて流通する。映像作品の多く（そしてテレビ映像の一部）は商品化され、DVDやデジタルファイルとして売り買いされるけれども、基本的には映画作品は映画の配給会社に、テレビ映像はテレビ局に、その保管が委ねられているのが現状である。[38]

他方で、個人を発信源とする映像の置き場所は、これまでそのほとんどが私的な領域――要するに家のなか――に留まるほかなかった。小規模な映像サークルを通じて流通させるとか、映像作品としてコンテスト等に応募するといった方法はもちろんあったけれど、こうした回路に乗る映像は例外的である。

この状況を劇的に変化させたのが、第1章でも述べたように、インターネットであり、とりわけYouTubeやニコニコ動画のような、動画共有サイトだ。[39] インターネット以前、個人を発信源とする映像を見せあう場所や仕組みは、散発的にしか存在しなかった。ましてや、個々人がつくった映像を長期的に保管・収蔵し、次世代の人たちが見るためのアーカイブはほとんどなかった。今や誰もが、ネットを通じて映像を流通させ、視聴することができるようになっている。

37. ただし、このヒアリングの作業が、預かるすべてのデータについて実施できているわけではなく、その実体はごくわずかであると言わざるを得ない。2017年10月の時点の集計によると、わすれン！に寄贈された写真54467枚の内、ヒアリングから得られた情報などを写真とともにウェブサイトの記事に設え配信されているものは、合計で3028枚に過ぎない。とはいえ、写真54467枚とは、仮にひとりのスタッフが年間を通して毎日、1時間に1枚、平均8枚／日の画像のデータの基本情報を調査し、タグなどを入力したとして、25年以上かかる量である。

38. 価値が高いと考えられる映像作品は、長期的な保管を目的とするフィルムアーカイブにその一部が保管されている。たとえば、「東京国立近代美術館フィルムセンター」、「シネマテーク・フランセーズ」（民間組織だがフランス政府が出資）、「神戸映画資料館」（民間組織）などである。

テレビ映像は、放映後そのほとんどが多くの人にとって手の届かないものとなるが、近年では「NHKアーカイブス」のように、その一部ないし全体を恒久的にアーカイブ化しようとする動きも見られる。フランスでは、1992年に制定された法律によって、放送されたあらゆるテレビ・ラジオ番組のデータを、フランス国立視聴覚研究所（INA: Institut national de l'audiovisuel）に提供することが義務付けられている。INAはそれらをアーカイブ化し研究者

アーカイブとキュレーション

だがインターネットは、巨大すぎる器でもある。

メディア研究者のロバート・ゲールは２００９年の論文で、YouTubeは確かにあらゆる映像をフラットに並べるアーカイブだが、大量の映像を利用者に提示するためのキュレーター的な機能がほとんど不在である、と述べている。[40] YouTubeは基本的にどのような映像でも（ひとまず、15分以下であればすべて）受け入れる。映像にどのようなタグをつけて構造化するかの統一基準はなく、説明文のつけかたは映像の投稿者に任されている。関連映像は自動的に表示されるが、YouTubeにある映像の数は膨大[41]なので、その映像の海をナビゲートしてくれるキュレーション的役割はYouTubeが提供する以上に必要であり、そこに他のエージェントや資本が介入する可能性（あるいは危険性）があると、ゲールはいう。

「YouTubeの『Broadcast Yourself』というモットーは、たしかにメディアの民主主義的なありかたを約束している。だが、その構造がキュレーターを欠いたアーカイブになっているために、YouTubeは、大中さまざまなサイズのメディア企業や起業家がキュレーター的な役割を果たすための条件を準備してしまっているのである」[42]。当初は平等的にちらばっていたYouTubeの映像をキュレーションしようとする人々が現れ、商業的な目的や意図に沿ってその映像を分類し、意味づけ、コントロールし、利用する可能性があるというのだ。[43]

アーカイブと物語的多様性

アーカイブとは本来、ひとつの歴史観を示すものではなく、歴史がそこから紡がれていく、複数の記録を保管しておくものである。

第２章でもふれた、阪神・淡路大震災のときに生まれたグループ「震災・まちのアーカイ

らに開いており、その一部はインターネット上でも公開されている。テレビ映像のデータベースは1949年以後を、ラジオ音声は1933年以後をカバーし、映像と音声をあわせた全体で1200万時間分のデータ(約1370年に相当)を、INAは現時点で保管する。http://www.inatheque.fr

39. しかし、これらの動画共有サイトのほとんどは私企業によるものであり、その公共性を疑問視する声も少なくない。

40. Robert Gehl (2009) YouTube as archive: Who will curate this digital Wunderkam mer? *International Journal of Cultural Studies*: 12(1).

41. YouTubeによると、2015年時点で世界中から毎分300時間分の映像がアップロードされているという。これはまさしく膨大なもので、蓄積された動画1年分をすべて見るには、1万8千年かかるということである。

42. 同前。ここでゲールは「キュレーター」という語を使っているが、これは本来「アーキビスト」の役割というべきだろう。

43. 実際、2010年代に入ると、インターネット上にある膨大な情報を整理してまとめる「まとめサイト」や「キュレーション・サイト」(いわゆる「コンテンツ・キュレーション」)と呼ばれるウェブサイトが多数出現し、そうしたサイトのなかに不正確な情報が多数発見されるという事件も発生した。映像に関して同様の現象が起きない保証はない。

ブ」の佐々木和子さん（現・神戸大学地域連携推進室准教授）は、「アーカイブという存在は、物語の多様性を開くものであった」と書いている。[44] アーカイブのなかでは、複数の物語が共存できる。個々の記録は（たとえば「防災」という）ひとつの物語のなかのパーツとして配置されるのではなく、それぞれが独立した、それでいてオーバーラップするような複数の物語／複数の声として、分散したまま共存する。アーカイブは、記録を特定の視点からキュレーションし、ひとつの物語に織りあげることに抵抗するのだ。[45]

だがひとつひとつの記録は、ひとつひとつの声は、それぞれ完全に孤立しているわけではない。

たしかにアーカイブは、個々の記録の価値を平等化する。だが、個々の記録を何らかの形で記述・構造化して整理しなければ、アーカイブそれ自体が成立しない。タグやメタデータがなければ、検索すること自体が不可能な、資料の山にすぎなくなる。[46] ここにアーカイブ的なジレンマがある。

震災・まちのアーカイブのメンバーのひとり、笠原一人さん（現・京都工芸繊維大学助教）は2000年に、「データはコンピュータで一挙に管理して、資料そのものは、場所に根ざした複数の小さな資料館を、使える範囲の費用で少しずつ設置して、そこで保管・展示すればよい」と提案していた。[47] 震災の記録は、その全体が大きなデータベースに情報として登録されるにしても、個々の記録そのものは、その記録が生まれた場所や関連するまちごとに――出所ごとに――置かれるほうがいい。かつてどこの町や村にも郵便局や集会所があったように、アーカイブは、一定の小さなまとまり、その記録が生まれた場所や人の手触りをのこした大きさにまとめておいたほうがいい、というのである。

震災・まちのアーカイブのメンバーたちは、物語の多様性に対して大きく開きつつも、

44. 佐々木和子「『まちのアーカイブ』ということ」、震災・まちのアーカイブ『サザエさんたちの呼びかけ　阪神大震災・瓦版なまず集成1998-2008』（震災・まちのアーカイブ発行、2008年）、263ページ。

45. 震災・まちのアーカイブに関する論文のなかで、社会心理学者の八ッ塚一郎は、そもそも1995年にはじまった〈震災活動・記録室〉（震災・まちのアーカイブの活動の源流である）に大量のボランティア活動記録が寄せられたのは、ボランティア活動に「『過去の活動』『良い活動』『有用な活動』という一面的な評価を与え」、それらを「ひとくくりに歴史的出来事へと追いや」ろうとする「社会構造の圧力に対抗し、ボランティアの実相 ── その多彩な個別の活動や、多くの模索と失敗 ── を記録すること（中略）の必要を多くのボランティアが共有していたから」だった、と述べている。八ッ塚一郎「阪神大震災を契機とする記録ボランティア活動の勃興と変遷」、『実験社会心理学研究』47(2)（日本グループ・ダイナミックス学会、2008年）、146-159ページ。

46. 整理の原則となるのが、「出所原則」や「原秩序尊重の原則」である。出所原則とは、記録を整理する上での原則のひとつであり、「ひとつの出所をもつ文書群は、他の出所をもつ文書群と混合して整理されてはならない」という原則であり、原秩序尊重の原則とは「出所を同じくする文書群の中で、それを生んだ機関・団体の活動の体系を反映

「まち」といういわば等身大のまとまりを単位として、記録を残そうとしていた。アーカイブ的な平等性は一方で担保しつつ、そこから小さな、具体的な物語を紡いでいく余地も残しておく。そうしたやりかたを目指していたのだ。

わすれン！映像と群れ的多様性

第5章の終わりでわたしたちは、わすれン！参加者は基本的にバラバラで、わいわいやってないと述べた。それは大筋ではその通りだが、記録者、記録の時期や場所、扱われている題材などによって、それぞれの記録と記録のあいだには、いくつもの線を引きくことができる。そこには潜在的に、網状組織が存在している。

前章で述べたように、サロン・ド・わすれンヌやこえシネマなどの「映像を囲む場」を通じて、わすれン！参加者のあいだにも、一定程度のつながりがある。参加者同士が知り合っていることは、必ずしも珍しくない。先行する参加者の記録をやや後から見る参加者もいるだろう。バラバラでありながら出会いが組織化されている空間に出入りしながら、参加者たちが互いの映像を見あうことによって、そこに何らかの共通性が醸し出されても不思議ではないのである。

人類学者の松嶋健さんは、「個人という単位で行為し生きることを可能にしているもろもろの制度やテクノロジーが機能している世界にすっかり慣れてしまったせいで、われわれは人間がそもそも群棲動物で群をなして生きる動物であることをともすれば忘れがちだ」と述べている。[48] だから松嶋さんは「あなたのなかの〈群れ〉を発見し、それを別の〈群れ〉と接続せよ」というのだが、これは徒党を組んで群れなさい、ということではまったくないだろう。そうではなくて、わたしたちがもともと、潜在的に、すでにもっている多様な特性を、

している現秩序を尊重して残さなくてはならない」という原則である。小川千代子・高橋実・大西愛『アーカイブ事典』（大阪大学出版会、2003年、116ページ）。

47. 笠原一人「『記録』と『記憶』の前提条件」、震災・まちのアーカイブ『サザエさんたちの呼びかけ　阪神大震災・瓦版なまず集成1998-2008』、96ページ。

48. 松嶋健「あなたのなかの〈群れ〉を発見せよ」『地下室』草号、2016年、16-25ページ。

他の多様な特性をもつものへとつなげてみてはどうだろうか、ということである。

本章での議論でいえば、これは、ある映像が持っている多様な性質を発見し、他の映像記録と関連づけつつ見るということである。映像を一本の完結した作品として見るという視聴方法とは異なる、こうした映像の見かた、アーカイブ的な／群れ的な映像の見かたによって、個々の映像の意味はより高まっていくのである。

まとめよう。わすれン！的な映像には、大きな物語からこぼれおちる小さな物語や、具体的なディテール、記録者の身体性あるいは語る人の声や視線を通じて感じられる、記録現場の痕跡が記録されている。わすれン！的映像は、映像に記録されたことがらを簡単なストーリーに言語化しないが、映像記録に残されたことがらの意味を考え続けることを可能にする土壌となるという意味で、こうした記録が集合的に、パブリックに公開されることには、大切な意義がある。アーカイブされた映像は、それぞれに貴重な独自性をもちつつ、他の映像とのあいだに網状組織をつくりあげることによって、複数の物語へと開かれていく。

〈つたなさにみえるもの〉は、映像を見る人の積極的な関与を誘発する。小さなことがらを記録した断片的な映像であっても、その映像のもつさまざまな特性を発見し、記述し、他の記録と関連づける――アーカイブ化する――ことで、記録の価値はぐっと高まる。個人を発信源とする映像は、アーカイブ化によって、その価値をさらに高めるのだ。

ビデオカメラはいまや、誰もが手にする日常的な道具である。だが、個々の市民がつくりだす映像を価値あるものとして保管したり、お互いに見たりするための場所は、まだまだ未整備だといっていい。歴史のなかに消えてゆきかねない個々人の声は、これまで、記録文学者やドキュメンタリー作家によって聞きとられてきた。現代においてこうした声を記録し継承するのは、ビデオカメラであり、そしてコミュニティ・アーカイブでもあるのではないだろうか。わすれン！は、個々人が記録活動を行うことを支援するためのプラットフォームであるだけではない。それは、映像やテキストや音声を通じて記録された個々人の記憶を、見続け、聴き続けるための、新しいメディアでもあるのだ。

わすれン！DVD一覧（2017年12月現在　これらのDVDは、2階映像音響ライブラリーに配架されている）

	タイトル	記録者	撮影地	制作年	時間
1	『2011東日本大震災　仙台一市民の記録』	制作：末武保政	宮城県仙台市	2011年	27分
2	『東日本大震災　東北朝鮮学校の記録 2011・3・15〜3・20』	制作：コマプレス	宮城県仙台市・石巻市・女川町	2011年	67分
3	『車載映像 2011・3・27 仙台－塩竈－仙台港－仙台』	記録：木村グレゴリオ	宮城県仙台市・多賀城市・塩竈市	2011年	91分
4	『あいだのことば』	監督：小森はるか	宮城県石巻市／岩手県陸前高田市	2011〜2012年	64分
5	『沿岸部の風景』	監督：鈴尾啓太	岩手県大槌町・陸前高田市・大船渡市・宮城県石巻市・南三陸町・女川町・名取市／福島県南相馬市	2011〜2012年	90分
6	『どうか記憶よ離れないで』	監督：高野裕之	撮影地：宮城県名取市・仙台市若林区／福島県新地町	2011〜2012年	52分
7	『車載映像 2011・6・10 多賀城－七ヶ浜・汐見付近－海岸沿い』	記録：木村グレゴリオ	宮城県多賀城市・七ヶ浜町	2011年	51分
8	『東日本大震災　東北朝鮮学校の記録 part.2 After School』	制作：コマプレス	宮城県仙台市	2011年	67分
9	『絆で醸す「日本一」の酒〜支援へのお返し』	ディレクター：佐藤陽子・関口幸希子	宮城県大崎市	2011〜2012年	16分
10	『測量技師たち〜The surveyors〜』	監督：志子田勇	岩手県陸前高田市	2011年	13分
11	『傾いた電柱－高野原団地　宅地被害からの復旧－』	取材・編集：川名まこと	宮城県仙台市	2011〜2012年	21分
12	『Onagawa Curry & Film vol.3 蒲鉾本舗高政　高橋正樹さん』	ディレクター：宮崎厚志	宮城県女川町	2011〜2012年	30分

13	『Café de Monk』	ディレクター：Team Ra+	宮城県石巻市	2011〜2012年	16分
14	『声の届き方』	ディレクター：伊藤照手	宮城県仙台市	2011〜2012年	40分
15	『ここから』	ディレクター：山岡大地	福島県福島市	2011年	11分
16	『地鎮』	制作：末武保政・末武三三子	宮城県仙台市青葉区	2012年	20分
17	『行けるところまで行き、しかるべき場所で』	記録：木村グレゴリオ・トス・オビシマ	宮城県気仙沼市・女川町・石巻市・東松島市・七ヶ浜町・仙台市	2013年	46分
18	『仙台のがれき撤去』	監督：高野裕之	宮城県仙台市	2013年	65分
19	『米崎町のりんご農家の記録』	監督：小森はるか	岩手県陸前高田市米崎町	2013年	42分
20	『あなたは2011年3月11日をどのように過ごしましたか？』	監督：高野裕之	宮城県仙台市	2012年	22分
21	『沿岸部の風景（2013年版）』	監督：鈴尾啓太	岩手県大槌町・大船渡市・陸前高田市・宮城県気仙沼市・南三陸町・女川町・石巻市・名取市・福島県南相馬市	2013年	96分
22	『intéressée ―アンテレッセ―』	監督：yako KIMURA	岩手県盛岡市・田老町・大槌町・釜石市／宮城県仙台市・亘理町／東京都千代田区・調布市／アメリカ合衆国カリフォルニア州サンディエゴ	2012年	79分
23	『閖上録 ‐スクリーン・ヴァージョン』	制作：細谷修平	宮城県仙台市・名取市	2013年	83分
24	『ルート45』	監督：高野裕之	青森県八戸市／岩手県久慈市・田老町・宮古市・山田町・大槌町・釜石市・大船渡市・陸前高田市・宮城県気仙沼市・南三陸町・雄勝町・女川町・石巻市・仙台市	2012年	21分

	タイトル	記録者	撮影地	制作年	時間
25	『亘理鉄道の車窓から』	監督：高野裕之	宮城県亘理町・山元町	2012年	13分
26	『仙台の下水道災害復旧』	監督：高野裕之	宮城県仙台市	2013年	35分
27	『過去を見直して、今を見つめる』	制作：杉本健二	宮城県女川町・石巻市・仙台市	2013年	74分
28	『南三陸の解体』	監督：高野裕之	宮城県南三陸町志津川	2013年	35分
29	『移りゆく／その過程』	制作：細谷修平	宮城県石巻市	2013年	80分
30	『夕潮の帰り道　vol.1』	監督：高野裕之	宮城県仙台市・名取市	2012年	8分
31	『迷走する柳の葉を追いかけんとする熊の子』	制作：中谷可奈	宮城県南三陸町・石巻市・仙台市	2013年	16分
32	『HaTiDORi』	制作：伊藤照手	宮城県仙台市青葉区	2013年	46分
33	『閖上録（2014年編集版）』	制作：細谷修平	宮城県仙台市・名取市	2012〜2014年	100分
34	『夕潮の帰り道 vol.2』	監督・撮影：高野裕之	岩手県盛岡市・宮古市	2013年	24分
35	『迷走する熊の子のその後』	制作：中谷可奈	宮城県気仙沼市・仙台市・名取市、福島県浪江町、大阪府大阪市	2013〜2014年	30分
36	『筆甫　宮城県南からの声』	制作：刈田路代	宮城県丸森町	2013〜2014年	63分
37	『福田十二神楽』	制作：岩崎孝正	福島県新地町	2013〜2014年	39分
38	『福島の光景』	制作：岩崎孝正	福島県飯舘村・南相馬市・浪江町・富岡町	2013〜2014年	50分
39	『Tango Karamarito』	監督：yako KIMURA	アメリカ カリフォルニア州サンディエゴ／フランス パリ、トゥールーズ、ナルボンヌ／イタリア ベネチア	2013〜2014年	68分
40	『木町の3・11―ふるさとへの想い―』	制作：仙台市立木町通小学校・木町の3・11実行委員会2013	宮城県仙台市青葉区	2014年	92分

41	『連作 閖上録 アーカイブシリーズ（1）美田園第一仮設住宅 自治会長 ―ああいう集会所で、またみんなとバカ話をしていたい―』	制作：細谷修平	宮城県名取市 名取市文化会館	2012年	60分
42	『連作 閖上録 アーカイブシリーズ（2）閖上さいかい市場振興会 会長 ―頭で考えるんじゃなくて、身体で反応するでしょ―』	制作：細谷修平	宮城県名取市 名取市文化会館	2012年	36分
43	『連作 閖上録 アーカイブシリーズ（3）ダンサー・振付家 ―個人の問題を越えて、何か多くの人と語り合っていく―』	制作：細谷修平	宮城県仙台市青葉区 せんだいメディアテーク	2012年	33分
44	『連作 閖上録 アーカイブシリーズ（4）名取市文化会館 避難所自治会長 ―「おはよう」って言うだけで、その一言なんですね―』	制作：細谷修平	宮城県名取市 [Disk1] 名取市文化会館 避難所自治会長 [Disk2] 閖上大漁唄い込み―美田園仮設集会所にて―／閖上の家	2012年	66分・60分
45	『連作 閖上録 アーカイブシリーズ（5）名取市文化会館 スタッフ ―肩の力を抜いてもらったりするにはどうしたらいいんだろう―』	制作：細谷修平	宮城県名取市 名取市文化会館	2012年	47分
46	『方言でやっぺ！名取閖上版桃太郎』	制作：櫛引祐希子	宮城県名取市美田園第一仮設集会所	2014年	38分
47	『はるのそら』	制作：中鉢優、濱田直樹	宮城県仙台市青葉区 Tiki～Poto・TRUNK、亘理町 日就館・旧館仮設住宅・亘理町役場	2014年	53分
48	『Flying Tohoku #1』	ドローンオペレーター：高野裕之（ルミグラフ）	岩手県陸前高田市／宮城県南三陸志津川・石巻市・仙台市・名取市	2015年	22分
49	『中世山城遺跡新井田館跡を震災復興中央区に変える過程のごく一部』	制作：中谷可奈	宮城県南三陸町、仙台市	2014年	21分

	タイトル	記録者	撮影地	制作年	時間
50	『福島の光景+α（2014）』	制作：岩崎孝正	福島県飯館村、南相馬市鹿島区 烏崎海浜公園・真野漁港周辺、南相馬市小高区 村上海岸、浪江町、浪江町 請戸魚港周辺、富岡町	2014年	16分
51	『村に住む人々』	制作：岩崎孝正	福島県相馬市	2014年	48分
52	『うみやまさんぽ Walking the Solstice』	制作：一般社団法人対話工房	宮城県女川町石投山、女川町出島	2013～2015年	22分
53	『みんなで作っぺ！ 仮設で「たこ焼きパーティー」』	制作：櫛引祐希子	宮城県名取市 美田園第一仮設集会所	2015年	11分
54	『5年後の飯舘村調査』	撮影：林剛平	福島県飯舘村	2016年	30分
55	『小国春熊猟2016』	撮影：林剛平	山形県小国町	2016年	124分
56	『さぐば』	撮影：林剛平	宮城県名取市閖上・南三陸町歌津、三陸沿岸	2016年	120分
57	『広域避難者の今を考える』	記録：濱田直樹 企画：てつがくカフェ@せんだい 協力：一般社団法人北海道広域避難アシスト協会	宮城県仙台市	2016年	42分
58	『仮設で仮装カラオケ大会「みんなで歌うっぺ！」』	制作：櫛引祐希子	宮城県名取市美田園第一仮設集会所	2016年	15分
59	『石と人』	制作：小森はるか・FIVED	岩手県陸前高田市	2016年	19分
60	『岩沼災害ボランティアセンタースタッフインタビュー』	制作：小森はるか＋瀬尾夏美	宮城県岩沼市	2014年	31分
61	『石巻災害ボランティアセンタースタッフインタビュー』	制作：小森はるか＋瀬尾夏美	宮城県石巻市	2014年	35分

62	『女川災害ボランティアセンタースタッフインタビュー』	制作：小森はるか＋瀬尾夏美	宮城県牡鹿郡女川町	2014年	37分
63	『中屋敷』	監督：中村友紀	宮城県石巻市	2011年	21分
64	『車載映像 2013・6・25 七郷〜荒井〜蒲生干潟』	記録：木村グレゴリオ	宮城県仙台市若林区、宮城野区	2013年	46分

第7章　アーカイブは誰のもの?

本章は本書の最終章である。ここでは、アーカイブされた記録の利活用というテーマをあつかう。特徴ある記録がたくさん集まってきたら、今度はそのつかいかたである。いくら素晴らしい映像記録が集まっても、それが誰にも見られることなく眠っているのでは困ってしまう。わすれン!では、つくられた映像をできる限り死蔵することのないよう、記録のつかいかたについても、さまざまな工夫を凝らしてきた。

本章ではその一端について紹介し、コミュニティ・アーカイブ的な利活用の方法について考えてみたい。

1　基本的な考え方

アーカイブは市民のもの

デジタル・アーカイブが有効に利用・活用されるためには、アーカイブがあることを知らせる周知・広報が必須である。けれども、広報するだけで、あとはウェブサイトをつかってもらえれば、アーカイブが活用されたということになるのだろうか。

そもそも、「デジタル・アーカイブを利活用する」とはどういうことなのだろう。デジタル・アーカイブの利活用というと、ウェブサイトのつかいやすさをあげることを考えるかもしれない。けれど、集められた記録の表現方法やつかいかたは、ウェブサイトに落としこむことに限られないのではないだろうか。ウェブサイトのつかい勝手を向上させることは必要だが、それ以外にも、もっと創造的なやりかたはないものか。デジタル・アーカイブの利用方法について考える研究と実験は、もっと必要だと考えられる。

わすれン!は、アーカイブの利活用について、主にふたつの観点から試行錯誤してきた。

第一に、デジタル・アーカイブを「誰もがつかえる道具にする」ということである。ウェブサイトをつくって終わりではなく、物理的に触《さわ》れるモノや、参加できる場にして、市民が日常的に使えるようにする。デジタルな空間とアナログな空間のあいだに、もうワンクッション、何か両者をつなげるものをつくる。デジタル・アーカイブを物質的で触れるものに転換したり、アナログな場に接続したりすることを試みるのである。[1]

第二に、「利活用とは、アーカイブを育てる活動である」と考えることだ。資料や記録のつかいかた、記録をつかったイベントの設計を利用者とともに考えたり、記録につけるタグやキーワードを利用者と一緒に考え、利用者とともにアーカイブを育てていく方法を開発していくことである。アーカイブを使うことが一方的な受け身の活動にとどまらないよう、利用者参加型の利活用方法を考え、アーカイブをつかうという行為が、利用者にとっても能動的で、もっといえば創造的な活動になるようにする方法を模索するのだ。

アーカイブを利用するという活動が、それぞれの市民にとって、それぞれにためになる活動であるなら、今度はそうした記録をつくることにも興味が湧くかもしれない。〈アーカイブをつかう→アーカイブをつくる〉という循環が生まれれば最高である。コミュニティ・アーカイブは、基本的に、アーカイブをつくった人たちや、そこにアーカイブされた記録に関係する人たちによる／人たちのためのものである。記録者と利用者の視点から、利用する

1.「アーカイブを道具化する」作業についての試行錯誤は現在も続いていて、完成しているとはとても言えない。本章で報告するのはその途中経過である。

	形式	名称	内容	期間
デジタルな方法	インターネット	わすれン！ウェブサイト	わすれン！に寄せられた資料の一部をブログ形式の記事として掲載。YouTube、Ustream、SoundCloud、Facebook、Twitter などのウェブサービスを用いている	2011年5月〜
アナログな方法	上映会	星空と路 －上映室－	参加者の成果発表の場として上映を行う	2012年3月以後 ほぼ毎年開催
		こえシネマ	記録映像の上映と対話の場づくり	2012年8月〜（14回）
		地域映像上映会	わすれン！の記録映像と、メディアテークの他のプロジェクトから生まれた映像の上映	2015年2月
	対話の場	考えるテーブル	対話の場づくり	2011年6月〜（63回）
		3.11 定点観測写真アーカイブ・プロジェクト　公開サロン	記録写真のスライド上映と対話の場づくり（2014 年以後は「3.11 キヲクのキロク」のひとつプロジェクトとして実施）3.11 オモイデアーカイブとの協働（2016 年 3 月までは NPO 法人 20 世紀アーカイブ仙台との協働。その後、3.11 オモイデアーカイブとして独立）	2012年5月〜（17回）
	小さな展示	星空と路 －資料室－	参加者の成果発表の場として展示を行う	2012年3月以後 ほぼ毎年開催
		定めた点から観て測る	定点観測写真パネルの展示	2014年2月以後 半年ごとに開催
		3 月 12 日はじまりのごはん	震災時のごはんにまつわる写真を展示し、来場者に思い出したことを書き込んでもらう参加型展示。3.11 オモイデアーカイブとの協働	2014年10〜11月 2015年2〜3月
		空白を訪ねる―そこで出会ったことば	岩手県陸前高田で記録した写真やことばの展示　小森はるか・瀬尾夏美との協働	2015年12月〜2016年2月
		アーカイヴィークル	移動式資料室。普段は 2 階映像音響ライブラリーの近くに置かれ、わすれン！が制作した定点観測写真パネルやわすれン！DVD、わすれン！レコードなどが閲覧できる	2016年3月
	展覧会	記録と想起	わすれン！の記録を利用した展覧会。台所や寝室などの生活空間を模した空間に展示	2014年11月〜2015年1月
		レコーディング・イン・プログレス	映像・写真・音声・テキストなどの記録群をアーカイブ活動の報告と合わせて展示	2015年2〜3月
	外部機関とともに	連携（活用の仕方を話しあいつつ行う）	東北大学、仙台市内の小中学校・市民センター、小学校（堺市）福島県立博物館、Social Kitchen（京都）、アートエリア B1（大阪）、せんだい 3.11 メモリアル交流館ほか	2011年〜
		貸出（ものだけを貸し出す）	写真、映像、パネルなどを全国各地の各種団体・学校・企業・自治体などに貸出	2013年〜

図 21　わすれン！における利活用方法

という「アクティビティ」[2]そのものをいかに育てるかが、利活用の課題だ。そのためには、ウェブサイトとしてのユーザビリティをつねに向上させつつ、一方で、人びとをアーカイブへと誘うための工夫——目に見えたり、手で触れたりする、アナログなモノを活用した——もやっぱり大事なのではないだろうか。

これまでに行ってきた利活用方法の概要を、図21「わすれン！における利活用の方法」に示した。

2　わすれン！ウェブサイト

ウェブサイトの概要

わすれン！のウェブサイト（図22）は、わすれン！スタッフのディレクションのもと、ウェブ制作会社に委託して作成されている。最初の公開は２０１１年6月25日。同年11月に修正版を、２０１２年2月に大きな修正を施し、その後も細かな改善を重ねつつ、このバージョンが現在も土台となっている。わすれン！の日本語サイトには、２０１６年度末時点で、写真が２７１５枚、映像が４９４本、音声が54本公開されている。閲覧実績は、２０１６年度までの合計で、約１３７４万ページビューである。

わすれン！ウェブサイトは、記録データを厳重に保管するファイルサーバーとは別に、データ公開用のウェブサーバー上に構築されている。記録そのものを保管する「金庫」としてのファイルサーバーと、記録を公開し利用するアーカイブの「閲覧室」としてのウェブサーバーを、分けて運営しているのだ。

2. 建築家の小嶋一浩のいう「アクティビティ」とは、人がモノや空間をつかって行う個別の行為·活動の、総体として現れてくる現象のこと。小嶋一浩『アクティビティを設計せよ！　学校空間を軸にしたスタディ』（彰国社、2000年）。

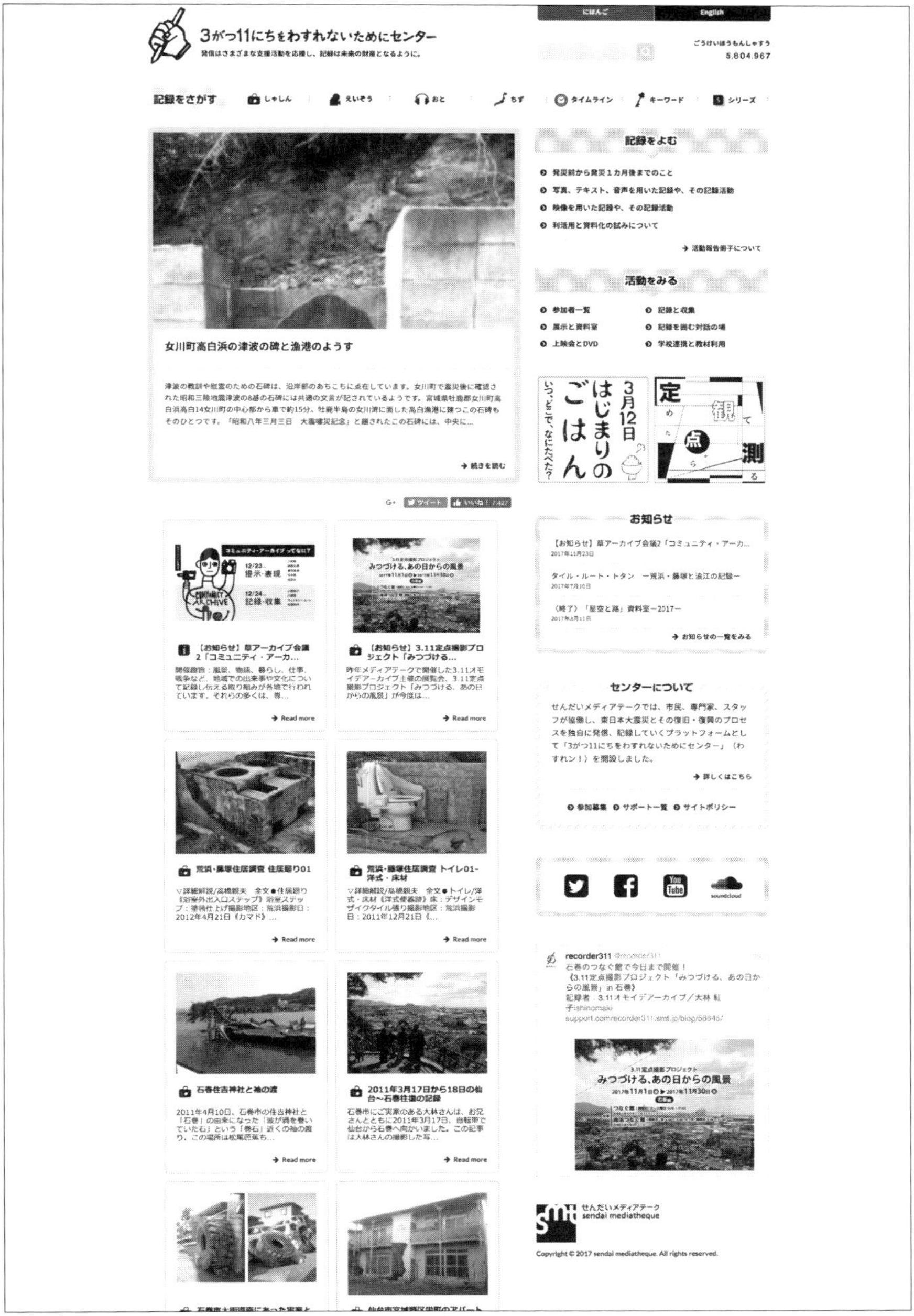

図22　ウェブサイトのトップページ

専用のウェブサーバーを運用しているが、コストを抑えるため、映像や音声データはYouTubeやSoundCloudなどの動画・音声ファイル共有サイトに置き、それをわすれン！サイトのページに埋め込む（embedする）という手法を用いている。ウェブサイトの編集権はわすれン！が保持しており、参加者が記録を納品すればそれがすぐにサイトにアップされるわけではない。

トップページの上部には、「記録をさがす」ためのナビゲーション用アイコンが固定表示され、右側のコラムにも各種固定メニューが並ぶ。

ナビゲーション用アイコンは全部で6つ。「しゃしん／えいぞう／おと」は、記録を記録メディアごとに分類したもの。「ちず／タイムライン／キーワード」は、記録に付与されている〈基本情報〉をもとに、記録を空間・時間・キーワードという視点からブラウズするためのものである。最後の「シリーズ」には、特定のテーマにそってシリーズ化されている記録が収められている。[3]

右側の固定メニューには、「記録をよむ」「活動をみる」という部分がある。これは、2015年2月にわすれン！がそれまでの活動をまとめた『3がつ11にちをわすれないためにセンター活動報告』[4]（図23）の内容をもとに、そこで整理されたわすれン！の活動構造を反映させたものである。

記録をさがし、そこにたどりつくまでの経路をなるべくつかいやすくすることは、ウェブサイトとして、デジタル・アーカイブとして、重要なポイントのひとつだ。メディアからさがす、地図からブラウズする、時間軸からブラウズする、キーワードでさがす、記録した人からさがすなど、ナビゲート方法についての工夫が続けられているが、これが最適というものがなく、今後も続く課題である。

図23 『3がつ11にちをわすれないためにセンター活動報告』

ウェブサイトの特徴

デジタル・アーカイブとしてみると、わすれン！のウェブサイトには、大きく2つの特徴がある。

① 記録と記録者のアーカイブ
② すべての記録が「記事」という単位で表示される動態的なアーカイブ

①記録した人のアーカイブ

通常のアーカイブでは、資料の内容にフォーカスがあたることが多いので、誰が話を聞き取り、誰が撮影したかといった情報はあまり前面に出てこない場合が多いかもしれないが、わすれン！では、記録をした人がきちんと記録されていて、記録者のアーカイブとしてもつかうことができるのが第一の特徴である。

トップページの「参加者一覧」をクリックすると、参加者名が簡単な自己紹介とともに並ぶ。その参加者名をクリックすると、その参加者がつくった記録がすべて表示される。わすれン！のウェブサイトは、震災復興の記録であると同時に、それを記録した人のアーカイブにもなっていて、誰がどんなことを記録したのか、という観点からも、アーカイブを利用できる。参加者中心主義なので当然こうなるのだが、記録者を主軸にしたアーカイブというのが、まずは大きな特徴である。

②更新可能な記事形式のインターフェイス

どのような記録であっても、ひとつの「記事」として表示され[5]（図24　各記録のページ）、ブ

3. わすれン！スタッフがまとめた「わすれン！ストーリーズ」や「経路研究所」などのほか、参加者がUstreamで配信した番組、定点観測シリーズなどがふくまれる。
4. 『3がつ11にちをわすれないためにセンター活動報告』は、わすれン！に寄せられた記録群から垣間見ることができる東日本大震災の様相と、そのアーカイブ活動について伝えることを目的に編集された冊子（せんだいメディアテーク発行・無料）。4つのブロックと45のテーマで構成されており、記録そのものから読み取れること、記録する活動から得られた経験、そして、さまざまな人びとの震災体験、などが織り交ぜられている。以下のURLからも冊子がダウンロードできる。http://recorder311.smt.jp/information/44763。
5. 技術的には、オープンソースのブログソフトウェアであるWordPress（https://wordpress.org/）によって、各ページが生成されている。WordPressにはデータベースが内蔵されているが、ページの見た目はブログ的であるため、ひとつひとつの記録をページ単位で見せることができるようになっている

ログ記事のように「読める」内容になっているのが第二の特徴である。記録と最小限の基本情報だけをむき出しのかたちで表示するのではなく、必ずその記録について述べる説明テキストとともに提示され、その記録がどのようなものなのか、わかりやすく説明しているのである。

　プロ・アーカイブだと、写真は一枚ずつメタデータをつけて整理するのが一般的ですけども、今のところうちはそういうのはしていなくて、ブログ記事の中に複数の写真、映像、テキストがある。見せかたがちょっと違うんです。（北野央）

ひとつのページは、①記録データそのもの（映像、写真、音声、文章）、②記録について解説する自由記述の説明テキスト、③基本データ（記録日、記録者、記録場所、参加者、キーワードなどの、いわゆるメタデータ）、④キーワード（タグ）という4つの情報から構成されている。説明テキストの内容は、ヒアリング時に収集された情報（➡第6章3）、わすれン！スタッフが写真や映像を見てわかること、わすれン！スタッフが調べた結果わかったことを元に、わすれン！スタッフが文章化してWordPressに入力し、記事にまとめている。

ウェブサイト全体をつくるうえで気をつけているのが、できるだけ参加者自身の言葉を活かすようにすることだ。個人個人の体験を尊重し、記録者個人の手触りが残るように心がけているのである。大きなことば（「〇〇市の東日本大震災は」とか）を主語にすることはできるだけ避け、わからないことはわからない、推測は推測だとわかるようにことばを選ぶことも重視している。そうしておけば、あとで確実なことがわかったときに、記録の質を向上させることができるからである。

にほんご
English
3がつ11にちをわすれないためにセンター
発信はさまざまな支援活動を応援し、記録は未来の財産となるように。
ごうけいほうもんしゃすう
5,822,336
記録をさがす
しゃしん
えいぞう
おと
ちず
タイムライン
キーワード
シリーズ
トップページ » えいぞう » はるのそら
はるのそら
7:16 / 52:45
YouTube
月別アーカイブ
月を選択
記録をよむ
発災前から発災1カ月後までのこと
写真、テキスト、音声を用いた記録や、その記録活動
映像を用いた記録や、その記録活動
利活用と資料化の試みについて
活動報告冊子について
はるのそら
活動をみる
3年ぶりの再訪をきっかけに、かつての自身を振り返り、いまの「わからない」を取り戻そうとここに落とす。当時、宮城県亘理町に災害ボランティアとして入ったシンガーソングライター「千尋」とその地域の記録です。
参加者一覧
記録と収集
展示と資料室
記録を囲む対話の場
上映会とDVD
学校連携と教材利用
〔記録地〕宮城県仙台市青葉区（TRUNK/Tiki-Poto）、亘理町（日就館／旧館仮設住宅／亘理町役場）
〔記録日〕2014年4月13、14日
〔撮影・編集〕中鉢優、濱田直樹（うぶこえプロジェクト）
〔企画〕TRUNK・うぶこえプロジェクト
3月12日 はじまりのごはん
いつ、どこで、なにたべた？
定 め た 観 点 か ら 測 る
関連記事：
アラハマト #ダンサー
うぶこえトーク Shing02講演「僕と核」
ツイート
いいね！2
センターについて
きろくび 2014年4月13日から4月14日
きろくしゃ 中鉢優、濱田直樹（うぶこえプロジェクト）
きろくばしょ 宮城県仙台市青葉区、亘理町
さんかしゃ 中鉢優 濱田直樹（うぶこえプロジェクト）
キーワード ボランティア 亘理町 仙台市 仮設住宅 宮城県 支援活動 災害ボランティア 青葉区 音楽
せんだいメディアテークでは、市民、専門家、スタッフが協働し、東日本大震災とその復旧・復興のプロセスを独自に発信、記録していくプラットフォームとして「3がつ11にちをわすれないためにセンター」（わすれン！）を開設しました。
詳しくはこちら
参加募集
サポート一覧
サイトポリシー
地図
航空写真
仙台大
三門山
soundcloud

図24　各記録のページ

たとえば、撮影時間や場所の特定は場合によってとてもむずかしいため、撮影者ないしスタッフがわかる範囲で記述するか、現地の土地勘がある人に見てもらうこともある。[6] あまりにプライベートなことが写っている場合は、公開時に場所を特定しない配慮も必要になる。上映会などでの上映情報や来場者の感想などを追記することもある。

記録についての記述は、長期間に渡って、今後もていねいに育てていく予定である。WordPressをつかったブログ形式を採用しているのは、追記／修正しやすい技術を使うことで、ウェブサイトを、日々続くアーカイブ活動を動態的に記録し、現在進行形で発信する、動態的なアーカイブの技術として活用するためなのである。

3 誰もが使える道具にする

つぎに、ウェブサイトやネット以外の利活用方法、デジタル・アーカイブを「誰もが使える道具にする」[7] 工夫について説明したい。

わすれン！では、①〈モノをつくる〉②〈場をつくる〉③〈アクティビティを発生させる〉という3つの観点から、取りくみを続けている。

3-1 モノをつくる

デジタル・アーカイブの難点は、どのような記録がどれくらいあるのか、なかなか把握しづらいところにある。この全貌の把握しづらさが、人々をアーカイブをつかうことから遠ざ

6. 写真のExif情報や動画データから抽出できる場合もあるが、カメラ自体の時間が不正確なことがあるので注意が必要である。

7. 「誰もが使える道具にする」というのなら、本来、視覚障害者やろう者などさまざまな障害をもつ人たちや、外国人なども使える道具を考えなければならない。しかしながらわすれン！では、アーカイブのインクルーシブ・デザインについてまだほとんど取り組めていない。震災と障害の問題については、Ustreamの番組「障がい者グラフィティ」で取り組まれてきたが、アーカイブの利活用についてはまだこれからの課題である。

8. 展示用パネルの一部は、わすれン！DVDと同様、メディアテーク2階の映像音響ライブラリーで借りることができる。

ける一因だ。「紙」や「フィルム」などを実物保管したアーカイブなら、棚や箱や目録を眺めることで、なんとなくその全貌を把握できるし、手にとることもできるが、デジタル・データではそうはいかない。

わすれン！では、アーカイブの全貌を見わたすとまではいかないものの、デジタルなものをなんとかして物質化することを試みている。具体的には、展示用のパネル[8]、配架可能で触れるDVDパッケージ、「わすれン！レコード」と呼ばれるブログ記事のカタログ、「アーカイヴィークル」という名の移動式資料室、活動報告冊子などの印刷物、などである。

わすれン！レコード

「わすれン！レコード」は、厚紙で作ったLPレコード・ジャケットサイズの、わすれン！の記録カタログだ（図25）。ウェブサイトの記事がひとつひとつ「レコード・ジャケット」のようになっていて、レコードを並べるような棚や引きだしや箱に入って置かれ、誰でも触れる。通常は、メディアテークの2階、わすれン！DVDを視聴できるコーナーのすぐそば、後述する「アーカイヴィークル」に置かれている。

レコードを検索するには、レコードの上と横についたタグ（記録の時期やメディアによってアイコンがつけられている）を参考にしてもいいし、棚に並べられたレコードジャケットのなかから目当てのレコードを探すのと同じ動き（多くの利用者の身体にすでになじんでいると思われる動作――「ディグる」とも言われる――）で、手で探りながら、ジャケットのビジュアルで決めてもいい（まるで「ジャケ買い」のように！）。レコードのデザインは、本書の表紙イラストレーションも描いてくれた、ホームシックデザインによる。[9]

図25 わすれン！レコード

アーカイヴィークル

小さな車に本を詰め込んで巡回する移動図書館がある。「アーカイヴィークル」は、そのアーカイブ版。屋台型の移動式資料室だ（図26）。わすれン！レコードや、わすれン！DVD、DVDプレイヤーとモニター、後述する「はじまりのごはん」のパネルなど、わすれン！のエッセンスが、屋台サイズに効率的に収納されている。普段は、2階映像音響ライブラリーの近くに置かれ、小さな資料室の役割を果たしている。アーカイヴィークルのデザインは、建築事務所のドット・アーキテクツである[10]。

展示会場では、屋台のふたを開いて、パネルやレコードが見えるようにする。四方の柱には、物干し竿をつなぐことができて、そこに各種のパネルを、お店に飾られた洋服のようにハンガーでぶら下げ、お気に入りの洋服を探すのと同じ動作でパネルをブラウズし、興味を引くものを探すことができる。

デジタルなものを「触れるモノ」にするには、いろんな方法があるだろうけれど、わすれン！ではこれまで、デジタル・データのすべてを物質化する（たとえば、全記録をカード化する）というより、まずは興味をもってもらうとっかかりをつくることを試みてきた。レコードやヴィークルは、「あ、これ見てみたい」というきっかけ、デジタル・アーカイブの利用を誘発する装置である。

気をつけているのが、触れるようになったアーカイブに接触する際の、動作のありかたである。レコード・ジャケットを「ディグる」こと、ハンガーに吊るされたパネルをぱらぱらめくり、気に入ったものをふたつみっつ並べて見るなど、アーカイブをつかう動作を、日常生活の動作に重ねあわせることを意識している。まったく新しい道具としてではなく、日常生活にあるアクティビティにつながる道具として、デジタル・アーカイブに接するべきだと

9. 盛岡を拠点とする、清水真介さんと伊瀬谷美貴さんによるデザイン事務所。併設する「Cyg art gallery」の運営にも関わっている。http://homesickdesign.com/

10. 家成俊勝さんと赤代武志さんが創設した建築事務所。建築設計だけに留まらず、現場施工、アートプロジェクト、さまざまな企画にもかかわる。http://dotarchitects.jp/

考えているからだ。

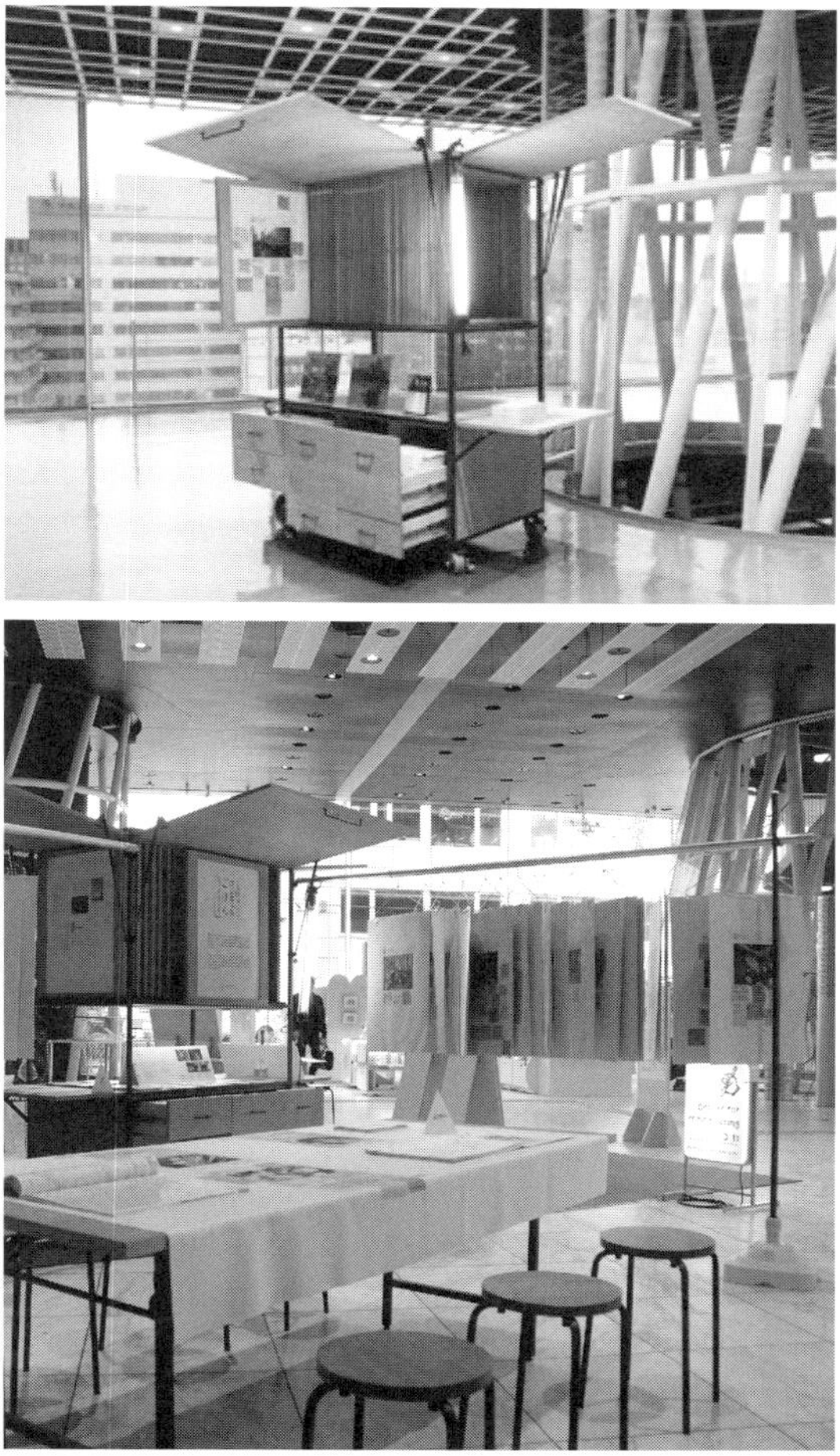

図 26　アーカイヴィークル
写真はふたを開いた状態。

3-2　参加型利活用の場をつくる

触れるモノをつくることに加えて取りくんできたのが、トークイベントや展示など、参加可能な場をつくって、アーカイブをちらっと見たり、触れたり、じっくり見たりできるようにすることだ。映像上映会、写真や資料などの展示、対話の場づくりなどである。

毎年2月末に行う上映会「星空と路」と、映像を囲む場の「こえシネマ」以外にも、映像上映会の可能性を探求している。2015年には、わすれン！でつくられた映像記録と、メディアテークの他のスタジオ協働事業（「ことりTV」や「民話　声の図書室」[11]）で制作された映像による成果物をまとめ、「地域映像上映会」と題した上映会を開催した。そこでの課題は、震災というテーマでの記録を、地域文化を記録する活動につなげることだった。[12]

利用者が育つ・利用者が育てる展示

展示もたびたび行っている。2016年度末までにメディアテーク館内で行ったわすれン！の展示は、約30回。もっとも多用している展示場所は、スタジオのとなりにある7階ラウンジ。気軽に参加しやすいこともあるし、つくる場とつかう場を近づけたいという気持ちもある。

これからいくつかの展示について紹介するが、わすれン！が展示を行うときにもっとも注意しているポイントは、利用者が参加できる余地がある〈参加型展示〉にすることである。

たとえば、3・11オモイデアーカイブがわすれン！と協働で開催している定点観測写真を見せるイベントに、「3・11定点観測写真アーカイブ・プロジェクト　公開サロン」[13]というものがある（図27）。これは、写真をパネルにして展示するという形ではなく、震災の記録写真を撮影した市民の方をゲストに迎え、震災後間もなく撮影された写真と、その後、時間が経過したあとに撮影された同じ場所の写真をプロジェクターでスライド上映しながら、撮影者ご本人に話をしてもらうというやりかたをとっている。

このように「公開サロン」では、写真を展示するだけでなく、震災体験を来場者と一緒に話しあい、今後の定点観測にむけての、撮影場所／時期／方法などについて考えることを

11. 「みやぎ民話の会」（顧問：小野和子さん）が40年以上にわたって記録してきた、宮城県を中心とする民話語りの映像・音声を、だれもが活かせる共有財産として、未来へ受け渡していこうという取り組み。

12. 2015年、上記のような目的で開催された「地域映像上映会」だったが、スタジオ協働事業のさまざまな活動ごとにそれぞれのペースがあり、それらの成果発表の足並みをそろえることに困難があることがわかり、現在は開催されていない。

13. 2012年5月開始。3.11オモイデアーカイブとメディアテークとの協働で行っている（2016年3月まではNPO法人20世紀アーカイブ仙台との協働）。2014年からは「3.11キヲクのキロク」に名称変更。この名称のもとに、「3.11定点観測写真アーカイブ・プロジェクト」「ケータイで撮った3.11はありませんか？」「3月12日はじまりのごはん」という、市民の記憶を収集・記録・利活用する3つのプロジェクトを進めている。

重視している。「そうすると、来場した人たちとのあいだに語りあいが発生するんです」と、このイベントの主催である3・11オモイデアーカイブ代表の佐藤正実さん（1964年仙台市生まれ、仙台市在住）[14]は言う。

佐藤：過去に撮られた写真を鑑賞することはあっても、それを撮った当事者［撮影者］が、何故撮ったのか、この時どう思っていたのか、どんな生活を送っていたのかを聞く機会って、ほとんどないんですよね。それが、当事者が語ることで話がグンとリアルになり、「ああそうだ、自分もそうだったんだよ」っていう話が［来場者のなかから］出てくるんです。そうなると、今までちょっと薄らいでいた震災の記憶が色濃く現れてきて、「はじめて温かい汁物を飲んだ時がこの時で、町内会長宅にみんなで集まって煮炊きしたの。気持ちが落ち着いたわ」とか、そのときの生活の匂いがワッと出てくる。私は、こういった感情を［記録に］残すことこそ、震災を風化させない一番のポイントだと思っています。

前章でわたしたちは、わすれン！の映像には関わりしろとしての余白があると述べたが、展示についても全く同じことがいえる。デジタル・アーカイブを、ある時点で完結するものではなく、動態的なアーカイブだと考えると、アーカイブの利活用はがらっと異なるものになるのだ。アーカイブの利用者が抱いた感情や、記録に触発されて思い出した記憶を、貴重な記憶としてアーカイブに組みこんでいくことができれば、アーカイブの利用者は、受動的に見たり学んだりするだけでなく、アーカイブを能動的に育てていく生産者にもなるのである。

図27　3.11 定点観測写真アーカイブ・プロジェクト 公開サロン

つかう人がつくる人になるというこの関係や、記録に触発された記憶をさらにアーカイブ化する行為は、とてもコミュニティ・アーカイブ的だ。そうした利活用の方法を、わすれン！は、佐藤さんほか、わすれン！参加者や利用者とともに進めている。

3-3 はじまりのごはん

震災のとき、はじめて口にしたものはなんだったのだろう——多くの人に共通するこの問いに視点を絞り、炊き出し、買い物、食卓の風景など、震災時の「ごはん」にまつわる写真を展示するのが、「3月12日はじまりのごはん―いつ、どこで、なにたべた？―」（以下「はじまりのごはん」）という展示シリーズである。

展示では、これらの写真を見ながら鑑賞者は、それぞれが過ごした当時の生活ぶりや、写真を見て思い出したことを、自由にふせん紙に書き、写真の横に添付していくことができる。直接の被災を経験していない人でもあっても、写真やふせんを見て得た感想を書くことができる、参加型の展示である。[15] 3・11オモイデアーカイブ（当時は、NPO法人20世紀アーカイブ仙台）とわすれン！が協働で企画し、これまでに2014年秋（2014年10月1日〜11月16日、7階ラウンジ）と、2015年春（2015年2月20日〜3月18日、7階ラウンジ、スタジオa・b）の2回にわたってメディアテーク館内で展示を行った。

参加型展示

図28および図29を見てほしい。右側が2014年に展示したときの写真、左側は2015年の展示のときの写真である。もとにあるのは、2011年3月12日に撮影された、鍋で炊

14. 佐藤正実さんは、震災前から仙台の昔の写真を収集・展示・出版等を行っていた。震災直後から市民が撮影した写真を独自に収集し、現在も、震災の写真を用いた沿岸部ツアーを開催するなど、多様なアーカイブ活動を継続的に行っている、写真アーカイブのトップランナーだ。わすれン！も複数のプロジェクトで協働しながら、多くのことを学ばせてもらっている。

15. はじめてふせん紙を用いて行った参加型展示は、NPO法人20世紀アーカイブ仙台とメディアテークが2013年に開催した「どこコレ？—おしえてください昭和のセンダイ」である。これは、収集された仙台の街なみの写真や8ミリフィルムの中で、どこを撮ったのか、いつごろかわからないものを展示し、来場者にふせん紙に書いて教えてもらうというもの。2013年の展示以来、毎年開催しており、200枚以上の写真の場所が確定された。詳しくは、http://www.smt.jp/projects/doko/を参照。

いたごはんをラップを敷いたお茶碗によそう手を写した1枚の写真である。[16]

２０１４年の展示では、来場者によって、この写真に11枚のふせんが貼られた。「ラップ！便利だった。この時ほどありがたみを感じたことはないかも…」「震災の時、職場で炊き出しを仕切っていました。『ご飯も炊けない単身者のために…。』がいつのまにかみんなの楽しみになり、今は会社の伝説です。余震が来るとおにぎりを手に持ったまま逃げたことなど、震災時のごはんのエピソードは忘れられません」「最悪、お米はとがなくても大丈夫です。ちょっとぬかくさかったけどなんとか食べれます。水がなかったから」などのことばが綴られている。

２０１５年の展示では、この11枚のふせんが貼られたパネル全体を、あらためて写真撮影し、それを再びパネルにして展示している。その結果、この展示期間中に新たに7枚のふせんが貼られた。「寮に住んでいたのですが、先輩の卒業生が置いていってくれた非常食をみんなで食べました」「3／12の昼、地震後はじめて食べたお米（避難所で出たアルファ米）が本当においしかった」「職場でおにぎりとみそ汁を毎日作っていた。みんな被害の状況把握とこれからどうしていくか考えていくために…… 食べないと！ 生きないと！ そう思っておにぎりを」「あの日から食材の大切さを知りました。今はすてるところも少なく大事に使用しています」「あの日は金よう日。土よう日、お米を買わなくちゃ…。お米が手に入るまで、ホームベーカリーでパンをやいて主食にしていました。あったかいごはんがたべたかった」などのことばが寄せられている。

利用者の感情をアーカイブする

この展示方法は、いくつもの意味で発明的である。

16. この写真とそれを用いた展示について、詳しくはhttp://recorder311.smt.jp/blog/43189/ を参照。

図28　はじまりのごはん（2014年）

図29 はじまりのごはん（2015年）
英語で書かれたふせんは、2015年3月に仙台で開催された第3回国連防災世界会議のために、日本語のコメントを訳したものである。他のパネルでは、英訳されたコメントを見た外国人が母国語でコメントを書き残しているものもある。

まずは、ある出来事についての記憶、さまざまな感情、さまざまな連想を、来場者自身が共有ないし分有できる、参加型展示方法になっている、という点。直接被災を経験していなくても参加できる点もすばらしい。

第二に、きわめてシンプルな、どこにでもある道具を使って誰でもつくれるところ。行為を触発する「型」としてのシンプルさと、そこから生まれるふせんの多様性のバランスも良く、それでいて全体像を視覚的に一望できるので、展示としてもわかりやすい。

第三に、添付されたコメントがその写真のメタデータとなり、ともに保管される動態的なアーカイブの仕組みを実現していること。時間をおいて展示すれば、同じ写真に関する異なる時点での感想を、継続的・累積的・動態的に記録できる。

最後の点は特に長期的な観点から考えると重要で、この方法をつかえば、震災から5年後、10年後にこの写真を見た人が何を感じるのか、同じ記録についての受容の変化を記録することができるのだ。展示を繰りかえせば繰りかえすほど、ここには新しい情報が集積される。展示の方法が、記録を見た人の記憶と感情をアーカイブするしくみにもなっているのである。ひとつの写真からは、さまざまなことがらが想起される。このとき記憶はそれぞれ分岐していくが、それらを手書きの文字で記録することで、共有される感情の濃淡や、それらの感情がひとつひとつ固有の経験に裏打ちされたものであることも、記録されていく。ここには、完全に個人的でもないが、完全に普遍的でもないような感情が記録されていくのだ。

なぜ参加型展示なのか?

第5章でも述べたように、ある記録をどう「記述」するかは、その記録をどのように位置づけるのかに関わる重大なポイントである。一般にはアーキビストが、わすれン!の場合では、記録者とのヒアリングをもとにスタッフが行うこの作業を、「はじまりのごはん」は、アーカイブをつかう人（来場者）に開いているところが新しい。この点について佐藤さんは、記録が触発する感情を記録し、アーカイブに含める必要があるのは、個々の記録の意味を、100年後に伝わるものにするためであると言う。

佐藤：［震災のときに］コンビニで何も買えなかったっていう体験談がたくさんあります。でも、その体験談の意味が、100年後も同じように伝わるかっていうと、皮膚感覚では伝わらないと思うんですよ。100年前に撮影された明治時代の写真を見て、キャプションを見てもなかなか理解できないのと同じように。震災後に撮られたコンビニの写真を100年後に見た人には、「365日開いてるはずのコンビニが開いていなかった。買えるものはなかった」っていうキャプションだけではおそらく意味が通じないと思うんですよ。水や食事はどうやって手に入れようとか、いつになったら電気が点くんだろうっていう苛立ちであったり心配、日々の生活のこうした感情までをキーワードとしてアーカイブに入れていかないといけないって思っているんです。

一次的記録、一次的資料、二次的記録、二次的資料…

このように「はじまりのごはん」は、最初に撮影された写真に、それを見る人がさらに情報や物語を追記し、それがさらに新たな記録になっていくという展開的な構造をもっている。このプロセスを理解するために、わたしたちは「一次的記録活動」と「二次的記録活動」ということばをつかっている（図30）。

〈一次的記録活動〉とは、最初に行われる記録活動のことである。映像であれば取材活動

利用の次元	一次的		二次的		n次的（三次的以上）
記録活動	被災当事者のインタビュー、被害状況・風景の記録など	取材活動など	一次的資料を活用した場・状況・人々の反応の記録など	パネル展示や上映会など	n次的資料を活用した記録活動、素材づくり、資料化のプロセス
素材	上記を記録したままのもの	未編集の映像や音声、メタデータ等未整理の写真など	上記を記録したままのもの	アンケートやトークの記録など	
資料	上記の一次的素材を資料として、利活用可能にしたもの	パネル、編集済みの映像、DVDなど	上記の二次的素材を資料として、利活用可能にしたもの	レポートや報告書など	

図30　わすれン！における記録・素材・資料の分別と定義

や撮影活動だ。その結果、〈一次的素材〉が発生する。撮影された映像のデータである。これを編集することで〈一次的資料〉が生まれる。最初にアーカイブされるのは、この〈一次的素材〉である。これをもとに、編集され、メタデータを付与され、「資料化」された成果が、〈二次的資料〉としてさらにアーカイブされる。[17]

〈二次的記録活動〉とは、一次的資料を展示などで活用したときの状況や、来場者のコメントなどを記録する活動のことである。「はじまりのごはん」でいうと、最初に展示される記録写真が〈一次的資料〉である。その展示でふせんを貼られたパネルが、〈二次的素材〉であり、それをさらに撮影して資料化した記録が〈二次的資料〉にあたる。その上でさらに、この展示を繰り返すことは、二次的記録活動を拡張していくこととして考えられるだろう。

しかし、活用の展開のなかで、当初とは異なる資料のつかいかたが発生する可能性もある。たとえば、記録された語りの資料を用いて今度は演劇作品をつくるとか、当初の記録活動とは異なる活動に展開していくような可能性である。最初の利活用方法とは異なる、新たな方法で活用されることによって、三次的資料、四次的資料…n次的資料が生み出されてくる。

別のいいかたをすれば、記録を資料化する段階は、わすれン！参加者が直接関わる第一次資料化の段階と、資料化されることによって、記録が誰もが利用できる新たなモノとなり、記録者自身を含むより広い利用者の手によって、記録がさらに新たな意味を帯びていく、第二次以後の資料化の段階に、区別できる。

第一段階（一次的資料化）：参加者とスタッフが一緒に見て考える　参加者が育つ

1. 記録ができあがってきた過程で、わすれン！スタッフが、記録者と一緒に記録を見る
2. 記録に写っている意味を、スタッフが記録者と一緒に読み取る

17. 基本的にはこれが、わすれン！でいう「記録」である。本書94ページの注18を参照。

○記録活動の意義を記録者と共有する
○地域の記録や震災の記録としての意味を考え直す
○表現としての意味を発見する

第二段階（二次的資料化）：利活用の場面で新たな意味が発見される　利用者が育つ

○利用・活用される様子を記録し、その素材を資料化する
○利活用のプロセスのなかで、資料に新たな意味が発見される
○記録者自身だけでなく、記録の利用者によっても、記録が創造的に活用される
○アーカイブを作るプロセスだけでなく、アーカイブを利活用するプロセスにも重要な価値がある

同時代人であれば常識であることも、数十年経つと誰にもわからなくなるかもしれない。当初は活き活きと見えた記録でも、時間の流れを超えてそのヴィヴィッドさを保てるかどうかはわからない。

記録を見る側の記憶や感情を記録に追加させていく「はじまりのごはん」は、その意味で、時間を超えて集合的に記録の意味と感情を共有していく可能性を感じさせる道具である。「はじまりのごはん」は、過去の記憶を来場者に伝え、来場者の記憶を書き足すことで記憶をさらに遠くまで伝えていく、小さな、けれどもしっかりとしたバトンなのである。他の記録物においても、利用者の参加を触発し、利用の手触りを残していける利活用の仕組みが期待されるのはそれゆえである。

4　展覧会

利活用事例の最後として、メディアテーク館内の施設をつかって行われた、規模が大きなふたつの展覧会について述べる。

4-1 「レコーディング イン プログレス ―3がつ11にちをわすれないためにセンター活動報告展」（2015年2月20日～3月18日）

2015年の3月11日をはさんだ時期に、わすれン！参加者による記録活動の成果や、わすれン！の活動の全体像を報告する展覧会が開催された。これは、メディアテークもその会場のひとつとなった国連防災世界会議の関連事業として行われたもので、各国の要人や防災関係者を受け入れるため、バイリンガルでの開催となった。会場はメディアテーク7階ラウンジとスタジオa・b。会期は2015年2月20日から3月18日である。

展覧会の概要は以下のとおり。

せんだいメディアテークは東日本大震災による甚大な影響に対し、ともに向き合い考え、復興への長い道のりを歩き出すため、2011年5月3日に「3がつ11にちをわすれないためにセンター」（略称：わすれン！）を開設しました。わすれン！とは、市民、専門家、アーティスト、スタッフが協働し、独自に復旧・復興のプロセスを記録・発信していくためのプラットフォームです。参加者は、ビデオカメラ等の技術や経験の有無に関わらず、個人個人が捉えた震災の断片を映像、写真、音声、テキストなどで記録してきました。
震災から5年目を迎えるこの機会に、わすれン！に寄せられた記録群から垣間見ることができる東日本大震災の様相の断片をご紹介いたします。

この展覧会は防災会議の関連事業でもあることから、展覧会としての構成は一定程度、震災について多くの人がすでに持っているであろう情報や理解に沿っている。ただし、それがどこか遠い「在りし日の出来事」として客観的に捉えられないよう、さまざまな方法を使って、積極的な鑑賞を喚起する展示に取り組んでいる。

たとえば、鑑賞者の生活と地続きとなるよう、写真ひとつひとつのサイズは、だれもが普段手にするような手持ちサイズ程度にとどめた。展示壁はどのホームセンターでも売っているシナベニヤ板でつくり、写真や展示物の説明には、印刷したキャプションと手書き文字が入り混じる。手書きの文字や点線などで展示物がグルーピングされ、鑑賞者とインタラクションし、「目遊び」を誘いながら鑑賞をガイドするようにもなっている。展覧会のタイトルにもあるように、全体的に手づくり感にあふれた、記録活動もアーカイブも「進行中／in progress」であることを強く感じさせる展示手法が用いられている。

展覧会の全体は、同時期に発行された『3がつ11にちをわすれないためにセンター活動報告』と同じく大きく4つのテーマとその他の記録を閲覧できる資料室から構成される。この構成に沿って見ていこう。

(1) 発災前から発災1カ月後までのこと（図31・32・33）

展覧会の冒頭には、さまざまな生活者の視点で記録された、被災間もない地域での暮らしの様子が紹介されている。展示は震災前の各地の風景にはじまり、前震となる2011年3月9日の三陸沖地震、そして大震災の発災へと続き、発災からおよそ1ヶ月後までの、異なる場所の、さまざまな内容についてゆるやかに集められた記録[18]が、時系列に沿って並行して配置されている。

一般的に、このような震災を伝える時系列の展示では、一個人が撮影した記録を連続的に見ることはまれであろう。多くは、自治体や報道機関が撮影した写真によって、東日本大震災や○○市が、どうであったかを伝えるものになる。しかし、この時の時系列の展示では、記録者個人個人が継続的に撮影していた写真や映像と、かれらの体験談の文章が、縦に連続的に並んでいる。例えば、仙台市中心部で地震後に建物から避難し、自宅に歩いて帰宅する記録、もしくは、仙台市内沿岸部の荒浜小学校で津波が来てヘリコプターで救助される記録、または、宮城県内の南三陸町や山元町の津波から復旧作業をするまでの記録などが上下に展示された。今回の東日本大震災では、災害の様相が場所ごとで異なるため、「被災者」でもその全容を知ることはむずかしかった。それぞれの「被災地」が震災後に何が起きていたのかを、個人個人の記録群から見比べ、その違いや類似点を知ることができる構成は、こうした経験を反映している。この時系列の展示を見た来場者のアンケートからもその意味がわかる。

いろいろな場所の様子を時系列で同じ時に、ここではこうだった、ということがわかる形で展示されているのは、とてもいいと思いました。あの時、それぞれの人が全く異なる経験をしていて、その全てが大きな意味を持つということに、思いを致《いた》せるようなものだと思いました。自分の記録だけ単独で出ていると、「でも、これも、多様な体験

18.「揺れによる混乱」、「安心できるところへ」、「雪」(当日の夕刻、各地に雪が降った)、「歩いて帰る」、「翌朝」、「張り紙」、「記録する動機」など、多岐にわたる16のテーマに分類されている。詳しくは http://recorder311.smt.jp/blog/42154/ を参照。

の一つでしかないんだよね。これだけ取り上げられていいのだろうか？」と思うこともありましたが、このように展示されると、震災を表現するものとして、単独の時とは別の意味を付加されるなと思いました。またゆっくり時間をかけて見たいと思いました。

（40代・仙台市若林区）

(2)写真を用いた記録や、その記録活動／定めた点から観て測る（図34・35）

震災前、どのような街なみや暮らしがあり、そこにどのような被害がもたらされ、そしてその後、どのように変化してきたのか。それらを記録した定点観測写真を紹介している。「震災のあととあと」、「震災のまえとあと」の2部構成となっており、陸前高田市、気仙沼市、石巻市、女川町、名取市、仙台市（若林区、宮城野区）と地域毎に分別し、関連する映像とともに展示した。[19]

(3)映像を用いた記録や、その記録活動（図36）

沿岸部の風景や復旧作業の様子の映像と、震災前や震災後の暮らしについて語る映像を展示している。個々の映像は、それぞれのブースにモニター、あるいはプロジェクターで上映されている。それぞれの映像は、わすれン！報告書における「復旧工事」、「風景から思い起こす」、「喪失に向き合う」、「対話に立ち会う」という4つのテーマとともに併置されている。[20]

(4)アーカイブ活動における資料化の試み／はじまりのごはん（➡本章3-3を参照）

前述した「はじまりのごはん」の展示である。ここまでの展示では、時系列・定点観測写真・映像など、わすれン！における記録活動の直接的成果物（一次的資料）が展示されていた

19. 主な記録者｜NPO法人20世紀アーカイブ仙台（現在は3.11オモイデアーカイブ）、NPO法人 創る村、越後谷出、髙橋親夫、NPO法人 都市デザインワークス、工藤寛之、「オモイデ ピース」製作プロジェクト、仙台市七郷市民センター、瀬尾夏美。

20. 『宮城県仙台市若林区荒浜 スケートパーク「CDP」』（2014年 記録：藤井光）、『仙台のがれき撤去』（2011年5月－2012年4月 監督：高野裕之）、『Views of the Coast（「沿岸部の風景」より）』（2011－2013年 監督：鈴尾啓太）、『波のした、土のうえ』（2014年 制作：小森はるか＋瀬尾夏美）、『東北記録映画三部作「なみのおと」「なみのこえ」より五つの対話』（2011－2012年 監督：酒井耕＋濱口竜介）、などの映像が上映された。

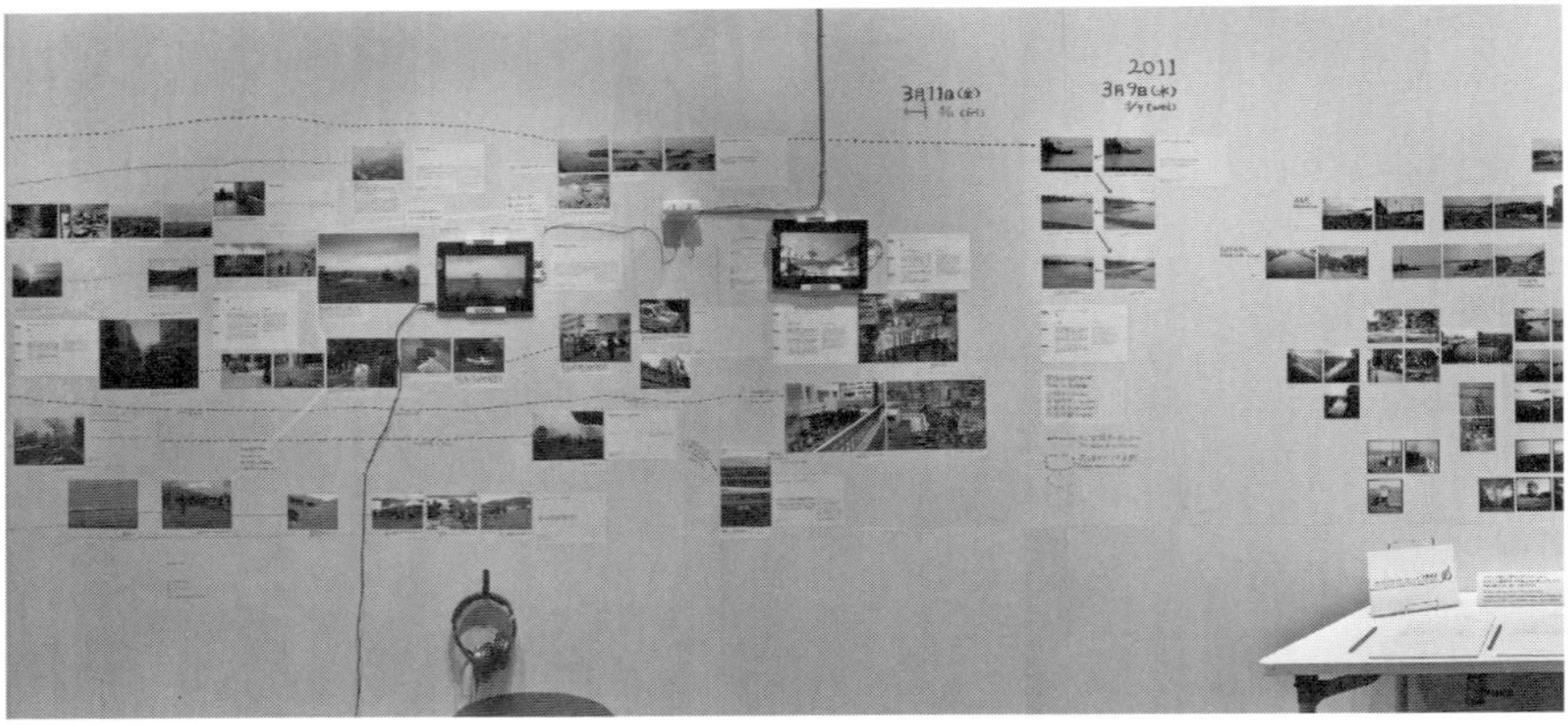

図 31　発災前～ 2011 年 3 月 11 日（金）

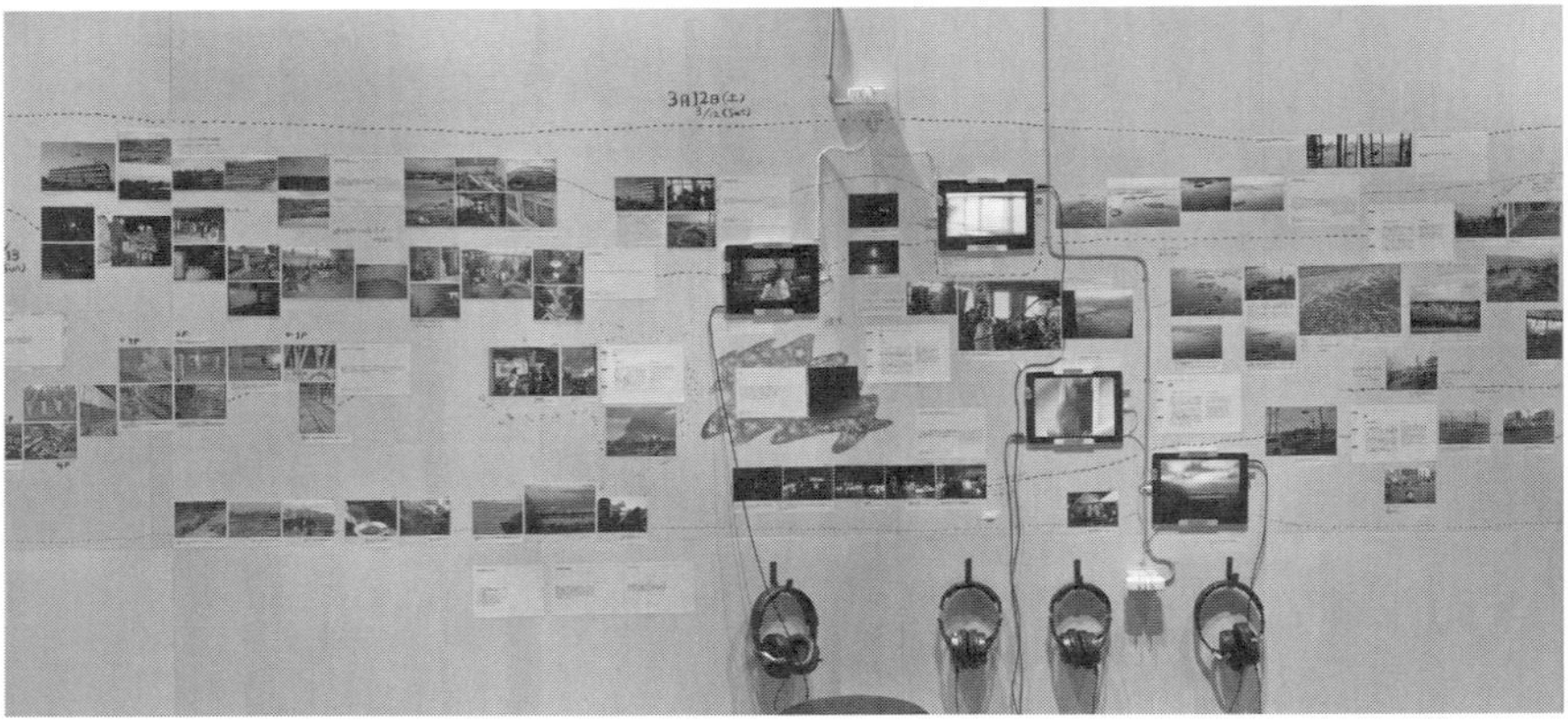

図 32　2011 年 3 月 11 日（金）～ 2011 年 3 月 13 日（日）

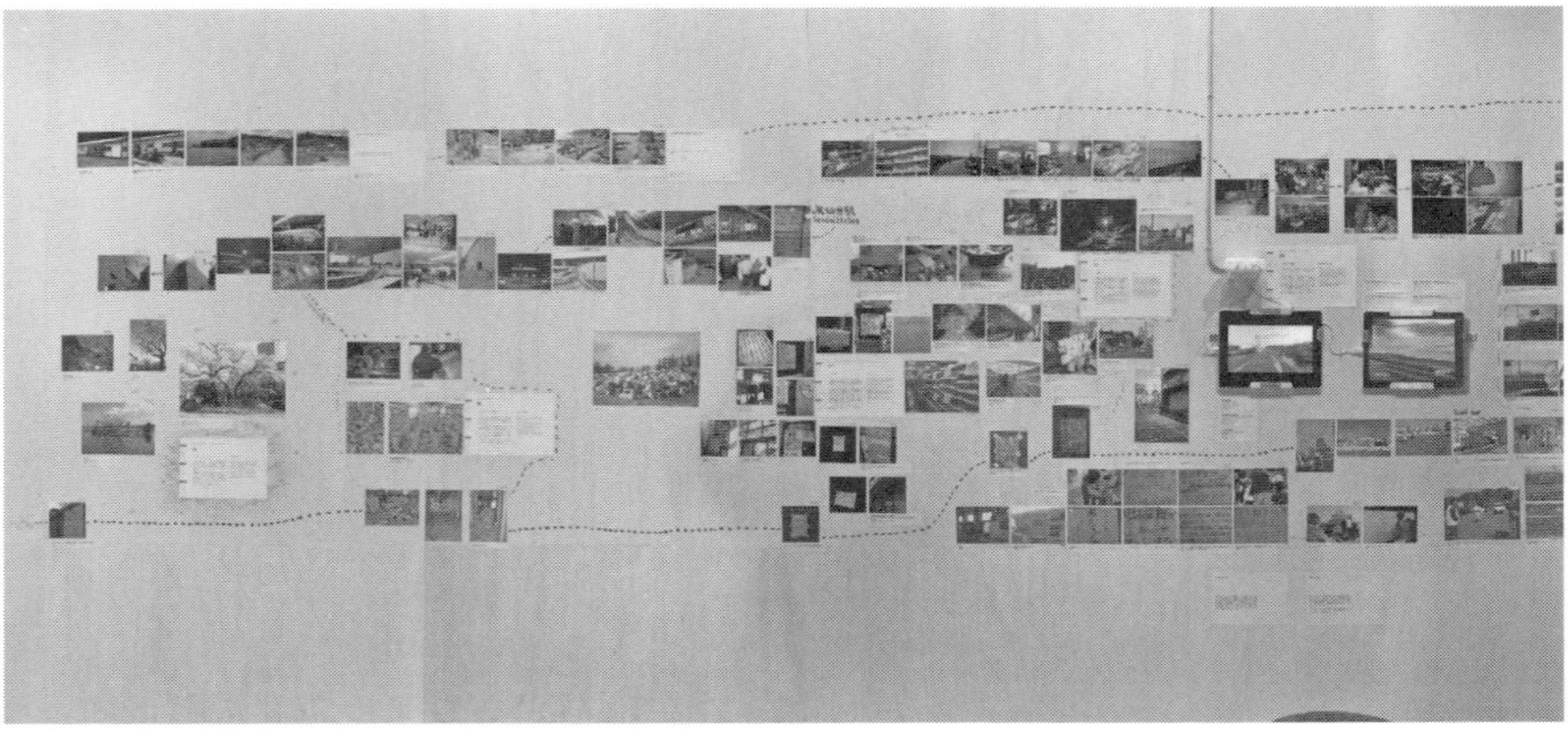

図 33　2011 年 3 月 13 日（日）～

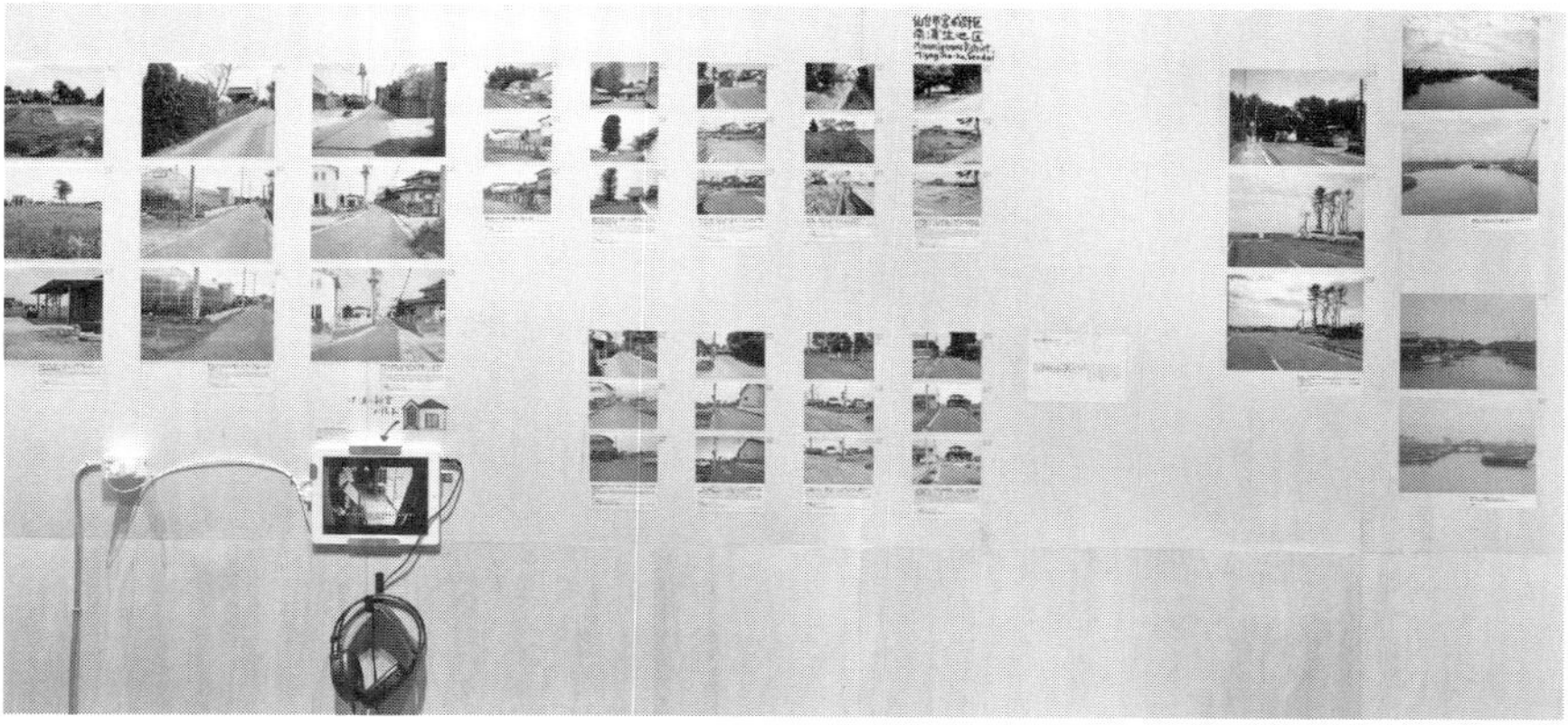

図 34　震災のまえとあと　宮城県仙台市の震災前と後の定点観測写真

図 35　震災のあととあと　宮城県各地の震災直後とその後の定点観測写真

図 36 「映像を用いた記録や、その記録活動」の展示風景
右側の壁面の裏側に、図 31 ～ 35 の写真などが展示されている。

が、ここからは、一次的資料を活用した場で行われた記録や、つくられた記録を利活用する段階の活動について報告されている。

(5)アーカイブ活動における利活用の試み/資料室

わすれン!参加者であるセクシャルマイノリティの方々自らが、被災当時の経験を手記にして残す「レインボーアーカイブ東北」[21]の取り組みや、45年以上にわたり宮城県内の伝承の民話の語り手を訪ね歩き記録してきた「みやぎ民話の会」による民話のなかの過去の津波の伝承、前述した「道具化」の成果(わすれン!レコードや、参加者の映像記録のDVD)など、利活用方法とその成果が「資料室」という設《しつら》えのなかで鑑賞できるようになっている。

「レコーディング イン プログレス」は、わすれン!が記録をつくるプラットフォームであるだけでなく、記録をつかう=利活用の場に参加してもらうためのプラットフォームであることを強調した展覧会となっている。巨大な壁は、いわば巨大なテーブルであり、デジタル・アーカイブの目に見えない大きさと広がりを「触れる」ものにする道具でもある。さらに、手づくりの展示壁面に非グリッド状に置かれた記録群は、資料の意味を読み解く視点が確定的・固定的なものではなく、展示されている記録の分類方法が、あくまで「ありえる解釈の一つ」であることを示しており、いまここに展示されているこのアーカイブには、これからも記録が追加され、その構造にもさらなる編集の余地があることが、そしてその作業がアーカイブを見る人・使う人に向けて開かれ、誰もがそこに参加できることが示唆されている。

とはいえそれはまだまだ「示唆」の段階にあるともいえる。「はじまりのごはん」への追

21. レインボーアーカイブ東北は、レズビアン・ゲイ・バイセクシュアル・トランスジェンダーなど、多様な性の当事者たちの生の声を集積・記録・発信することで、可視化されていない地方の当事者の存在を広くアピールし、違いを認めあい尊重しあう、より生きやすい社会をめざす団体で、宮城県仙台市を拠点に活動している4団体「東北HIVコミュニケーションズ」「やろっこ」「Anego」「♀×♀お茶っこ飲み会・仙台」が中心となり2013年6月に設立された。集まった震災体験の手記は http://recorder311.smt.jp/series/rainbow/ を参照。また、わすれン!以外のメディアテークとの活動として「カミングアウト/クローゼット」などもある。http://www.smt.jp/projects/mstudies/cat457/

記や、来場者アンケート以外にも、記録を利活用する現場に市民が参加する仕掛けには、まだまだ創意工夫の余地や、他の人たちの取り組みに学ぶべきところがある。記録／アーカイブを利活用する活動に参加する仕組みがまだ十分だとはいえないというのは、わすれン！的に考えれば、そこにアーカイブ活動の余白があるということである。利活用のプラットフォームづくりや、新たな道具化のアイデアについては、まだまだ研究や調査の余地があるのだ。[22]

4-2 「記録と想起」（2014年11月15日〜2015年1月12日）

展覧会という装置

「展覧会」という機会は、単に「作品」を時系列やテーマに沿って並べることには留まらない。展覧会は、それが開催される場所や時期、社会状況にも大きく影響を受ける「生もの」であり、同時にその時点で認識しつつある社会的、あるいは美的な、さまざまな課題に取り組む機会としての機能も期待される、ひとつの「メディア」である。

この展覧会を行うにあたっても、わすれン！参加者によって寄せられた映像や写真をただ構成して並べるだけでなく、「映像」というメディアがおかれている今日的な状況についての理解と洞察にもとづいた企画が必要だった。たとえば、テレビモニターが美術館の白い壁にまるで絵画のように等間隔に配置されているとする。その前に佇みながら、数分もしくは数十分以上におよんで、映像作品を丁寧に鑑賞することはとてもむずかしいだろう。おそらくたいていは、数十秒あるいは数分程度足を止め、通り過ぎてしまう事となるだろう。これでは、ひとつひとつの映像にアクセスしたことにはならない。

22. 2016年3月に開催された「草アーカイブ会議　アーカイブは誰のもの?」は、その取り組みのひとつである。第1回会議（2016年3月12日）の発表者は、笠原一人さん（震災·まちのアーカイブ）、松本篤さん（remo／AHA！）、田中洋史さん（長岡市立中央図書館文書資料室）、佐藤正実さん（NPO法人20世紀アーカイブ仙台）。2017年12月には、第2回草アーカイブ会議「コミュニティ·アーカイブってなに?」が、ヴィンセント·ムーンさん（映像作家）、川瀬慈さん（国立民族学博物館）、小野和子さん（みやぎ民話の会）ほかをゲストに開催された。

図 37 「記録と想起」展示会場風景｜藤井光『沿岸部風景記録』

では、どのようにすれば、人びとに少しでも長くその映像の前で足を止め、一定以上の鑑賞を促すことができるのか。あるいは、展覧会という機会を使って、第6章で述べたような「つたなさ」を持つ映像ならではの効果、すなわち、見る者の能動的な参加を促すような効果を最大限に引き出すには、どのような工夫が必要なのか。これらが具体的な課題となる。

映像を見つめることをめぐるこうした課題は、映像というメディアの今日的な状況と関係している。まちなかの喧噪を歩くとき、人は自然にそれらのノイズが聞こえないかのように周囲の音を意識から外す。それと同じように、映像が一般社会に過剰なまでに普及した結果、映像メディアからの情報オーバーロードに対処するために、すでに人々は「映像を見流す術」をいわば「防御策」として自然と身につけているのではないだろうか。映像を提供する側による、映像を見る者の参加を求めず、一瞬でその意味が確定する明確な解釈を提供する「言語化」された映像の氾濫は、こうしたことを背景に加速しているとも理解できる。

この展覧会では、こうした状況への対策として、「連続する部屋」(図38・39)が構想された。展覧会会場は21の区画に区切られ、そのひとつひとつにドアが付いている。鑑賞者はドアを開けて、それぞれの部屋に入り、8畳やその倍程度の小部屋の連続を、渡り歩くように進んでいく。

ひとつのドアを開け、台所に入り、ダイニングテーブルに座りながらモニターの画面を眺める。そこには発災間もない時期に町中に貼られた「張り紙」の記録写真が、スライドショーで流れている。次のドアを開けると、またもや台所で、今度は壁一面にプロジェクションされた瓦礫撤去の作業映像が流れている。さらにもうひとつのドアを開くと、今度は寝室で、中央に置かれたベッドからまるで眠りに入るその間際にニュースでもみるかのように、小さなテレビモニターに映された被災者のインタビューが流れている。ふと、窓に目を

図38・39 「記録と想起」展覧会場風景

やると沿岸部の景色が巨大なスクリーンに映し出されている（図37）。

この展覧会ではこのように、連続する部屋のひとつにひとつの記録が配置され、時にダイニングの椅子に掛け、時にソファーやベッドでくつろぎながら、映像を鑑賞することができるようになっているのである。[23]

映像の現実化

展覧会という装置は「群れとしての映像」をひとつの塊として配置するということでもある。

個々の映像がつなげられ、並置されて見比べられることで、映像の価値がさらに高まるとわたしたちは考えている。ではそれは実際に、体験としてどのようなものになるのか。ひとつひとつの映像が集積されていくことで現れてくる映像の総体とは、一体どのようなものであるのか。この展覧会は、それを検証する機会を提示するものでもあった。

デジタル・データにおける映像や写真は、一切の質量を持たない。たとえ数万本の映像があったとしても、ハードディスクに収められたそれらのデータ自体の重さはゼロである。[24]データはたしかに存在しているが、その現れはとてもはかなく、潜在的だ。

しかしながら、わすれン！のように多くの、さまざまな立場の市民や表現者が参画し、真摯に取り組んできた記録活動という現実の営為を、その活動の総量と熱量を、たとえ一時的であってもひとつの物量あるモノとして現実化し、存在させること・現前させることもまた、コミュニティ・アーカイブのプラットフォームが担うべき責務のひとつではないだろうか。

参加者の人びとは、自身や他者の活動とその総体を、質量を、展覧会という道具をつかってはじめて体験するとともに、自らの営為のありかたをそこで確認・検証することができる。

23. 上映および展示作品、参加者名は以下の通り。高橋哲男（jai）『3.11東日本大震災後の仙台市内の扉の景色』、木村グレゴリオ『車載映像 2011.3.27　仙台―塩竈―仙台港―仙台』、鈴尾啓太『沿岸部の風景』、中村友紀『宮城県名取市北釜集会所』、佐藤貴宏『復元された新しい祭壇』、佐藤貴宏『生きられる家 蒲生 渡辺さん宅』、川名まこと『傾いた電柱ー高野原団地　宅地被害からの復旧』、早川由美子『仙台長町仮設住宅　中澤松次郎さん＆美佐子さん』、高野裕之『どうか記憶よ離れないで』、佐藤貴宏『サーファーたちの七ヶ浜のビーチ開放』、yako KIMURA『intéressée -アンテレッセ-』、酒井耕・濱口竜介『なみのこえ 気仙沼 より』、伊藤照手『声の届き方』、岩崎孝正『福田十二神楽』、藤井光『沿岸部風景記録』、小森はるか＋瀬尾夏美『波のした、土のうえ』、細谷修平『大喜さんとの対話』、藤井光『沿岸部風景記録』、長崎由幹『集会場』、川村智美『紡ぎなおす住処』。

24. データを追記する前と後とで、ハードディスクの重さは変わらないそうである。

鑑賞者は「連続する部屋」という空間と、映像の余白によって、映像に関与し、記録された個々の状況への理解をすすめていく。そうすることで鑑賞者は、自らが今現在立っている場所にかつて何があったのか、みずからが所属する社会にかつて何があったのかを、時間的・空間的隔たりを超えて振りかえることが可能になるのではないだろうか。そうなったときはじめて、映像の塊としての、さまざまなメディアをつかった記録の塊としてのアーカイブは、過去を忘れて未来の方を向くことによって失われるものが何かを、伝えるのではないだろうか。

そのときわたしたちは「過去の出来事」を終わったこととして見るのではなく、過去が今を構成し、過去が今に生きていることを知るだろう。

5 課題：継承のためのプラットフォーム

まとめよう。わすれン！がアーカイブを利活用する上で大切だと考えるポイントは、つぎの3つに整理できる。

① デジタルな記録を、何らかの具体的で触れるモノや、参加できる場（プラットフォーム）に転換＝物質化すること

② 利用者自身の身体になじんだアクティビティを媒介としながら、これらのモノや場を用いる・参加することができるようにすること

③ その利用活動の結果をさらに記録し、記録に利用者の手触りを記録に残す仕組みを開

発すること

アーカイブに収められる記録は、ひとつひとつ他に置き換えることのできない複雑な独自性、つまり「此性[25]」をもっている。わすれン！に収められた映像は、こうした此性をそなえた記録の集積である。けれども同時にそれは、デジタル・データの宿命として、目に見えず、はかなく、物質感を欠いた存在物でもある。だからまずは、そこに貴重な記録があることをわすれないために、デジタルなものの触知可能性をふやすこと。本章で紹介してきたのは、そのためにわすれン！が試みてきた方法である。

本書を通じてわたしたちは、アーカイブをつくることとは、まずは出来事についての記録をつくることであると述べてきた。その先にあるのは、記録を継承することだ。そして、記録がこれからたどる時間は、記録をつくるのに要した時間よりも長いだろうことを考えるなら、実はアーカイブにとってもっとも大切なのは、これからの長い時間にわたって、記録を継承する人なのではないかということがわかってくる。

本章で述べてきたことは、したがって、継承のための、継承者を触発するためのプラットフォームについての、最初の試みにすぎない。本書では、記録活動を促すプラットフォームにはじまって、記録をまとめて公開するためのプラットフォームについて述べてきた。その先にあるのは、継承のためのプラットフォームづくりである。そして継承のためのプラットフォームについては、まだまだこれからも探求が必要だ。

わたしたちは大きな技術的転換点の時代に生きている。記録のありかたも、記憶のありかたも、今後さらに変化するだろう。けれどもわたしたちが現在についての記録を未来に伝えようと願うかぎり、アーカイブは記録と記憶をめぐる道具として何らかのかたちで存在する

25. ジル・ドゥルーズ＆フェリックス・ガタリ、宇野邦一訳『千のプラトー　資本主義と分裂症（上中下）』（河出書房文庫、2010-2011年）。

はずである。

では、アーカイブは誰のものか。わたしたちが本書で報告したかったのは、一市民がアーカイブをつくる活動に、そしてアーカイブを生産的に利活用する活動に、一市民として参加するための方法である。そのときアーカイブは、記録者だけでなく、利用者・活用者を含む、アーカイブをつくる人たちのものとなるだろう。アーカイブはその記録づくりに関わった人の、そしてそれをつかう人の、そして未来にそれをつかうだろう人たちのものになる。そしてそのときアーカイブは、今ここにいるわたしたちを、過去へ、そして未来へとつなげるための文化的装置としての意義をもつはずである。

本書で紹介してきたわすれン！の奮闘は、そのための具体的取り組みのひとつである。本書自体がその活動を集合的にアーカイブしようとする実験だ。かけがえのない此性をもった記録を預かったからには、その記録が折にふれて見られ、読まれ、つぎの継承者にわたすためのプラットフォームのありかたを、これからも試みていく必要がある。さらなる創意工夫を、本書を手にしたみなさんにも期待してやまない。

おわりに——コンヴィヴィアルな道具へ

ふたつのアーカイブに見える未来

「クラブに行って楽しみはするけれど、地元のアーティストについてあらためてみんなでその音楽を聴く、そういうことのための場所が音楽シーンには無いんです」と濱田直樹さん（1981年仙台市生まれ、仙台市在住）は言う。震災後、音楽活動を通じてメディアテークにかかわりはじめた濱田さんは、2013年にわすれン！スタッフに採用され、記録活動にも参加[1]。撮影やインタビューのテキスト起こし作業などを通じて、記録することの現場に、そのおもしろさに出会っていった。

濱田さんは、それまで自分が関わってきたクラブカルチャーについて、ほとんど公的な記録が残されていないことに気づく。仙台の音楽文化を記録していく濱田さんの活動がはじまるのは、ここからである。

濱田：記録をするようになってから強く思ったのは、クラブカルチャーに関することが、公的な記録に何も残されていないということです。それはまずいなと思って、あらためて撮ったり、写真を集めたりしています。できるだけまわりの人も巻き込みたい。「メディアテークには」機材貸し出しのシステムもあるし、誰でも記録ができる時代ですよね。

1. 濱田さんは、「わすれンTV311」の番組のひとつ「うぶこえストリーム」において、DJのセレクトやオファーを行うなど、オーガナイザーとしてわすれン！に関わった（「わすれンTV311」については、160ページのコラムを参照）。その後、2013〜2016年の間、わすれン！の業務に従事した。

巻き込むか巻き込まないか、それを残すか残さないかの話かなと思います。

くろい音楽室

濱田さんたちがメディアテークのスタジオでわすれン！とは別で行っているプロジェクトが、「くろい音楽室」[2]だ。

「くろい音楽室」は「音楽の話をする場所」である。「音楽は誰でも語れるものではないか。むしろみんなで語る必要こそあるのではないか」と濱田さんは言う。[3]ミュージシャンや音楽ライターなど、「有識者」が話すトークイベントではなく、地元の音楽愛好家たちのための場所をつくりたい。そこでまずは、ジャズ・ファンク・ソウル・ヒップホップ・ハウスなどの「くろい音楽」について話すことができる場をつくろう。そこからくろい音楽室ははじまった。

仙台の音楽文化についての記録を残す活動にも積極的だ。２０１５年に、メディアテーク館内で開催した「レコードレコード」展では、仙台のクラブイベントのフライヤーを集めたコレクションや、１９９４年以後に仙台で営業してきたクラブの地図（閉店した店を含む）、レコード屋さんのレコード袋、宮城県にまつわるレコードなど、クラブを中心とした仙台の音楽文化に関する記録を集めて展示した。[4]

翌２０１６年には、「ローカルレコード feat. レコ袋」展を開催。仙台市内の新旧レコード店が配布していた「レコード袋（レコ袋）」を集めて、７階ラウンジで展示した（図40）。

パネルに大切にしまわれたレコ袋の横には、事前に聞き取った、そのお店や袋にまつわる思い出が文字で展示されている。「はじまりのごはん」方式で、来場者が自分の感想や記憶を紙に書いて貼れるコーナーも設置された。紙は黒で、文字は白。来場者たちはレコ袋とそ

2. くろい音楽室は、考えるテーブルのひとつとして2012年にはじまった。http://table.smt.jp/?p=5092
3. http://www.smt.jp/projects/kuroi/2015/09/post.html
4. http://www.smt.jp/projects/kuroi/2015/10/post-3.html

図 40　くろい音楽室「ローカルレコード feat. レコ袋」展

れにまつわる数々の思い出に触発されて、自分たちのエピソードを追記していった。

「私もディスクノートのDの字が大好きでした。レコード、大好きです!」
「レコード屋・CD屋の袋に教科書やジャージ入れて高校に行ったなぁー。カバンより、かっこいい袋がポイントだったなぁ…」
「レコード屋の小さな袋で大学に来る友達。かっこいいな」[5]

レコ袋は展示アイテムとしても、アーカイブされる記録としても、そしていま現在の音楽文化について考える上でも、じつに優れた要素をもっている。

音楽ジャンルの話だと、その音楽を好きな人に限定されてしまうが、レコ袋の場合、そのお店で買ったり聞いたりした音楽のことだけでなく、そのお店の雰囲気や店主の話、袋そのものにまつわるエピソードなど、多様な角度から話題を展開できる。だから、展示を見た来場者たちも、数多くの感想を書きこむことができるようになる。記憶を引き出すきっかけとしても、レコ袋は実に優れている。

レコ袋は、仙台のレコード店の歴史をあらわす記録である。レコード店は、袋でそれぞれ個性的なデザインを競っていた。簡易な袋としてつかうこともできたので、それをもって出かけるという楽しみもあった。ある店のレコ袋をもっていることが、ある種のライフスタイルや好きな音楽の傾向をあらわす、一種の文化的なアイコンでもあった。

レコードを聴いて育った世代にとって、レコ袋は郷愁を誘うものだ。だが、これは単にノスタルジックな展示ではない。CDが普及してからの、あるいはインターネット配信の時代において「レコード」とは、高音質であるという「こだわり」を含めて、過去のさまざまな

5. http://www.smt.jp/projects/kuroi/2017/08/-feat-1.html

音源への再評価や敬意の証しでもあるからだ。身銭を切ってレコードを買うという行為の歴史は、世界のポピュラーミュージック文化へのリスペクトの歴史――仙台において自分たちがどのような音楽を聴いてきたかという歴史――でもある。ＣＤや配信音源が持つ手軽さにはない独自な文化的意味を、レコードは持っているのではないか。

さらにいえばこれは、音楽文化において、誰が主要なプレイヤーなのかという問題にも関係する。音楽が産業化される以前（あるいは現在でも世界各所においては）、リスナーは一方的に音楽を聴くだけの受動的な存在ではなく、音楽が生起する場を成り立たせるために不可欠な参加者だった。また、演奏者とリスナーの地位は多くの場合、入れ替わり可能なものでもあった。しかしそれがいつの間にか、音楽は洗練されたミュージシャンが演奏するものとなり、リスナーはそれを静かに受け止めるだけの立場に――つまり音楽文化の消費者に――追いやられていく。ところが、この図式においてＤＪは、音楽を聴く行為と音楽を演奏する行為との中間に、レコードを回しながら立っている。このとき、レコードというモノによってＤＪは、聴くことが音楽文化において持つ意味をもう一度取りもどそうとしたのだといってもいい。

だから、これは単なるノスタルジックな展示ではなく、地方都市において音楽を聴くという行為の歴史を振りかえり、あらためて現代の音楽文化の意味、そのありようについて問い直すという射程をもったものだともいえる。実際この展示は、予想以上に反響が大きかったという。過去にあった音楽文化を取り巻くさまざまな人びとの思いを知ることが、現在の活動にエネルギーを投入する資源になっているのだ。

濱田さんたちの活動には、コミュニティ・アーカイブ活動にとって、たいせつなものが凝縮されている。アーカイブをつくることの楽しさと、アーカイブを利用することの楽しさ。

そのなかには、発見するおもしろさ。収集するおもしろさ。過去に触れるおもしろさ。新しい意味づけを共有するおもしろさ。整理して魅力的にならべるおもしろさ。何かのモノを通じて人と出会い、対話するおもしろさがある。さらに、記録が記憶や反応を引き出し、それが新しい記録や、さらなる活動をエンパワーする。そんな連鎖反応が、ここにはシンプルに実現しているのである。

濱田さんたちは、自分が育った仙台というまちと、好きな音楽文化の、ふたつにこだわって活動を進めている。このことが、わすれン！の、ひいてはコミュニティ・アーカイブの今後を考える上で、重要なヒントになる気がしてならない。

郷見庵《さとみあん》

もうひとつ、これからのコミュニティ・アーカイブのありかたを考えるための重要な具体例として、新潟県長岡市の旧山古《やまこ》志村《しむら》木籠《こごも》地区の「郷見庵《さとみあん》」[6]についても話しておきたい。郷見庵は、神戸の「震災・まちのアーカイブ」とともに、日本におけるコミュニティ・アーカイブの先進事例のひとつである。

山古志村はもともと、美しい棚田・錦鯉の養殖・牛の角突き（千年前から続くと言われる）などの文化をもち、民俗学者宮本常一による紹介でも知られた村である。２００４年の新潟県中越地震による土砂崩れで村の半分が水没し、全村民が避難。２００５年には市町村合併で長岡市に編入された。

郷見庵は、旧山古志村木籠集落の人たちがつくった交流施設で、集落の中心部近くに位置し、地震によって発生した自然ダムに埋もれたままになった家屋を——つまりかつての故郷の一部を——見るように建っている。運営は住民らがつくる山古志木籠ふるさと会による。

6. http://yamakoshikogomo.com/satomian

図 41　郷見庵（写真：佐藤知久）

最初に郷見庵がつくられたのは、避難指示が解除される前、木籠の人たちが仮設住宅で暮らしていた2006年。住人だった松井治二さんらが、木籠を訪れる人たちのためにつくったコンテナ製の「お休みどころ」がはじまりだ。2007年には人びとが木籠に帰り、2010年に新潟県中越大震災復興基金による補助で建物を新築した。

現在の郷見庵は木造2階建て。1階には地元産品の直売所があり、2階は交流スペースになっている。そこに、かつての木籠地区の様子を写した写真や、被災の状況、復興の様子を記した写真や地図が展示されている（図41）。この展示が、木籠の過去と現在を写した「村のアルバム」のようで、すばらしいのである。

展示の仕方はプロから見れば素朴かもしれない。畳敷きの細長い部屋には、震災前の木籠集落を写したたくさんの写真にはじまって、かつての集落を描いた大きな絵画や、震災後に新しく高台に造成された集落のための検討模型、新聞記事、さらには、全国から寄せられた応援の手紙、支援のためにと寄贈された木彫、新聞記事や文集などの紙資料、そして新しく集落が再建された後に行われた祭りの写真などが並べられている。震災前の写真の多くは、長年山古志・木籠の写真を撮り続けてきたアマチュア・カメラマンの片桐恒平さんによって昭和50年代から撮影されたもので、さまざまな人びとの表情、村でのごく普通の生活の様子を、実に魅力的にとらえている。[7]

ここにはコンピュータも無い。デジタル化されたアーカイブも無い。すべてがアナログで、手づくりで、専門家の目から見たら整理されていないかもしれない。けれども、自分たちがつくり、運営しているという誇りに満ちている。まさしく草の根のアーカイブ、草アーカイブ的な活動である。

アーカイブが自然な交流の場になっているという点もすばらしく（実際は交流の場に、資料

7. 本書では詳しく述べることができなかったが、ある地域の住民としてそこに愛着をもち、長年その地の写真を撮り続ける在野の人たちの活動は、きわめて注目に値する。ダムに沈む岐阜県徳山村の写真を撮り続けた増山たづ子さんの活動はよく知られている。わすれン！参加者でもある、仙台市のまちの変遷を30年以上にわたって撮り続ける高橋親夫さんや、宮城県細倉という鉱山町の写真を撮り続けた寺崎英子さん（現在メディアテークで有志によるアーカイブづくりが進行中）など、数々の魅力的な記録者の水脈が存在する。小原真史・野部博子編『増山たづ子　すべて写真になる日まで』（IZU PHOTO MUSEUM、2014年）、高橋親夫『あの日につづく時間 2011.3.11』（冬青社、2015年）。

が置かれるという順序だった）、資料を見ていると、自然に質問したくなる。木籠に暮らす方たちと話をしながら、これらの写真や資料、建物の外に広がる被災した家の遺構、新しく立った家を眺めるとき、コミュニティ・アーカイブとはこのような場所のことをこそいうのではないかと、心から思う。

自分たちで自分たちの生活の記録をつくっていること。記録の対象となる出来事が起きた場所の、その暮らしのなかにアーカイブがあるということ。震災という出来事だけでなく、震災の前と後の地域の記録の両方を含んでいること。その地に関心を持ち、外から訪れる人たちの足跡も記録し、現在もアーカイブが動態的に成長していること。そして、この集落に住んでいた人たち・住んでいる人たち・訪れた人たち・未来の子どもや山古志を知ろうと思う人たちに向けて、アーカイブがつくられていること。さらに、アーカイブが集落の人たち同士の交流だけでなく、木籠を訪れた人たちとの交流の場所としても日々活用され、今も集落の人たちによって継承されていること。これぞ草アーカイブ、コミュニティ・アーカイブだとわたしたちは考える。

プロのアーキビストから見れば、記録の整理や展示の方法にしても、運営体制も、郷見庵は「つたない」かもしれない。だがそこには、そうした評価軸とは別の豊かさ、地域に根ざして生きていく記録の肌理《きめ》細やかさがある。記録が過去と現在、そして未来を自然につないでいる。郷見庵の展示からは、震災のときの記録だけでなく、震災の前から存在し、震災の後にも続いていく長い村の歴史のなかに震災があることが、自然に伝わってくる。その記録を必要とする人たちが暮らす場にアーカイブがあり、アーカイブが交流の場となり、交流がアーカイブをさらに育て、過去と現在と未来がそこでつながっていく。コミュニティ・アーカイブとはこのようなものであるべきだと思うのだ。

メディアとしてのコミュニティ・アーカイブ

あらためて、コミュニティ・アーカイブとは

コミュニティ・アーカイブの研究者であるアンドリュー・フリンは、世界各地で草の根的に発生しているコミュニティ・アーカイブの特徴を、おおよそつぎのように整理している。これらの特徴は、わすれン！やくろい音楽室、そして郷見庵にも、ほぼあてはまる。

①公的なアーカイブや国家の歴史において、無視されていたり、誤解されていたり、周縁化されていることに対して、自分たちで博物館やアーカイブをつくろうとしていること
②自分たち自身のことばで、自分たちの物語を語ろうとしていること
③コミュニティがアーカイブを管理することによって、何を保管し、何を破壊し、それらをどのように記述し、どのような条件のもとでそれらの記録にアクセスできるのかについての力をもつことができること
④それによって、自分たちがどのように表象され、集合的・公的記憶のなかでどのように構築されるのかについて、一定程度のコントロールが可能になること[8]

①と②は記録活動に関わることで、本書でいう「当事者性の高い」記録に対応する。公的記録からこぼれ落ちる小さなことや身近なことについて、自分たち（≒当事者性の高い記録者）で記録していく活動である。「個人を発信源とする」「参加者中心主義」「関与する余地をもつ」といったポイントに見られるように、既成のプロ・アーカイブ、メディア、情報のありかたにとらわれることなく、記録者たち自身の視点や方法や文体でつくられる記録であ

8. Andrew Flinn, M. Stevens, & E. Shepherd (2009) Whose memories, whose archives? Independent community archives, autonomy and the mainstream. *Archival Science*: 9(1-2), pp.71–86. http://doi.org/10.1007/s10502-009-9105-2 より。

ることも特徴的だ。
③と④は公開・利活用・発信などに関わることである。本書でいえば、記録者たちがゆるやかなコミュニティをつくり、「映像を囲む場」やサロンなどでわすれン！スタッフや他の市民とも関わりあいながら、上映や公開の方法や、アーカイブされた記録の利活用方法を協働してつくっていくプロセスなどに相当する。これらのプロセスに人びとが積極的に関わり、記録の保管や公開方法が人びとの声によってつくり上げられたり、展示の場においても来場者の意見が直に内容に反映されていくなど、アーカイブを保管かつ更新していく場の維持において、人びとが中心的な役割を果たしていることだ、といえる。ただし、わすれン！においてアーカイブを管理しているのはメディアテークという公的機関であるため、人びとがアーカイブの創造と利活用における主なプレイヤーではあるものの、その人びとが自らそれを主導的に管理運営していない点においては、欧米の議論と一定の差を認めることもできる。[9]
わすれン！や郷見庵は、こうしたコミュニティ・アーカイブ研究の影響の結果生まれたのではなく、それぞれ自発的に生まれた草アーカイブである。それが世界各地の動きと共通性をもっていることは興味深い。さらに、フリンらの議論で十分語られていないのが、コミュニティ・アーカイブについて、メディア実践という観点から考えることである。そこで最後に、メディア論的な視点から、コミュニティ・アーカイブについてあらためて整理しておきたい。

クールなメディアとしてのコミュニティ・アーカイブ

わすれン！や、くろい音楽室、そして郷見庵などにみられるコミュニティ・アーカイブ的な活動を、メディアとしての特徴から理解するための枠組みとして、図42を示したい。

9. 多くのコミュニティ・アーカイブは必ずしも専門職者との協働を排除していないことをフリンは繰り返し指摘しているが、その一方で1990年代以後、①コミュニティの参加とオーナーシップ、②主流の諸制度からの一定程度の自律性、③(場合によっては)主流の歴史的な物語のなかにある誤った表象への明確な異議申し立て、という3つのポイントを備えたアーカイブがコミュニティ・アーカイブだと考えられていると指摘してもいる(Andrew Flinn (2015) Community Archives, in Duranti and Franks (eds.) *Encyclopedia of Archival Science*. Rowman & Littlefield, pp.145-150)。そこからすれば、公的機関としてのメディアテークがエンジンとなって引っぱっているわすれン！を、コミュニティ・アーカイブと呼びうるのかどうかは、微妙な問題となる。ただしフリンの議論はあくまで公的なアーカイブ制度が堅固に存在し、社会状況も多民族的な欧米を前提としている。そもそもアーカイブ的制度自体が未熟で、民族構成にも差がある日本の状況においては、参加者の自主性と協働を最大限に尊重するプラットフォームとしてのわすれン！の活動は、十二分にコミュニティ・アーカイブ的なものだといえると、わたしたちは考えている。

この図はふたつの軸から構成されている。縦軸はマクルーハンの「クール」と「ホット」の区別、横軸は「当事者性」と「傍観者性」の区別である。

第6章で述べたように、クールなメディアとホットなメディアの差は、コンテンツの意味決定性、メディアを利用する人による関わりしろの大小にある。意味決定性が低く関わりしろが多いものがクールなメディアであり、その逆がホットなメディアだ。展示物が触発する記憶の多義性（くろい音楽室）や、展示が手づくり的で会話を誘発する度合いが高いこと（郷見庵）、映像的余白が多いこと（わすれン！）などがクールなメディアの特徴であり、逆に、字幕やナレーションで意味決定性が高められている映像や、展示として理路整然とし、鑑賞者に受動的な読み取りをうながすものなどがホットなメディアにあたる。

横軸における「当事者性」とは、記録されるコンテンツとその作成者の関係性を示したものである。たとえばその土地の記録がその土地の住人によってつくられた記録や、記録者がそのテーマについて主体的に関わってつくられた記録――記録対象と記録者がさまざまな意味で「近い」関係性をもつもの――をあつかうのが当事者性が高いメディアである。その逆は「傍観者性」の高いメディア――当事者と一定の距離を置き、離れた場所から客観的に対象を眺めるような記録や、たとえば、監視カメラ映像など――、つまり記録される対象と記録者との関係性が「遠い」ものをあつかい、流通させるメディアだ。

図式的に整理すれば、①当事者的でクールなメディアには、わすれン！を、②傍観者的でクールなメディアには、YouTubeを置くことができる。わすれン！とYouTubeを区別するのは、わすれン！には、記録者の氏名が明記されることやさまざまな関わりのしくみが整備されていくような状況があり、より当事者性の高い映像が比率的に多く、逆にYouTubeには匿名での投稿が可能で、YouTubeの運営やしくみそのものには、利用者が関わりを持

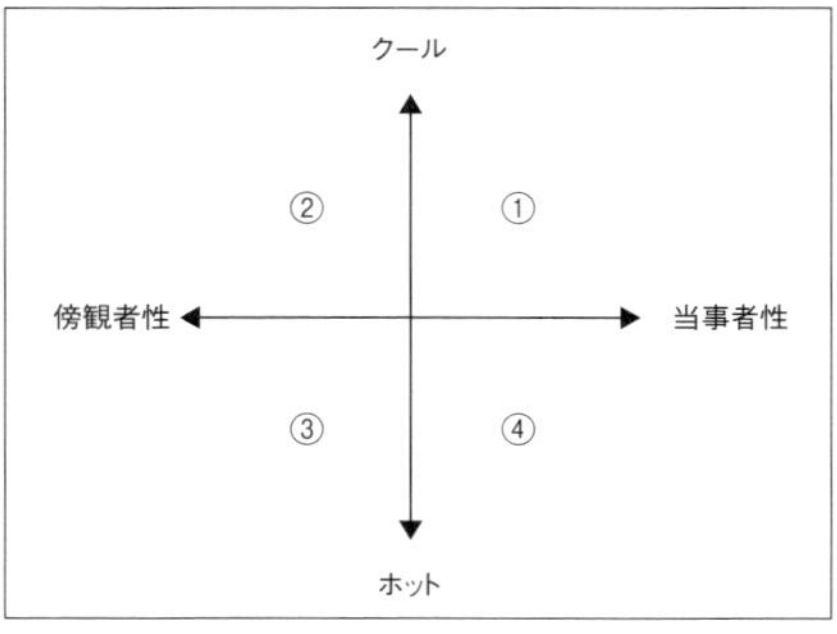

図42　コミュニティ・アーカイブ活動をメディア論的に分析するためのフレームワーク

てず、当事者性が極めて低いからだ。

ホットなメディアのうち、③傍観者性が高いものとしてはテレビを、④当事者性が高いものとしてはいわゆるドキュメンタリー[10]をあげることができる。「天国はテレビみたいだって、かれらは言った。小さくて、完璧な世界。すべてが光でできていて、あなたをまったく必要としない小さな世界」[11]（ローリー・アンダーソン）。ドキュメンタリーはテレビに比較して、制作者と対象との関係性がより近いが、テレビやドキュメンタリーの多くはともに、伝えるべきメッセージを明確に持ち、「鑑賞者にそれ以外の解釈を与えない」ことに努めているといえる。

こうしてみると、ホットなメディアは20世紀的であり（映画／テレビ）、21世紀のインターネットやデジタルメディア（YouTube／わすれン！）はクールである。20世紀、多くの人に届くだけの射程をもったメディアを利用し、その運営に関わることは、ごく限られた人にしかできなかった。初期のカメラは大量の映像を手軽に撮ることが技術的に困難で、コストもかかり大がかりで専門的な道具だった。20世紀の終盤から21世紀にかけてカメラはどんどん小型で廉価になり、誰もが日常的に持ちはこべる身体的な道具へと変化してきた。映像メディアの重心は、技術的にも、そしてつくられる映像の方向性あるいは量においても、この図において③から①の方へと移行しつつある。当事者性が高くてクールなメディアの隆盛は、すぐれて現代的な現象なのだ。

問題は、大量につくられるこうした映像が、受容され、鑑賞され、保管され、継承されていくための場／メディアとは何かということである。映像メディアの場合、それは長らく不在だった。[12]大量に普及していくビデオカメラと、それによってつくられた記録を保管・共有・流通するメディアの不在。ここが、文章メディアにおける生活記録運動とちがうところ

10. 映像研究者のビル・ニコルズが、ドキュメンタリー映像には7つのモード（解説的／観察的／参与的／内省的／詩的／パフォーマンス的／相互行為的）があると述べるように、ドキュメンタリー映像には当事者的な映像も、傍観者的な映像もある。ここで「いわゆるドキュメンタリー」というときに念頭に置いているのは、ビル・ニコルズのいう「解説的な」ドキュメンタリー、つまり伝えるべき事実が明確にあり、それをナレーションなどで語っていくタイプのものであり、鑑賞者の解釈に開かれた作品のことは想定していない。Bill Nichols (2017) *Introduction to Documentary (Third Edition)*. Indiana University Press, pp.156-157.

11. ローリー・アンダーソンの歌「ストレンジ・エンジェルズ」（1989年の同名のCDに所収）より。

12. もちろん８ミリフィルムやパテ・ベビー（９.５ミリフィルム）などの存在は無視すべきでない。重要な例外がアートの領域である。たとえばジョナス・メカス（１９２２年〜）はフィルムの時代から、日記映画（diary flims）シリーズに代表される当事者性が高くてホットな映像をつくりつづけてきたが、ネット時代に入ってますます盛んに、９５歳の現在も、自身のウェブサイトに、頻繁に断片的な日記映像（現在はビデオカメラで撮影）をアップしつづけている。メカスの活動は実に現代のテクノロジーにフィットしているのである。http://jonasmekas.com/diary/。

だ。文章は、ガリ版[13]印刷機という道具をつかって、低いコストで複製・流通できた。それにくらべて映像は、それを簡単に共有したり見るための技術を長らく欠いていたのである。

映像メディアが映画とテレビに集中する状況においては、プロとアマの差は開く一方だった。個人を発信源とする映像は、完成度が低いとか、多くの人の関心を呼ばないとか、学問的価値が少ないなどと評価され、その映像を置くための公的な場所を持たず、私的領域にとどまりつづけるほかなかったのである。

コミュニティ・アーカイブは、このような不在を埋めるメディアのひとつだ。映像以前の時代からもともとコミュニティ・アーカイブは、当事者性が高くてクールな記録を保管するための場所だった[14]。その器は今、個人がつくるデジタルな記録を共有し、それを利用することが新たな記録をつくることへとつながる場所としても育ちはじめている。コミュニティ・アーカイブは、個人を発信源とする記録を鑑賞／保管／継承する、きわめて21世紀的な、新たな創造的なメディアとして現れているのである。

ビデオカメラをもつというのは、読み書きになぞらえていうと、鉛筆をもつようなものです。本を読んで何かを学ぶと同時に、こんどはそれの感想文を書くなど、自分で出力をするということを通して、考えがいったんまとまる。自分の考えが外に出て行って世界と触れて、また考えたりっていう運動が起こっていく。それと同じように、ビデオカメラも、人がもつと何かを記述するので、それを出すことによってまた自分が学んでいくという循環が必ず起こるんです。そういった学習装置として、わすれン！ははじまったんです。（甲斐賢治）

13. 謄写版ともいう。「蠟引きした原紙に文字などを鉄筆で刻字したものを型紙とし、この型紙を絹スクリーンに密着させて上からインクのついたローラーで押圧して印刷する」（大辞林）技術で、コピー機やリソグラフが普及するまでは、低いコストでの大量印刷を可能にする代表的な道具だった。

14. 安藤正人『草の根文書館の思想』（岩田書院、1998年）。

コンヴィヴィアルな道具としてのコミュニティ・アーカイブ

本書のもともとの課題は、未来の世代へ記憶を継承するための記録を、現代の道具でつくるには、どうしたらいいのかということだった。可能な複数の選択肢からわたしたちが注目したのが、個々人がビデオカメラを文房具のように用いてつくった映像を集合的にアーカイブすること。つまり映像をつかったコミュニティ・アーカイブ活動である。

そのためにわたしたちは本書の冒頭で、イヴァン・イリイチの「コンヴィヴィアルな道具」ということばを引用した。それはこのことばが、わたしたちがいま、インターネットや、デジタル・アーカイブや、ビデオカメラとのあいだにもつ関係を考える上で、とてもしっくりくる概念と思えたからである。

イリイチの議論の出発点は、産業主義的な道具[15]が、人間がもちうる創造的な技術を失わせるということだった。「わたしたちが一定の道具を使用することなしには生きることのできない環境を生みだすことによって、わたしたちにそれらの使用を強いる」こと、「ひとつの産業の生産過程が、さしせまった必要をみたす行為に対して排他的な支配を及ぼし、産業的でない活動を競争から締めだす」ことを、イリイチは「根元的独占」と呼んで批判する。[16]他の移動手段を失わせる道路網や、自己へのケアを軽んじる高度な医療技術などがそれである。

インターネットやデジタル・アーカイブやビデオカメラもそうならないという保証はない。産業主義的な道具によってもたらされる根元的独占は、「便利さ」や「快適さ」の顔をして現れることに注意しなければならない。たとえば1970年代のメキシコでは、葬儀のプロセスが家族内から専門業者へと移行し、人びと自身が死者を弔う営みをオーガナイズすることが短期間に激減したという。それは便利さや衛生面を考慮してのことだったのだが、しか

15. イリイチにとって道具とは、いわゆる手仕事の道具や機械だけでなく、「コーンフレークとか電流とか触知しうる商品を製造する工場のような施設と、"教育"とか"健康"とか"知識"とか"意思決定"とかを生み出す触知し得ない商品の生産システム」を含む、「合理的に考案された工夫すべて」を包摂するカテゴリーである。イヴァン・イリイチ、渡辺京二・渡辺梨佐訳『コンヴィヴィアリティのための道具』(ちくま学芸文庫、2015年、58ページ)。

16. イヴァン・イリイチ、デイヴィッド・ケイリー編、高島和哉訳『生きる意味 「システム」「責任」「生命」への批判』(藤原書店、2005年、38ページ)、および『コンヴィヴィアリティのための道具』(119-122ページ)。

しそれによって人びとは、死をめぐる「喪失の時間」[17]をみずから組織していくヴァナキュラー[18]な技法《アート》を失ってしまう。

イリイチは言う。もともと「お通夜や葬式やお斎《とき》は争いごとをおさめ、悲しみに捌け口を与え、参会者ひとりひとりに、死を免れぬ宿命と人生の価値を思いださせるのに役立った。こういったことの大部分は儀式的な性格をもち、地域ごとにやりかたはことなってはいるが細心に規定されていた」[19]。それぞれの地域ごとに、死と喪失をめぐるヴァナキュラーな技法が存在した。だがそれがきわめて短い時間のうちに、専門職者によって担われ、そのように法制化されることによって失われていった。そうイリイチは指摘するのだ。

同じことが、写真や映像や音をめぐる、わたしたちの技法においても起こらないとは限らない。

だが問題はここでも、失われてしまった過去の、その土地の慣習に、単にノスタルジックに回帰すべきだということではない。イリイチの議論が優れているのは、それが現代的な技術《テクノロジー》の便利さを必ずしも否定していないからだ。「コンヴィヴィアルな社会にとって基本的なことは、操作的な制度と中毒性のある商品およびサービスが、まったく存在しないということではなくて、特定の需要（それをみたすために道具は特殊化するのだが）をつくりだすような道具と、自己実現を助ける補足的・援助的な道具とのバランスがとれていることなのである」[20]。ポイントは、個人の自由（自立性）と、広い意味での「道具」への相互依存性とのあいだのバランスをたもつことにあり、個人にとっての快い《ここちよ》活動が同時に、他者あるいは環境にとっての豊かさにも通じることにある。「ともに生き生きすること」という意味のコンヴィヴィアリティという語を、イリイチが「節制（節度）ある楽しみ」という意味をもつ「エウトラペリア eutrapelia」という語で言いかえていることに注意したい[21]。技術と技法のバラン

17. 第5章の注2を参照。
18. 一般的には「その土地固有の」などの意味を示す言葉。一方、ここではイリイチがよく用いる意味で、普遍的・通文化的なテクノロジーに対する、その土地に固有の生活技術全体――いわば、テクノロジー以前の技術――をさしている。イリイチ自身はこの語を、その土地土地の伝統的生活技術に回帰すべきという意味においてではなく、かつてあったコンヴィヴィアルな生活を、いかに現代的なテクノロジー環境において、現代の科学技術から目をそらすことなくむしろそれを利用しながら、再発明できるのかというニュアンスで使っている。現代的な意味でヴァナキュラーな文化活動をつくろうとしているのだ。そのための道具がコンヴィヴィアルな道具である。
19. 『コンヴィヴィアリティのための道具』、123ページ。
20. イリイチ前掲書、65ページ。
21. イリイチ前掲書、18-19ページ。

スをとることが重要なのだ。

コンヴィヴィアルな道具としてのビデオカメラ／プラットフォーム

ではこのバランスはどのようにして実現するのか。「現代的だが限界を課されている道具の範囲内で個として達成できる事柄のゆたかな手ざわりを理解すること」[22]が必要だとイリイチはいう。「自分のエネルギーを創造的に行使する個人の権利を切りつめたり否定したりする道具や制度に対する、公的なコントロールなしには、われわれはもはや有効に生きることも労働することもできない」[23]とイリイチは言う。では「道具や制度に対する公的なコントロール」とは何か。道具にどうやって「限界」を課すのか。

もしそれが、上からの管理、あるいは社会全体レベルでの合意——法的規制——ということであれば、わたしたちの結論は必ずしもイリイチと同じではないかもしれない。上から管理しなくても、社会全体レベルで合意しなくても、個として達成できることがらのゆたかな手触りをもちながら、自分のエネルギーを他者たちとともに創造的につかう活動を、わたしたちはローカルな場における草の根的な草アーカイブ活動のなかに、すでにいくつも確認してきたからだ。わすれン！の活動のなかに（そしてくろい音楽室や郷見庵や震災・まちのアーカイブのなかに）わたしたちが確認してきたのは、現代の技術を用いて可能になるデジタルなコミュニティ・アーカイブ活動によっても、個々人のエネルギーを創造的に行使しうる道具が生まれうる、ということである。コミュニティ・アーカイブは、コンヴィヴィアルな道具になりえるのだ。

したがってわたしたちは、道具に公的な限界を課すのではなく、節度ある道具のつかいかたを草の根的に、協働で、ローカルな場に創造するのだと考えてみたい。プラットフォーム

22. イリイチ前掲書、47ページ。
23. イリイチ前掲書、40-41ページ。ただし訳文は部分的に修正した。

の改変にも参加できるような協働を必要とするために、それは何らかのローカリティは持つけれども、たとえばネットを通じて公的に開かれてもいる、そのローカルな場を設定すること。つまり〈コミュニティ・アーカイブ〉自体を、コンヴィヴィアルな道具としてつくること、である。

remoscope（本書58ページ）もそうだし、わすれン！というプラットフォーム自体がそうであるように、ある枠組みのなかで道具をつかうほうがその道具のつかいかたに創意工夫が生まれることがある。また、ひとりきりでガシガシつくるよりも、他の人と相談しながらつくる方が、いいアイデアが生まれることもある。「分散したまま連帯しあう」[24]のだ。それゆえ他者とともにつくるというプラットフォームを設定することは、社会的な状況を、コンヴィヴィアルな道具の方へと変化させていく可能性をもつかもしれないのである。イリイチが「コンヴィヴィアリティ conviviality」ということばをつかったポイントは、繰りかえせば、個々人がそれを自由につかうことが、同時に周囲の人々や環境とのあいだに、さらなる豊かさを生じさせるという点にある。わたしたちが今探求すべきなのは、人びとが一方的・受動的に、映像やアーカイブを見る側／つかう側であったり、逆に一方的に見せる／つくる側だったりするのではない、このような「相互依存のうちに実現される自由」であり、それがさまざまな社会的領域に広がっていくことではないだろうか。

本書を閉じるにあたってあらためて確認したい。わたしたちはアーカイブがすべて、コミュニティ・アーカイブ的であるべきだと主張するつもりはまったくないし、テーマによっては専門職者が主導すべきものがあることにも異論はない。コアでディープなテーマについてのアーカイブに、さあみなさんどなたでも参加してくださいというのも現実的ではない。記録する機械のなかには、つかいかたに習熟が必要なものもあるだろう。ここでもポイント

24. 本書を書く上でずっと念頭にあったのは、粉川哲夫編『これが「自由ラジオ」だ』（晶文社、1983年）という画期的な本である。引用は、メディアを伝達の道具としてではなく媒介の道具——人びとを横につなげる——だと喝破する、この上なく刺激的で簡便なこのマニフェストでの、津野海太郎さんの発言から。ただしこの発言自体、粉川哲夫さんの本からの引用である。同書29ページより。

はバランスである。

コミュニティ・アーカイブというメディアが適しているのは、いろんな人が関わりたい、関心を引き寄せることのできるテーマについての、そして記録や活用の方法が誰に対しても比較的開かれた――ＤＩＹそしてＤＩＷＯ[25]できる――アーカイブ活動だ。一定の専門性をもった〈専門職者〉がそこに関わるとしても、誰もが「つかい手」「つくり手」として関わることができる「余白やすきまや空白」「関わりしろ」が大きくあるような対象やテーマにこそ、コミュニティ・アーカイブは適している。それを立ち上げようと思うなら、少数の人が引っ張っていくというのもあるかもしれないけれども、とにかく誰もが参加しやすいプラットフォームをつくること、アーカイブ活動への人々の関心、楽しみ、学びを大切にすること、それらを淡いコミュニティ的なかたちで育んでいくのがいいのではないか――それが本書のメッセージである。

ノスタルジアと未来

だからわたしたちは悲観的ではない。だが１００％楽観的というわけでもない。油断したらすぐに、ビデオカメラやインターネットという新しい道具は、便利さという顔をしながら、産業主義的な独占によって、一方的・受動的な「使用を強いる」ものになりかねないし、その兆候もすでに見えるからである。

ビデオカメラやデジタル技術は、わたしたちの生活を豊かにする。とりわけ記憶の貯蔵庫として、それを他者とシェアする道具として優れている。だがその使用が今後、わたしたちの生活から、記憶やその共有についての、あるいはさまざまな創造的活動に関するヴァナキュラーな技術を消し去ってしまう可能性はゼロではない。あるいはもう消えつつあるのか

25. Do It With Othersの略。ひとりでつくるのではなく、誰かのアイデアをつかってつくること。誰かとともにつくること。

もしれない。デジタル技術がイリイチのいう「第二の分水嶺《ぶんすいれい》」——ある技術や道具に対する依存度が高まりすぎることによって、その技術や道具が解決しようとしていた問題が逆に増えてしまうこと——を越えないという保証はどこにもない。

コミュニティ・アーカイブは、現代の技術で現在を記録し、それを未来へと投げる活動である。その意味でコミュニティ・アーカイブは、未来の人たちの過去への視線に、〈未来におけるノスタルジア〉に期待している。だがそれは言うまでもなく、単なる懐古趣味としてのノスタルジアとしてではない。未来の誰かが、自分自身の身体と、自分が暮らす土地とを紡いできた過去へ思いを馳せること。過去に潜在している、さまざまな物語の多様性に触れること。それによって、未来の彼女あるいは彼がもしかしたらそのとき囚われているかもしれない行き場の無さに、風穴を開けてもらいたいがためである。このときノスタルジアは、急速に変化する「進歩」という名前の風に巻き上げられそうになっているわたしたちが、その流れに身を任せきることなく、「今ここ」だけではないもうひとつの場所へと思いをめぐらせ、ふたつあるいはそれ以上の時間と場所とに同時に住み、異なる時間を想像するための方法となるだろう。[26]

わたしたちは、記録と記憶を共有するメディアが根元的独占にいたる手前の時代を生きているのかもしれない。そしてデジタル技術の便利さが独占に転化する分水嶺を越えてしまうかどうかは、アナログからデジタルへの移行期を生きるわたしたちにかかっている。未来がそうならないためにも、わたしたちにはあらがう術《すべ》が必要だ。過去が大きな物語としてしか存在せず、過去へアクセスするための道具が「強いられる」ものでしかないような状況は、まったくもってつまらない。かといって膨大に記録された過去が重荷になるのもつまらない。「新しさ」だけが評価されるとき、あらゆる現在はすぐに「遅れた」ものとして捨てられる。

26. Svetlana Boym (2001) *The Future of Nostalgia*, Basic Books.

だがそれは結局、今ここにある現在を、その誕生の瞬間からすでに古いものとして見ることに等しいはずだ。コミュニティ・アーカイブをクールでコンヴィヴィアルな道具としてつくり、動態的に受け継ぎながらつかい続けていくことが必要なのはそれゆえである。

震災という出来事は、わたしたちの生活をその根本から見なおさせるものだった。だがその悲しみや苦しみはいま、さまざまな場で新たな果実をむすびつつあると思う。自らの記憶を語りつぐことができるような環境を、現代の道具を用いてつくるためのわたしたちの活動は、いまはじまったばかりだ。

本書は以下のわすれン！参加者の方々にヒアリングを行いました。

1. 伊藤照手さん
   実施日：2014年3月8日　掲載章：第4章、第5章
2. 岩崎孝正さん
   実施日：2017年7月18日　掲載章：第4章
3. 刈田路代さん
   実施日：2017年7月19日　掲載章：第6章
4. 川名まことさん
   実施日：2014年5月24日　掲載章：第4章
5. こえシネマ（吉田文恵さん、村田怜央さん）
   実施日：2014年3月6日　掲載章：第5章
6. 小森はるかさん
   実施日：2014年4月22日　掲載章：第4章、第6章
7. 酒井耕さん
   実施日：2014年4月23日　掲載章：第3章、第6章
8. 佐藤正実さん
   実施日：2014年2月11日　掲載章：第7章
9. 鈴尾啓太さん
   実施日：2017年9月17日　掲載章：第4章、第6章
10. 高野裕之さん
    実施日：2014年2月11日　掲載章：第3章、第5章
11. 濱口竜介さん
    実施日：2014年4月14日　掲載章：第3章、第6章
12. 濱田直樹さん
    実施日：2014年5月26日　掲載章：おわりに
13. ヤコキムラさん
    実施日：2014年3月9日　掲載章：第6章

謝辞

「3がつ11にちをわすれないためにセンター」の活動にあたっては下記をはじめとする、多くの方々のご賛同、ご協力、ご尽力を賜りました。ここに感謝の意を表し、厚く御礼申し上げます。

3がつ11にちをわすれないためにセンター参加者・寄贈者・協力者のみなさま／オランダ王国／カシオ計算機株式会社／ソニー株式会社／東京藝術大学大学院映像研究科／東北大学大学院情報科学研究科 メディア文化論研究室／ニコン株式会社

せんだいメディアテーク
〒980-0821　仙台市青葉区春日町2-1
Tel 022-713-4483　Fax 022-713-4482

著者について

佐藤知久（さとう・ともひさ）
京都市立芸術大学芸術資源研究センター　専任研究員／准教授

1967年東京都生まれ。専門は文化人類学。京都文教大学総合社会学部准教授を経て、2017年より現職。芸術と社会運動の接点からひろがる新たな地平について、文化人類学的な視点と方法から研究している。近年は、現代芸術活動のアーカイブ化や、変わりゆく都市空間の記憶とその継承に関する活動・研究に取りくんでいる。著書に『フィールドワーク2.0――現代世界をフィールドワーク』（風響社）、共編著に『世界の手触り――フィールド哲学入門』（ナカニシヤ出版）など。

甲斐賢治（かい・けんじ）
せんだいメディアテーク　アーティスティック・ディレクター

1963年大阪府生まれ。おもに地方行政の文化施策に従事、企画、運営などを行うとともに、[remo]記録と表現とメディアのための組織、[recip]地域文化に関する情報とプロジェクトほか、アートやメディアにまつわる複数のNPOに所属、社会活動としてのアートに取りくんできた。2010年春より現職。2011年度芸術選奨・芸術振興部門文部科学大臣新人賞を受賞。

北野　央（きたの・ひさし）
公益財団法人仙台市市民文化事業団　主事

1980年北海道生まれ。2011年からせんだいメディアテーク「3がつ11にちをわすれないためにセンター」を担当し、「レコーディング イン プログレス」（2015年）や「震災と暮らし」（2016年）などの展覧会をキュレーションする。東日本大震災を含む地域文化の記録活動や利活用の場づくりなどの協働事業を主に担当。2017年4月からは総務課に異動し、2020年に向けた文化プログラム等を担当する。

コミュニティ・アーカイブをつくろう！
――せんだいメディアテーク「3がつ11にちをわすれないためにセンター」奮闘記

2018年1月30日　初版

著　者　佐藤知久、甲斐賢治、北野央
企　画　せんだいメディアテーク
発行者　株式会社晶文社
〒101-0051東京都千代田区神田神保町1-11
電話　03-3518-4940（代表）・4942（編集）
URL　http://www.shobunsha.co.jp

印刷・製本　ベクトル印刷株式会社

ISBN 978-4-7949-6874-6 Printed in Japan

公益財団法人 仙台市市民文化事業団　設立30周年記念事業